新时代高质量发展丛书

版权产业
高质量发展研究

刘京华◎著

HIGH-QUALITY DEVELOPMENT OF
COPYRIGHT INDUSTRIES

感谢以下项目的资助与支持：福建省中国特色社会主义理论体系研究中心立项重大项目"从'数字福建'到'数字中国'研究"（FJ2020ZTZ011）；福建师范大学协和学院出版专项基金资助项目；福建师范大学理论经济学"高水平对外开放与全球经济治理研究"创新团队项目。

经济管理出版社
ECONOMY & MANAGEMENT PUBLISHING HOUSE

图书在版编目（CIP）数据

版权产业高质量发展研究/刘京华著．—北京：经济管理出版社，2022.6
ISBN 978 - 7 - 5096 - 8531 - 0

Ⅰ.①版… Ⅱ.①刘… Ⅲ.①版权—产业发展—研究—中国 Ⅳ.①G239.2

中国版本图书馆 CIP 数据核字（2022）第 105942 号

组稿编辑：王光艳
责任编辑：王光艳
责任印制：张莉琼
责任校对：王淑卿

出版发行：经济管理出版社
　　　　　（北京市海淀区北蜂窝 8 号中雅大厦 A 座 11 层　100038）
网　　　址：www. E－mp. com. cn
电　　　话：（010）51915602
印　　　刷：北京市海淀区唐家岭福利印刷厂
经　　　销：新华书店
开　　　本：720mm×1000mm/16
印　　　张：18.5
字　　　数：336 千字
版　　　次：2023 年 3 月第 1 版　　2023 年 3 月第 1 次印刷
书　　　号：ISBN 978 - 7 - 5096 - 8531 - 0
定　　　价：78.00 元

序　言

当今世界正面临百年未有之大变局，各国经济发展因受全球疫情的影响而进入深度调整中。文化产业的发展备受关注，而版权产业已成为文化产业的核心内容。通过对版权产业进行国际比较，进而深入探讨该产业的发展现状与未来趋势，无疑具有重大的理论和现实意义。

当然，对版权产业进行系统、全面的国际比较本身就是一项极富挑战性的工作。刘京华博士不惧困难、持之以恒、勇于探索，在其顺利通过博士学位论文答辩后，夜以继日、快马加鞭，终于将 30 余万字的书稿呈现在各位读者面前，可喜可贺。

当今世界，以英国、美国等为代表的西方发达国家，普遍以版权产业为基础促进本国经济发展方式的转变，版权产业在推动各国经济持续增长、增加财政收入以及扩大就业等方面成绩显著。在此背景下，世界各国（地区）对发展版权产业的重视程度日益提升，版权产业发展已成为全球经济发展中的一道亮丽风景。

通读全书，我认为本书有以下三大特点：

一是视野开阔，与时俱进。虽然当前经济全球化趋势遭遇贸易保护主义和单边主义的强烈干扰，但全球化的大趋势并没有改变。本书作者立足中国实际，以国别经济比较的视野，从国外版权观念的缘起介入，进而展开对中国古代版权思想的溯源和对中国近现代版权意识兴起的条分缕析。同时，作者通过对比英国、美国等西方发达国家（地区）版权产业的缘起与发展历程，发现发达国家在本国的版权产业尚不发达的时期，并非一味地提升本国的知识产权保护水平，而是采取内外有别的策略，这值得我们思考和借鉴。此外，作者基于技术变迁的视角，结合互联网时代的特点，分析中国网络版权产业发展的新机遇，同时也对未来全球版权产业的发展做出展望。

本书从版权产业增加值、就业贡献、占本国国内生产总值的比重以及版权产业发展的竞争力等几个方面对世界各国（地区）版权产业的发展水平进行了横向比较，并就中国与发达国家版权产业发展水平的差异进行评述和进一步分析。由此得出以产业竞争力为衡量标准的中国版权产业发展水平、综合得分和综合排名情况，并通过中国与发达国家的排名对比，考察影响中国版权产业竞争力排名的主要因素。在此基础上，本书对各国（地区）版权产业发展的制度安排也进行了横向对比，其主要围绕版权产业的制度安排、版权产业政策体系和版权救济制度（侧重知识产权保护等）等展开分析，并提出中国应该借鉴发达国家版权产业发展的经验，重视版权产业在经济增长中的重要作用，加强对版权经济的研究，通过创新驱动战略和构建完善的知识产权保护制度等多种措施，确保版权产业生产者和经营者的权益和提升其创作积极性。

二是史论结合，逻辑严谨。本书作者从世界知识产权组织（WIPO）对版权产业的概念界定入手，围绕版权产业经济贡献、版权发展史、版权的法律经济学研究以及版权产业发展影响因素等方面，对版权产业研究的学术史进行梳理。在明确界定版权产业的概念后，以马克思主义经济学的基本原理为指导，参考马克思等经典作家的有关论述，运用马克思的精神劳动和科学劳动理论、产业资本循环理论以及国际产品价值理论，同时结合有关经济增长理论、产业融合理论和创新发展理论，密切联系当今国际版权产业发展的实际，提出推动版权产业发展的产业生态圈理论，通过构建一个动态扩展的知识生产函数模型，建立了相对完整的版权产业政策支撑体系，并在理论与实践相结合的基础上实现了对版权产业发展问题的系统深入研究。

三是兼容并包，关注现实。本书坚持规范分析与实证分析相统一的方法，以问题为导向，利用历年《中国版权年鉴》、世界知识产权组织数据库以及世界各国（地区）在 WIPO 指导下所开展的版权产业经济贡献调查的统计数据，通过构建版权产业发展水平的评价指标作为面板数据模型的被解释变量，采用实证研究方法，分析影响版权产业发展水平的各项因素，检验知识产权保护水平、互联网普及率、对外开放程度、信息和通信技术水平等因素与版权产业发展水平之间的关系。同时，本书作者关注我国版权产业的发展实际，探讨我国版权产业在互联网时代所面临的机遇，客观分析了我国网络版权产业的发展态势，及时总结了当下我国版权产业发展所面临的挑战及有待破解的问题。

此外，本书还结合数字经济发展以及数字"新基建"，分析了"互联网＋"行动计划、"数字中国"建设和数字"新基建"给我国版权产业发展所带来的新机遇，从总体发展情况入手，通过产业规模、市场结构、营收结构和融合发展成效四个方面总览中国网络版权产业的发展，而后进一步对中国网络版权产业重点行业的发展进行具体分析，并分别介绍了网络文学、网络长视频、网络动漫、网络游戏、网络音乐、网络新闻媒体和网络直播的发展现状。本书紧密结合当前形势，深入探讨数字经济时代版权产业高质量发展面临的新挑战。

本书作者明确提出我国版权产业发展的总体策略，力图构建我国版权产业发展所需的产业生态圈，从而分析我国版权产业发展所面临的现实问题，并提出相应的对策和建议。本书作者明确指出，要立足国内实际，在自身版权产业不断发展壮大的同时，逐步扩大自己的影响力，并将优质的版权产品推向世界，即"做大做强本国市场"和"不断拓展海外市场"；兼顾经济效益和社会效益，突出社会效益优先的发展原则，以供给侧结构性改革推动版权产业的发展，构建我国版权产业"走出去"新格局，以国际化的视野提高我国版权产业的发展水平。

"桐花万里丹山路，雏凤清于老凤声。"刘京华博士长期在高校从事经济学与管理学的教学科研和社会服务工作，谦逊好学，勤奋刻苦，成果丰硕。他在攻读博士研究生学位期间，曾获得福建师范大学"陈征经济学学术基金"奖。自担任高校教师以来，他先后获评福建师范大学"十佳青年教师"以及福建师范大学协和学院"优秀教育工作者""单位评建工作先进个人"和"我最喜爱的好老师"等荣誉称号。刘京华博士现为福建省商务厅外贸行业专家库专家，入选"福建省高等学校新世纪优秀人才支持计划"，获聘"中国（教育部）留学服务中心·英国高等教育文凭项目"咨询专家（副组长）。迄今为止，他在 SSCI（一区）、SCI（二区）、CSSCI 核心期刊以及中文核心期刊等刊物发表学术论文数十篇，在经济科学出版社、经济管理出版社、厦门大学出版社等国家级出版社出版专著和教材 4 部；主持省部级重大项目 1 项、省部级一般项目 3 项，参与国家级和省部级教学科研项目多项。此外，他还先后主持或参与多项各级政府部门的"十三五"及"十四五"发展规划和政策实施效果评价等横向课题研究，参与撰写的建言献策多次获得各级领导的肯定性批示，在相关专业领域有较为丰厚的学术积淀，是一位很优秀的青年才俊。

欣悉本书即将出版，作为指导教师和同事，我乐见年轻学者的健康成长。当然，我也很愿意向学界朋友推荐本书。

是为序。

张华荣[*]

2022 年 5 月 23 日序于福建师范大学协和学院

---

[*] 张华荣，经济学博士，现为福建师范大学经济学院教授，博士生导师，福建师范大学协和学院院长。

前　言

　　当前世界各国（地区）普遍重视知识在促进经济增长中的重要作用，英、美等发达国家的发展经验也充分地佐证了知识产权对本国经济增长的重要性。随着各国（地区）对知识产权的重视以及知识产权保护制度的不断完善，依赖版权保护及其经济属性而生存、发展的版权产业，也构成了当今全球知识经济的强大动力。

　　随着全球进入知识经济时代，以知识产权为载体的版权经济发展对经济增长的促进作用日益凸显，英、美等发达国家普遍以版权产业为基础促进本国经济发展方式转变，在推动本国经济持续增长和增加就业等方面取得了不俗的成绩。在此背景下，世界各国（地区）对其版权产业的重视程度日益提升，在世界知识产权组织的指导下对本国版权产业的发展及其经济贡献开展了一系列的调查和研究，这为开展国际比较研究提供了基础。

　　依据世界知识产权组织对版权产业的概念界定，本书从英国颁布的世界上第一部具有现代意义的版权法《安妮女王法令》（Statute of Anne，又译《安娜法令》）入手，首先从版权产业历史演变的视角比较各国（地区）版权产业的兴起和发展历程，分析国外版权产业的发端以及中国版权产业的发展进程，由此得出中外版权产业发展的特点及其规律。其次，在世界知识产权组织对版权产业所界定的统一概念框架下，对世界各国（地区）版权产业的经济贡献、产业发展水平、制度安排和产业竞争力等几个方面进行横向对比，通过实证分析的方法探究世界各国（地区）版权产业发展的影响因素，并对发达国家和发展中国家版权产业发展的影响因素进行比较研究。在充分的国际比较研究之后，基于发达国家版权产业发展的经验，结合数字经济时代背景讨论版权产业高质量发展的机遇及存在的问题，进一步探索版权产业发展所需要搭建的"产业生态系统"，提出我国版权产业发展的总体策略应采取国内国外双线并进、内外结合的发展路径，坚持经济效益与社会效益合一、社会效益优先的发展原则，以供给侧结构性改革为抓手推动版权产业的发展，构建版权产业"走出去"的新格局。最后，从产业政策、理论支持、版权产业法律保护以及人才队伍建设等方面提出新时代推动我国版权产业高质量发展的政策建议。

全书对版权产业的发展脉络做了较为全面的系统性梳理，包括历史回顾、特征事实、现实考察、实证检验和国际借鉴，在分析问题时立足数字经济时代中国版权产业高质量发展的实际情况，提出的对策建议有较高的参考价值。

本书能够出版要感谢诸多良师益友的鼎力支持和帮助，尤其是福建师范大学协和学院院长、博士生导师张华荣教授，他不但时常关心本书的写作、修改及出版等诸多事宜，还在百忙中欣然答应为本书作序，在此深表感激。在写作和修改的过程中还得到了福建师范大学经济学院多位领导、老师和同学的倾力相助，我的家人和同事也为本书的出版提供了大力支持，使我能够最终完成书稿的撰写和修改，他们的帮助本人均铭记于心。当然也要感谢经济管理出版社的各位编辑老师高效且细致的工作，否则本书也难以顺利出版。

虽然本书的成书时间不短，本人也在尽心尽力地写作和修改，但由于自己的学识和能力有限，书中难免存在疏漏与不足之处，恳请广大读者批评指正。

刘京华

2022 年 3 月于福州闽江之畔

目　录

绪　论

第一节 研究背景及研究意义

一、研究背景

经济增长一直以来都是创造就业、减轻贫困和改善生活水平的重要驱动力，也是各国（地区）普遍追求的发展目标。从历史的发展来看，人类社会经济增长的主要推动力就是技术的不断进步，历次工业革命和科技革命充分证明了这一点。第三次科技革命使人类社会实现了从工业社会到信息社会的转变，伴随着科技水平的不断提高，全世界业已进入一个依靠智力成果来推动经济和社会发展的知识经济时代，尊重和保护包括版权在内的知识产权已经成为世界各国（地区）的共识。随着各国（地区）版权保护制度的不断发展和完善，依赖版权保护及其经济属性而生存、发展的版权产业，也构成了当今全球知识经济的强大动力。

近年来，版权产业在全球范围内飞速发展，尤其受到欧美发达国家的重视，并大力推动版权产业成为本国的重要支柱产业。这些国家充分发挥其科技和经济上的优势，向国外大量输出影视、图书及软件等核心版权产品，并积极抢占全球文化输出的高地，版权产业已成为其经济增长的新亮点和主要动因。在全球版权产业体系中，美国版权产业的发展水平首屈一指，根据国际知识产权联盟（International Intellectual Property Alliance，IIPA）发布的 *Copyright Industries in the U. S. Economy*：2020 *Report* 的数据，2019 年美国的全部版权产业为经济贡献了近 2.5 万亿美元，占美国 GDP 的 11.99%。其中，核心版权产业增加值高达 1.5 万亿美元，在美国 GDP 中的比例达到 7.41%，且近年来此项指标一直不断攀升。由此可见，版权产业毫无疑问已经是美国经济的支柱产业。同时，版权产业发展促进了美国就业，美国核心版权产业的就业人口占全国就业人口的比例为 3.79%，但其创造的产业增加值占美国 GDP 总值的比重却超过 7%[1]。由此可见，版权产业的不断发展是推动美国经济不断增长的强劲动力。英国版权产业在其经

---

[1] Robert Stoner, Jéssica Dutra. Copyright Industries in the U. S. Economy：The 2020 Report［EB/OL］. International Intellectual Property Alliance（IIPA），（December 2020），www. iipa. org.

济增长中的重要性同样是无可替代的，在英国文化、媒体和体育部（Department for Culture，Media and Sport，DCMS）公布的版权产业经济评估报告中指出，英国全国产业增加值的 5.19% 来自于版权产业的贡献，在做出经济贡献的同时，英国版权产业提供的就业岗位约占全国就业人口的 6%①。英国 DCMS 统计的版权产业增加值在 2010～2019 年实际增长了 30%，远高于英国 17.7% 的总体增长率②。从各国（地区）的发展经验来看，一国或地区版权产业长期而稳定地平稳发展，有利于推动本国（地区）经济健康增长，有益于增加就业，有助于向全世界传播本国（地区）文化③。此外，世界知识产权组织（World Intellectual Property Organization，WIPO）的调查报告通过考察版权产业占 GDP 的比重和占总就业的比重等说明版权产业对经济增长的贡献，其中法国（占 GDP 的 7.02%，占总就业人数的 7.29%）、加拿大（占 GDP 的 5.38%，占总就业人数的 5.55%）和澳大利亚（占 GDP 的 6.60%，占总就业人数的 8%）等所开展的版权产业调查结果也充分证明，版权产业无论是其增加值在 GDP 中所占的比重，还是对促进就业的重大贡献，都是发达国家经济持续增长的重要推手。

　　由于历史的原因，中国版权产业发展起步晚于西方发达国家。虽然中国最早发明了活字印刷术，但却不是现代版权制度的缔造者和创立者，版权产业在中国也长期处于萌芽状态，无论其规模还是影响力，都与西方发达国家存在一定的差距。不过，自进入数字经济时代以来，中国版权产业的发展日新月异，总体形势不断向好。回顾改革开放之初，中国刚开始接触和融入国际市场，但由于刚刚经历"文革"的冲击，中国社会各界对版权的概念非常模糊，也对"版权"和"版权国际公约"知之甚少。在 1979 年的《中美高能物理合作执行协议》的谈判中，中国谈判代表对于美方谈判代表所提出的"版权"和"版权国际公约"等词汇颇为陌生，对于美方提出在协议中加入相互保护版权条款的要求相当吃惊和不解，这主要是由于此时中国尚无版权法律保护制度，无法对接美国对版权保

---

　　① Department for Digital，Culture，Media & Sport. Creative Industries Economic Estimates – January 2016 [EB/OL]. https：//www. gov. uk/government/statistics/creative-industries-economic-estimates-january – 2016；DCMS Sectors Economic Estimates，具体见 Department for Digital，Culture，Media & Sport 历年所发布的统计报告。

　　② Department for Digital，Culture，Media & Sport. DCMS Economic Estimates 2019（provisional）：Gross Value Added［EB/OL］. https：//www. gov. uk/government/statistics/dcms-economic-estimates – 2019 – gross-value-added。英国发布的相关经济评估报告采用了创意产业的名称，但是其具体内容分类与 WIPO 的分类基本一致，为便于开展国际比较，本书借鉴朱喆琳（2017）的做法，将其作为版权产业发展和经济贡献调研数据的代理指标。

　　③ 朱喆琳. 英国版权产业发展模式探析及启示［J］. 科技与出版，2017（7）：58 – 62.

护的需求。随着知识经济时代的到来，版权产业在中国的发展受到了广泛重视，《中共中央关于全面深化改革若干重大问题的决定》提出要加强版权保护，大力发展与版权有关的知识经济；习近平在党的十九大报告中明确提出要"倡导创新文化，强化知识产权创造、保护、运用"；《"十三五"国家知识产权保护和运用规划》更是首次将与版权产业紧密相关的知识产权规划列入国家重点专项规划。《中共中央关于制定国民经济和社会发展第十四个五年规划和二〇三五年远景目标的建议》和《知识产权强国建设纲要（2021—2035年)》均明确提出要加强知识产权保护，大幅提高科技成果转移转化成效，全面提升知识产权创造、运用、保护、管理和服务水平。党中央和国务院一系列宏观经济政策的出台为我国版权产业的发展注入了强劲动力，为建设社会主义版权强国和构建创新型国家提供了政策保障。根据中国新闻出版研究院发布的《2019年中国版权产业经济贡献》调研报告，2019年中国版权产业增加值为7.32万亿元，同比增长10.34%，版权产业增加值已占到GDP的7.39%[①]，中国版权产业在国民经济中的比重稳步提升。

伴随着版权产业的发展，无论是国家在宏观经济层面，还是企业在微观经济层面，都认识到开发、占有和经营版权这种珍稀智力资源的能力，体现着一个国家、一个地区、一个企业的发展能力、创新能力和核心竞争力，因而版权产业是经济发展的重要推动力量。近年来我国版权产业的发展亮点主要体现在网络版权产业发展以及版权产业相关制度建设上。在"互联网＋"理念的指导下，中国深入推进创新驱动发展战略，大力推动"数字中国"建设，数字经济领域的相关版权企业获得了绝佳的发展机遇，依托互联网信息技术的各类版权经济发展迅猛，并取得了举世瞩目的成就，以百度、阿里巴巴和腾讯为代表的中国版权产业在互联网领域的业态创新层出不穷，在产业增加值、产业规模、产业融合和新业态发展等方面取得了一系列可喜的成绩，对国民经济的贡献持续增长。在互联网领域，网络版权产业大有"弯道超车"之势，英国《金融时报》刊文指出，中国在互联网领域的数字经济已是"全球先驱"[②]；国家版权局发布的《中国网络版权产业发展报告（2020）》指出，2020年中国网络版权产业继续保持稳定增长，市场规模达11847.3亿元，首次突破1万亿元大关，同比增长23.6%。在法

---

① 中国版权产业增加值突破7万亿元 [EB/OL]. [2020-12-30]. http://www.xinhuanet.com/fortune/2020-12/30/c_1126928484.htm.

② John Thornhill. China's Digital Economy is a Global Trailblazer [EB/OL]. (2017-03-20). [2019-03-16]. https://www.ft.com/content/86cbda82-0d55-11e7-b030-768954394623.

律制度建设方面，经过不断的摸索和实践，我国已经初步建立起一套比较完善的版权法律制度。这些制度充分考虑了我国的版权产业现状，同时在制度安排上同国际接轨。世界知识产权组织主办的保护音像表演外交会议于 2012 年在北京隆重召开，会议表决通过的《视听表演北京条约》标志着谈判了近 20 年的视听表演者版权保护的国际新条约终于在中国修成正果，并引起了世界轰动。在国内和国际两个层面，我国在版权产业发展的制度建设方面开展了一系列开拓性的工作，也取得了令人瞩目的成就。

二、研究意义

（一）理论意义

在肯定成绩的同时，我们要对中国版权产业的发展状况有一个客观而清醒的认识。从横向对比数据来看，我国版权产业的发展水平正在逐步接近和赶超欧美发达国家。以中国与法国的对比分析为例，依据 WIPO 公布的统一调研方法进行版权产业经济贡献调查的结果显示，2019 年中国版权产业增加值占 GDP 的比重提高至 7.39%，已经赶超同期法国版权产业增加值占 GDP 的比重。但是不可否认的是，中国版权产业与世界一流水平还有一定的差距。以 2019 年可比数据为例，中国版权产业增加值占 GDP 的比重为 7.39%，而同期美国为 11.99%，中国比美国低 4.60%，这个差距和 2006 年相比有所缩小（2006 年中美差距为4.65%），但是变化幅度不大。总之，我国版权产业的发展处于良好的上升态势，但与世界一流国家相比还有较大的发展空间。

在考察全球版权产业的发展历程以及开展各国（地区）版权产业发展水平的比较时，我们不禁会思考是哪些历史和现实条件的差异，导致各国（地区）版权产业发展水平的差异，以及此起彼伏竞争格局的形成及演变？影响全球版权产业发展的主要驱动力（影响因素）到底有哪些？哪些更为重要？如何构建起版权产业高质量发展的政策支撑体系？有哪些历史和现实经验可以借鉴？进入互联网时代，中国版权产业如何适应技术变革和时代变迁，抓住历史契机，实现新的突破？

从这些现实问题出发，本书采用多维度国际比较的分析方法对这些问题进行理论探索和回答。由此，本书所开展国际比较研究的理论意义可以总结为以下几点：

1. 归纳和总结版权产业发展的一般性历史规律

从纵向比较的视角总结全球版权产业从无到有以及蓬勃发展的历史轨迹及其对当代版权产业的经济影响，探寻历史经验。从英国《安妮女王法令》颁布入手，分析世界各国（地区）以及中国版权产业的萌芽和发展历程，侧重讨论中国不同历史时期版权思想和版权产业发展背后所蕴含的时代背景和制度变量，并分析从造纸术、活字印刷、激光照排到互联网出现，技术革新驱动版权产业发展的内在机理。现有的研究虽然涉及对版权产业历史视角的纵向比较，但是大多是基于一个国家（地区）版权产业发展的经验或教训的总结，本书则在一个更高的研究视野，通过中国与其他发达国家版权产业发展历程的对比，总结得出全球版权产业发展的历史规律，并从纵向的历史视角丰富版权产业发展的理论体系。

从历史视角出发，本书尝试对中国版权产业发展史上存在的"李约瑟之谜"作出理论回答。中国很早就有了文字和造纸术，自唐朝就出现了雕版印刷技术，宋代的毕昇也发明了活字印刷术，具备了版权立法的技术基础。春秋战国时期出现了朴素的版权保护思想萌芽，此后随着唐宋时期印刷业的发展产生了版权保护的立法诉求，甚至在宋代出现了保护版权的官府文告。但是我国却没有早于欧洲国家出现现代意义上的版权保护法律制度。世界上第一部具有现代意义的版权保护法律产生在英国，中国在 1910 年才颁布了《大清著作权律》，比英国的《安妮女王法令》晚了两百年。为什么世界上第一部具有现代意义的版权保护法律诞生在西欧，而不是出自此前在该领域一直领先的中国？带着对版权产业内存在的"李约瑟之谜"的思考，本书从历代王朝当时的时代背景出发，对特定历史背景下中国版权产业发展存在的这一谜题进行理论解读和回应。

2. 探析各国（地区）版权产业发展的驱动机制及其运作机理

版权产业的产品大多为无形商品，有不同于传统产业发展的模式及驱动机制。本书根据马克思主义经济理论以及西方经济学中的经济增长和经济发展相关理论，创新性构建了当前版权产业发展的驱动机制，并认为其应该由推动机制、支撑机制和引导机制共同构成，将推动力、支撑力和引导力三种力形成合力，驱动版权产业实现健康持续的发展。具体展开来看，主要包括资金、人才和创新提供推动力，构成推动机制；知识产权保护支撑、现代化企业管理制度保障、上下游配套产业支持、互联网基础设施建设提供支撑力，构成支撑机制；政府管理引导、国内外市场需求引导构成引导机制。本书通过总结国际比较的经验和实证分析两个途径对这个驱动机制进行检验，并证明了其合理性。

探索各国（地区）版权产业发展的驱动机制及其运作机理，可以比较其与传统产业发展的驱动机制及其运作机理的不同，再结合当前我国"互联网＋"和供给侧结构性改革的时代背景，相应的研究结果可以应用于指导中国实践，对我国促进版权产业发展的政策选择有一定的理论指导意义。

　　3. 探索适合我国版权产业发展的政策支撑体系（产业生态圈）

　　基于版权产业发展驱动机制中的各个有关影响因素，本书采用理论分析和实证分析相结合的方法，从版权产业发展的国际比较入手，对版权产业发展的影响因素进行理论分析和实证检验，结合版权产业发展水平的国际比较及制度安排的国际比较等，总结归纳出适合我国版权产业发展的政策支撑体系（产业生态圈），该问题的研究可以丰富和推进现有的产业发展理论。本书以版权产业为研究对象，将政策支撑体系（产业生态圈）的理论研究从有形产品推广到无形产品[1]。由版权产业发展的驱动机制可知，对版权这一无形产品的保护在政策支撑体系中居于至关重要的地位，也是构成版权产业发展的生态圈的基础条件，这一点与传统行业相比是明显不同的。近年来，网络信息技术在全球范围内迅猛发展，带动互联网领域的版权产业取得了长足发展，同时也倒逼图书和音像等版权产业实现从传统发展模式向互联网发展模式的转型，版权产业的政策支撑体系（产业生态圈）构成中也离不开互联网思维。此外，人才、资金和政策引导以及产业规制等要素也一起构成了版权产业发展的"产业生态圈"，从"生态圈"的视角对版权产业发展所需的政策支撑体系进行研究，也是对传统产业发展理论的系统化总结。将版权产业发展所需的各类政策进行总结归纳，形成一个产业支撑体系，以系统化的发展思路构建适宜版权产业发展的"生态环境"，是对现有产业发展理论的进一步扩展和丰富。

　　（二）现实意义

　　回顾近年来我国版权产业的发展，正是在日渐完善的知识产权保护制度的影响下，我国版权产业在改革开放之后就进入快速发展阶段，尤其是最近几年，取得了骄人的成绩。根据国家版权局公布的统计数据，自 2006 年以来，我国版权产业增加值和产业规模等数据的增长充分显示出我国版权产业平稳健康发展的态

---

　　① 版权产业的最终产品可以是以光盘、磁带、硬盘等有形产品为载体，但是其核心内容依然是无形的，体现的是作者所拥有的对其作品所带来经济利益的排他性所有权。WIPO 所界定的版权产业包括相互依存的版权产业等几类非核心版权产业，这些非核心版权产业的核心内容依然是其中所包含的版权，所以在测算其经济贡献时，WIPO 建议各国（地区）在计算版权产业增加值时，采用乘以一个版权因子的方法实际考察其中所包含的版权成分的经济贡献。

势，2016 年中国版权产业增加值比 2006 年增加了 4.11 万亿元。2016 年至 2019 年，中国版权产业增加值又进一步从 5.46 万亿元增长至 7.32 万亿元，产业规模增幅 34%。版权产业的发展显著促进了我国经济增长，从对国民经济的贡献来看，2019 年中国版权产业增加值占 GDP 的比重比 2016 年提高了 0.06 个百分点①。近年来我国版权相关产业对国民经济的贡献占 GDP 的比重已经超过 7%，正逐步接近欧美发达国家的发展水平，不过与全球版权产业的"火车头"——美国相比还有一定的差距（美国近年来版权相关产业增加值占 GDP 的比重普遍超过 11%），存在进一步提升的空间。

当前，在经济新常态的大背景下，我国正处于经济结构调整、增长方式转变和产业升级的发展阶段，致力于构建国内国际双循环相互促进的新发展格局。从英、美等发达国家的发展经验来看，要想实现经济增长动能的切换，就需要进一步提升服务业在经济中的比重，尤其是高附加值的服务业在国民经济中的占比，实现增长引擎的更新换代，版权产业作为高附加值服务业的典型代表，在此动能转换的过程中大有可为。此外，作为供给侧结构性改革的一项重要任务，如何淘汰处于价值链低端的高能耗、重污染、劳动密集型的产能过剩企业？注重智力成果的消化利用，大力发展知识密集型并处于产业链高端的版权产业就成为我国经济继续保持中高速稳健发展的关键。

同时，版权产业的发展壮大同样关系着"一带一路"倡议的实施、中华文化的传播和中华民族的伟大复兴，习近平指出："中国有坚定的道路自信、理论自信、制度自信，其本质是建立在五千多年文明传承基础上的文化自信。""文化自信是更基础、更广泛、更深厚的自信。"中国要积极拥抱世界，力争扭转文化软实力以及话语权的弱势地位，就要在国际比较中树立起国民的文化自信（项久雨，2018）②。中国版权产业的发展壮大，尤其是包含中华五千年历史文明的优秀版权产品的不断涌现，可以助力中国文化软实力提升以及中华民族伟大复兴。在"一带一路"倡议的实施过程中，要实现"民心相通"，以版权产业为代表的文化基因不可偏废，我们要在互联互通、彰显优势产能的同时，将传播中华文化和版权产业"走出去"结合在一起，以版权产业发展水平的不断提升来"讲好中国故事"和提高国家文化软实力，推动中华文化在"一带一路"沿线国家的传播，为人类命运共同体的构建贡献中国智慧。

---

① 国家版权局.2019 年中国版权产业增加值已占到 GDP 的 7.39% ［EB/OL］.［2020 – 12 – 30］. http://www.ncac.gov.cn/chinacopyright/contents/12558/353539.shtml.
② 项久雨.新发展理念与文化自信［J］.中国社会科学，2018（6）：4 – 25 +204.

习近平在党的十九大报告中指出：满足人民过上美好生活的新期待，必须提供丰富的精神食粮。版权产业的发展不但关系着如何提供更多高质量的优秀作品和精神食粮，还关系着中华文化的海外传播和中国文化软实力的提升。要实现党的十九大报告所提出的健全现代文化产业体系和市场体系的目标，深化供给侧结构性改革，加快建设创新型国家，通过版权产业的发展"讲好中国故事"和提高国家文化软实力，都离不开版权产业的发展壮大。在肯定我国版权产业近年来取得的成绩之外，我们也要清醒地认识到，虽然版权产业在中国的发展取得了阶段性的成绩，尤其是在以网络版权产业为代表的全球数字经济发展体系中大放异彩，但是与英、美等发达国家相比，中国版权产业要实现长期稳健发展还有很长的路要走，以美国为代表的发达国家的版权产业依然处于全球主导地位，以好莱坞为代表的影视产业以及以硅谷为代表的信息技术产业依然是全球版权产业发展的引领者。自 2018 年以来，发生的中美贸易摩擦从侧面折射出我国版权产业发展的内在问题，与美国相比，我国基础性的知识产权保护严重不足，中国企业虽然同样握有大量专利，但是基础性的技术如手机操作系统和芯片框架却受制于人。中国版权产品原创性不足以及版权交易平台建设的相对落后，严重制约了我国版权产业的发展。因此，无论是从产业地位还是产业结构来看，中国版权产业的发展都还面临一系列的问题亟待破解，如何构建起有利于版权产业长远发展的产业支撑体系依然有很多问题有待深入探讨，这也是本书开展版权产业国际比较研究，探索版权产业发展问题的现实意义所在。

第二节　文 献 综 述

一、版权产业经济贡献的有关研究

版权产业经济贡献有关研究主要始于各国（地区）所开展的对本国（地区）版权产业发展水平及其经济贡献所做的调查，前期主要是各国（地区）基于各自发展需求，自发地开展关注本国（地区）版权产业发展与经济增长和促进就业之间联系的调查研究。在 1990 年之前，尝试对版权产业进行调查和评估的国家仅有少数几个，如瑞典、德国和丹麦，但是这些国家（地区）的调查比较粗浅，仅是对本国（地区）版权产业发展情况的初步调查和了解。

作为当代知识经济的全球引领者，近代以来，美国对于以知识产权为载体的版权经济一直相当重视，更注重从商业和法律的视角来看待知识经济和知识产品，版权产业的提法就源于美国。美国从 1937 年开始运行标准产业分类体系（SIC），1959 年发表《美国版权产业的规模》研究报告，并开始关注版权产业的发展，到了 1977 年将版权产业纳入 SIC 分类体系，确立了版权产业在国民经济中的独立产业地位。从 1990 年开始，美国国际知识产权联盟开始调查与版权保护有关的产业对经济的影响和在对外贸易中的地位，首次发表了《美国经济中的版权产业》报告①，并将发表报告常态化，随后美国又推出了 1977 ~ 1990 年的综合报告②。

在很长的一段时间里，世界各国（地区）分别从各自的关注点和视角进行与版权相关产业的统计，很难进行统一的各国（地区）版权产业经济贡献的科学统计和国际比较。因此，世界知识产权组织为统一各国（地区）对版权产业的内涵界定和便于开展全球统一的版权产业调查研究，于 2003 年组织编写《版权产业的经济贡献调研指南》（*Guide on Surveying the Economic Contribution of the Copyright Based Industries*），建立了统一的调查与分析方法，从而推动了与版权相关产业调研活动在全世界的广泛开展③。按照世界知识产权组织的界定，版权产业指的是版权可以在其中发挥显著作用的产业④。具体来说，世界知识产权组织将全部版权产业分为核心版权产业、相互依存的版权产业、部分版权产业及非专用支持产业四个部分。此后世界知识产权组织于 2015 年又对版权产业经济贡献的调查方法做了进一步的修订。宋慧献（2006）在解读世界知识产权组织《版权产业的经济贡献调查指南》（以下简称《指南》）时指出，版权产业是产业经济学的一个新领域，是从一个全新视角开展的跨越传统产业类别的全新整

---

① 美国版权产业报告是由美国出版商协会、商业软件联盟、美国录制业协会、美国电影协会、美国电影发行协会等七个版权组织构成的国际知识产权联盟（IIPA）作出。IIPA 于 1990 年开始一系列的版权产业经济研究，至 2017 年已经发布了 16 个版权产业报告。自 2004 年开始，美国在版权产业的研究报告中采用了 WIPO 的分类，使用 ISIC 的概念来决定何种产业被纳入到 IIPA 的报告之中。

② Siwek S E, Furchtgott-Roth H W. Copyright Industries in the U. S. Economy [M]. USA: Economists Incorporated, 1990.

③ World Intellectual Property Organisation. Guide on Surveying the Economic Contribution of the Copyright Based Industries [M]. Geneva: WIPO Publication, 2003.

④ 世界知识产权组织. 版权产业的经济贡献调研指南 [M]. 北京: 法律出版社, 2006: 132.

合。世界知识产权组织《指南》是版权产业实证研究的基础框架①，为各国（地区）版权产业研究以至国际间的比较研究提供了一个极具指导价值的框架②。

迄今从全球范围看，已有 40 多个国家（地区）对本国（地区）版权产业的经济贡献进行了研究，其中开展此类研究最深入和及时的国家是美国。从 1990 年开始，美国每年或每两年就发布一次美国版权产业经济贡献的调查报告。世界知识产权组织借鉴了美国的调查方法，推出了《版权产业的经济贡献调查指南》，此后美国的调查也按照这一体系进行。2020 年 12 月，美国国际知识产权联盟又在《美国经济中的版权产业（2020）》中公布了其版权产业在 2019 年的发展状况（Robert Stoner and Jéssica Dutra，2020）③。美国是开展此类调研最积极、最全面和深入的国家，其调研方法已经基本成熟④。除美国外，澳大利亚也是比较频繁发布版权产业研究报告的国家，其版权产业经济贡献的研究报告同样基于世界知识产权组织的调查框架和方法。在欧美国家中，加拿大追随美国每年发布版权产业调查报告，但是大多数时间只是在其文化遗产部的网站公布相关研究结果。英国对版权产业的调研与美国略微不同，主要体现在调查对象的名称为创意产业，其调查范围基本与美国版权产业的范围一致，采用的调查方法是 DCMS 的经济贡献评价方法⑤，其评价经济贡献的方法也与 IIPA 以及世界知识产权组织对版权产业的调查方法相同，同样从产业增加值（GVA）、创造就业岗位和出口额三个方面考察版权产业发展对经济增长的促进作用。除英国外，定期发

---

① 宋慧献．"版权产业"实证研究的基础框架：WIPO《版权产业的经济贡献调查指南》解读［J］. 中国版权，2006（3）：34 – 38.

② 世界知识产权组织（WIPO）于 2015 年又推出了 2003 年调查方法的修订版。世界知识产权组织．版权产业经济贡献调研指南（2015 年修订版）［M］. 中国版权保护中心，译．北京：人民出版社，2018.

③ Robert Stoner，Jéssica Dutra. Copyright Industries in the U. S. Economy：The 2020 Report（released in December 2020）［EB/OL］. http：//www. iipa. org.

④ 从 1990 年 IIPA 委托 Stephen E. Siwek 和 Harold Furchtgott-Roth 展开对美国版权产业经济贡献的调查开始，此后历年的美国版权产业经济贡献的调查（Copyright Industries in the U. S. Economy）都由 Stephen E. Siwek 主持，并与其他研究人员合作共同发布。从 1999 年发布的调查报告开始，IIPA 委托 Stephen E. Siwek 单独主持美国版权产业经济贡献的调查，此后分别发布了 2000 年、2002 年、2004 年、2007 年、2009 年、2011 年、2013 年、2014 年、2016 年和 2018 年的美国版权产业经济贡献的调查报告。2020 年该调查报告改为由 Robert Stoner 和 Jéssica Dutra 发布，历年报告具体发布年份及名称详见本书参考文献部分。

⑤ 英国版权产业的调查和分析由英国 Department for Culture，Media and Sport（DCMS）执行，DCMS 从以下几个方面衡量版权产业（英国称之为 Creative Industries）对英国经济的直接贡献：产业对英国就业、产业增加值（GVA）和服务出口的贡献，其评估数据是根据英国国家统计局（ONS）公布的官方数据测算得出的。DCMS 采用的评估方法是 Creative Industries Economic Estimates Methodology，具体内容来自英国政府官方网站，详见 https：//www. gov. uk/government/uploads/system/uploads/attachment_ data/file/499683/CIEE_ Methodology. pdf。

布创意产业报告的还有新西兰、新加坡。其中，新加坡是亚洲地区第一个依据世界知识产权组织方法开展版权产业经济贡献调研的国家，新加坡的研究方法基本上以美国为参照，在数据分析方面选取法国、意大利、英国、奥地利、瑞典及比利时等发达国家版权产业经济贡献的调查数据作为参照。

截至2021年8月，世界知识产权组织正式发布的《评估版权产业经济贡献的国别研究》（*National Studies on Assessing the Economic Contribution of the Copyright-Based Industries*）就有九个系列报告和六份国别报告，第一个系列的报告涉及国别为加拿大、匈牙利、拉脱维亚、新加坡和美国五国[①]。此后世界知识产权组织基本上每一年或每两年发布一个新的系列报告，报告的研究国别一般为世界知识产权组织选定的若干国家。世界知识产权组织对中国的版权产业经济贡献问题的研究出现在2011年的系列报告中，该份报告同时介绍了芬兰、巴基斯坦、巴拿马和斯洛文尼亚四国的版权产业发展状况。第九个系列报告涉及埃塞俄比亚、法国和摩尔多瓦三国，客观评价了其版权产业经济贡献的发展状况并开展了国际比较研究[②]。之后世界知识产权组织又陆续公布了六份国别报告，分别为匈牙利（2017）、土耳其（2018）和博茨瓦纳（2019）等国的版权产业经济贡献。

随着各国（地区）版权产业调查数据的陆续公布，国内外学者依据各国（地区）版权相关产业经济贡献的调查结果，纷纷开展了版权产业经济贡献的研究。Janjua和Samad（2007）[③]根据世界知识产权组织2003年出版的《版权产业经济贡献调研指南》（*Guide on Surveying the Economic Contribution of the Copyright Based Industries*）中对版权产业的界定及调查方法，采用加权最小二乘法估计了10个中等收入发展中国家的知识产权保护对版权产业及经济增长的影响，发现虽然知识产权保护刺激了经济增长，但这些发展中国家正处于经济发展的过渡阶段，创新成本往往会高于模仿成本。Dewi和Janita（2014）[④]同样采用世界知识产权组织的框架和调查方法，量化印度尼西亚版权和相关产业在产出、产业增加值和就业方面的贡献，用数据验证了版权产业在其国民经济中的重要性。

————————————

① World Intellectual Property Organisation. National Studies on Assessing the Economic Contribution of the Copyright-Based Industries-Series No. 1 [R]. Geneva：WIPO Publication，2006.

② World Intellectual Property Organisation. National Studies on Assessing the Economic Contribution of the Copyright-Based Industries-Series No. 9 [R]. Geneva：WIPO Publication，2016.

③ Janjua P Z，Samad G. Intellectual Property Rights and Economic Growth：The Case of Middle Income Developing Countries [J]. Pakistan Development Review，2007，46（4）：711－722.

④ Dewi，Janita I. A Study on the Economic Contribution of Copyright and Related Right Industries in Indonesia [J]. Procedia-Social and Behavioral Sciences，2014（115）：207－220.

Manfredi 等（2016）① 研究了意大利版权产业发展对经济增长的贡献，侧重考查版权产业对意大利 GDP 和就业的影响，得出了以下结论：版权产业对经济增长、就业市场和国家发展都有很大的影响，通过评估版权产业对意大利 GDP 的影响，提高了人们对该产业在意大利经济中作用和重要性的认识。

中国对版权产业经济贡献的调查和研究在起步阶段就按照世界知识产权组织的概念界定，并在世界知识产权组织《指南》的指导下开展。2007 年中国国家版权局与世界知识产权组织合作进行的中国版权相关产业经济贡献项目标志着中国对版权产业经济贡献调查研究的开始。该项工作的执行机构是中国新闻出版研究院，项目以国家统计局等部门提供的权威数据为基础，利用定量的方式通过产业增加值、就业人数、出口额三项指标来描述版权产业在国民经济中的贡献率。柳斌杰（2010）和阎晓宏等（2015）所著的《中国版权相关产业的经济贡献》丛书就是该权威调研的成果。作为国家版权局委托开展的重大科研项目，中国新闻出版研究院每年测算中国版权产业的经济贡献并通过不同的方式对外发布，2011 年中国版权产业经济贡献的调研报告英文版被世界知识产权组织纳入当年的《评估版权产业经济贡献的国别研究——系列 5》（*National Studies on Assessing the Economic Contribution of the Copyright-Based Industries-Series No. 5*）中②。此后，中国新闻出版研究院陆续公布中国版权产业经济贡献的调查结果，柳斌杰（2010）③、中国版权产业经济贡献调研课题组等（2014）④、魏玉山（2015）⑤、赵冰等（2015）⑥、肖虹（2016）⑦、范军（2017）⑧、中国新闻出版研究院（2018）⑨、赖名芳（2019）⑩ 以及郝丽美（2020）⑪ 对各年度的中国版权产业对经济增长和

① Manfredi S，Nappo F，Ricci F，et al. Exploring the Economic Contribution of Copyright-intensive Industries in Italy［J］. Technology Innovation & Education，2016，2（1）：1.

② WIPO. National Studies on Assessing the Economic Contribution of the Copyright-Based Industries-Series No. 5［EB/OL］.［2019 - 02 - 02］. https：//www. wipo. int/edocs/pubdocs/en/copyright/1032/wipo_ pub_ 1032. pdf.

③ 柳斌杰. 中国版权相关产业的经济贡献［M］. 北京：中国书籍出版社，2010：52 - 88.

④ 中国版权产业经济贡献调研课题组，赵冰，杨昆. 2011 年中国版权产业的经济贡献［J］. 出版发行研究，2014（7）：14 - 18.

⑤ 魏玉山. 中国版权产业的经济贡献（2009 年 - 2010 年）［M］. 北京：中国书籍出版社，2015.

⑥ 赵冰，杨昆，郝丽美. 2012 年中国版权产业经济贡献调研报告［J］. 中国版权，2015（1）：64 - 69.

⑦ 肖虹. 2014 年中国版权产业经济贡献报告发布［J］. 中国版权，2016（3）：71.

⑧ 范军. 中国版权产业经济贡献调研十年［J］. 出版参考，2017（3）：20 - 23.

⑨ 中国新闻出版研究院. 2016 年中国版权产业的经济贡献［J］. 中国出版，2018（9）：21 - 24.

⑩ 赖名芳. 2017 年中国版权产业增加值突破 6 万亿［J］. 青年记者，2019（1）：42.

⑪ 郝丽美. 版权产业经济贡献调研中的版权因子研究［J］. 出版参考，2020（11）：36 - 39.

解决就业等方面的贡献做了测算和报告。我国注重跟进世界知识产权组织在调查方法方面的更新，并于 2018 年发布了世界知识产权组织在 2015 年更新的调查方法的中译本：《版权产业经济贡献调研指南（2015 年修订版）》，从调查方法上与世界知识产权组织保持了一致①。中国国家版权局开展的中国版权相关产业的经济贡献调查发现：我国版权产业的发展态势良好，并对我国经济增长做出积极贡献。我国版权产业在国家经济增长中的贡献率逐步提高，与发达国家的差距日益缩小，甚至在有些年份超过了一些发达国家，且在发展中国家的排名中位居前列。

国内学术界与国外学界同步，同样开展了一系列以各国（地区）版权产业发展为对象的国别研究或中外版权产业比较研究。张勤（2005）以美国版权产业为研究对象，发现以美国为代表的发达国家特别重视对版权产业的支持，大力发展版权产业，其优势在于充分开发国外市场，大量输出影视、图书及软件等核心版权产品到其他国家②。王晓红（2008）在综合分析国外版权产业发展概况后指出，发达国家版权产业发展的历程及取得的成就，对于提升我国版权产业发展水平、把握版权产业的发展规律有非常重要的借鉴意义③。此外，在版权产业的国际比较研究方面，赵双阁和李剑欣（2014）④、秦宗财和方影（2016）⑤、朱喆琳（2016，2017）⑥⑦、谢琼和陈婉玉（2018）⑧、郝丽美（2021）⑨ 分别对美国、日本、英国和德国等国家（地区）版权产业的经济贡献和发展模式进行了分析，并基于中外比较后得出经验借鉴或启示，尝试探索中国版权产业发展的具体路径和措施。目前，我国版权产业发展的一大亮点是网络版权产业的发展，在行业发展规模、增长速度和业态创新方面都取得了令人瞩目的成绩。田小军和张钦坤（2017）⑩ 认为，我国网络版权产业未来的发展机遇可期，将成为"全球先驱"。

已有的有关版权产业经济贡献的研究文献不论是在研究体系还是在研究方法

---

① 世界知识产权组织. 版权产业经济贡献调研指南（2015 年修订版）[M]. 北京：人民出版社，2018：39.

② 张勤. 美国版权产业及其对外贸易透视 [J]. 海淀走读大学学报，2005（1）：59 – 62.

③ 王晓红. 国外版权产业发展概况及借鉴 [J]. 经济体制改革，2008（5）：158 – 162.

④ 赵双阁，李剑欣. 中美版权产业比较研究 [J]. 河北经贸大学学报，2014，35（1）：107 – 113.

⑤ 秦宗财，方影. 美国版权产业人才培养及启示 [J]. 出版发行研究，2016（6）：77 – 80.

⑥ 朱喆琳. 数字时代日本版权产业发展规范机制的构建与启示 [J]. 出版发行研究，2016（3）：84 – 88.

⑦ 朱喆琳. 英国版权产业发展模式探析及启示 [J]. 科技与出版，2017（7）：58 – 62.

⑧ 谢琼，陈婉玉. 德国版权产业人才培养模式研究 [J]. 出版广角，2018（17）：27 – 30.

⑨ 郝丽美. 中外版权产业经济贡献的比较研究 [J]. 出版参考，2021（4）：36 – 39 + 49.

⑩ 田小军，张钦坤. 我国网络版权产业发展态势与挑战应对 [J]. 出版发行研究，2017（11）：31 – 33.

上都比较充足，为本书在国际比较研究中奠定了良好的研究基础。不过在数据支持方面存在一个现实问题，即各国（地区）公布于世界知识产权组织网站上的调研数据可能与最新的调查数据存在时滞，除了美国、澳大利亚和法国等发达国家以及中国外，其他国家的经济贡献数据不同程度地存在更新不够及时的问题，部分国家的数据较为陈旧，给国际比较时选择最适合的比对国家造成了一定的困难。本书为避免这一问题，选取最具代表性且调查数据发布比较及时的发达国家作为重点讨论的对象。

二、中外版权产业发展史视角的研究

学术界公认现代版权制度和版权产业发端于英国 1710 年颁布的《安妮女王法令》，该法令的全称为《为鼓励知识创作而授予作者及购买者就其已印刷成册的图书在一定时期内之权利的法》，被认为是世界上第一部具有现代意义的版权法[①]。《安妮女王法令》否定了王室对版权的赐予权，首次在法律层面上给予作者对自己作品印刷出版的支配权，这确立了现代版权法的原则基础（Deazley Ronan，2010）[②]。《安妮女王法令》关于保护主体、权利期限、登记注册和缴送本制度以及侵权惩罚等方面的规定，确立了现代版权立法的基本模式，有助于欧洲大陆法律传统的版权和拉丁法律传统的作者权的形成，最终影响和启发了后来的全球版权立法。1790 年美国颁布的联邦版权法便是仿照《安妮女王法令》制定的。Deene Joris（2010）在讨论《安妮女王法令》的影响时指出，诞生于三百年前的该法令对比利时的版权立法也有较大的影响[③]。Geiger Christophe（2010）

---

① 《安妮女王法令》（*The Statute of Anne*）也被称为"1710 年版权法"（Copyright Act 1710），其发布时的正式标题为 *An Act for the Encouragement of Learning，by Vesting the Copies of Printed Books in the Authors or Purchasers of Copies，during the Times Therein Mentioned*，也就是《为鼓励知识创作而授予作者及购买者就其已印刷成册的图书在一定时期内之权利的法》。现有文献中对该法令的称呼各不相同，也有学者将其称为《安娜法令》《安娜女王法令》或《安娜法》，但其具体指向的均为 1710 年颁布的 *The Statute of Anne*。具体见：王太平，黄献 . 安娜法的权威解释：英国米勒案和德纳森案［J］. 电子知识产权，2006（4）：49 - 53；易健雄 ."世界上第一部版权法"之反思：重读《安娜法》［J］. 知识产权，2008（1）：20 - 26；宋慧献 . 安妮女王版权法令的诞生：从特权到版权［J］. 中国出版，2010（19）：71 - 75；肖东发，于文 .《安妮女王法》［J］. 现代出版，2017（1）：22；等等。本书为了便于理解和表述的一致性，将 1710 年颁布的 *Statute of Anne* 统一称为《安妮女王法令》。

② Deazley Ronan. The Statute of Anne and the Great Abridgement Swindle［J］. Houston Law Review，2010（47）：793.

③ Deene Joris. The Influence of the Statute of Anne on Belgian Copyright Law［A］//Global Copyright：300 Years since the Statute of Anne，from 1709 to Cyberspace［M］. Cheltenham：Edward Elgar Publishing，2010.

认为,《安妮女王法令》不论是过去还是现在,都对法国的版权法产生了深远影响①。张乃和(2004)系统分析了近代英国版权制度的形成过程及《安妮女王法令》在欧美国家版权立法史上的重要地位②。此外,李静(2007)曾对加拿大、英国和美国的版权法演变过程进行了比较系统的研究③,并以加拿大为主要研究对象,探讨国内政治与国家对外版权保护缔约行为的互动关系。

国内学者潘文娣和张凤杰(2010)在探讨中国版权产业的起源时认为,由于国家对作者的印刷出版权和著作权进行保护始于宋朝,所以中国版权史应始于宋朝,不过彼时尚无正式的法令约束④。胡知武(2002)也认为版权作为一种观念,至少在中国的宋代就产生了。中国古代就有了版权的生产和经营,宋神宗熙宁四年设置印历所,专"掌雕印历书",保护历书版权⑤。张玉敏和李雨峰(2004)指出,相对于手抄书时期,印刷术发明后使书籍等文化产品的复制传播更加容易,在一定程度上催生了现代版权观念的产生⑥。严复在《上管学大臣论版权书》中多次使用"版权"一词,并指出东西方各国学界都有版权这一概念,而严复理解的版权就是著书之所耗而应得的经济权利⑦。但是从总体来看,近代中国版权意识的建立和版权法的建设受西方的影响颇深,自1840年以后,中国将西方的版权思想移植到国内,于是出现了1910年的《大清著作权律》。在中国版权史研究方面,李明山著作颇丰且展开了一系列的深入研究,李明山(2003)⑧在分析中国近代版权史时指出,鲁迅为了维护自己的版税权利,几乎与北新书局对簿公堂。鲁迅版权意识的觉醒,在中国近代版权史上具有典型的意义。此外李明山等还先后出版了《中国当代版权史》(2007)⑨和《中国古代版权史》(2012)⑩两本专著,受到学术界的广泛关注。李明山特别指出,中国最早的版权法应该是《大清著作权律》,并解释了《中华人民共和国著作权法》把

① Geiger Christophe. The Influence(past and present)of the Statute of Anne in France[A]//Global Copyright-three Hundred Years since the Statute of Anne, from 1709 to Cyberspace[M]. Cheltenham: Edward Elgar Publishing, 2010: 122 – 135.

② 张乃和. 论近代英国版权制度的形成[J]. 世界历史, 2004(4): 23 – 29 + 144.

③ 李静. 国内政治与国家对外缔约行为[D]. 广州: 暨南大学, 2007.

④ 潘文娣, 张凤杰. 关于中国版权史溯源的几点思考[J]. 出版发行研究, 2010(12): 60 – 63.

⑤ 胡知武. 版权经济实务[M]. 北京: 中国经济出版社, 2002.

⑥ 张玉敏, 李雨峰. 中国版权史纲[J]. 科技与法律, 2004(1): 42 – 47.

⑦ 周宇楠. 晚清时期版权制度的形成探析[D]. 北京: 北京印刷学院, 2018.

⑧ 李明山. 中国近代版权史[M]. 开封: 河南大学出版社, 2003.

⑨ 李明山等. 中国当代版权史[M]. 北京: 知识产权出版社, 2007.

⑩ 李明山. 中国古代版权史[M]. 北京: 社会科学文献出版社, 2012.

版权与著作权看成是同义词的缘由。版权观念在中国产生较早,但在版权的立法保护方面,中国却落在了西方人的后面。李雨峰(2006)在研究中国版权史时提出了一个问题:为何中国古代早就有了造纸术和印刷术,但是却没有产生现代意义上的版权法?并着手通过系统分析对该问题进行回答①。马晓莉(2011)认为,近代转型中的中国在尚未来得及寻觅到一条属于自己的版权保护之途时,遭遇了西方所携版权法的冲击,无可奈何地陷入两难困境。在此困境下,近代中国选择了以"立"为主导、兼有"不立"的著作权立法路径。中国版权立法的特殊发展历史,决定了中国版权立法之路在于运用中国圆通和包容的文化精髓,在意识上坚持版权的保护,但在立法内容上充分考虑中国的国情,循序渐进。当代中国也可由此入手考虑版权法制建设与版权产业发展的匹配问题②。朱鸿军(2020)指出,传统媒体和新兴媒体对版权保护都呈现了从"漠视"到"觉醒"再到"重视"的历史演进过程,这也展现出媒体融合中我国媒体版权保护的特殊性③。

从历史的视角考察中外版权产业的发展,可以为本书提供一个纵向分析的框架。在不同的时代背景和历史条件下,各国(地区)的版权产业走上了截然不同的道路。中国自唐朝就已经出现了雕版印刷术,是最早发明印刷技术的东方文明古国;北宋庆历年间的毕昇(970~1051年)发明的活字印刷术也比德国的约翰内斯·古腾堡发明的活字印刷术早了将近400年的时间。在宋代,中国的印刷术和商业经济繁荣发展并没有带来版权制度的萌芽,对世界各国(地区)版权立法影响深远的现代版权法律却首先出现在地球另一边的英国。刘茂林(1996)④ 在分析版权法为什么没有发轫于中国时所提出的"郑和—李约瑟之谜"⑤ 值得我们深思。通过纵向的历史比较分析,可以研究各国(地区)版权观念产生的经济条件、社会条件和版权制度的发展演变规律,结合我国现阶段的国

---

① 李雨峰.枪口下的法律:中国版权史研究 [M].北京:知识产权出版社,2006.
② 马晓莉.近代中国著作权立法的困境与抉择 [M].武汉:华中科技大学出版社,2011.
③ 朱鸿军.从"漠视"到"重视":媒体融合中媒体保护版权的历史演进 [J].国际新闻界,2020,42(12):113-132.
④ 刘茂林.知识产权法的经济分析 [M].北京:法律出版社,1996:157-165.
⑤ 李约瑟难题又称李约瑟之谜,指的是由英国的中国问题研究专家李约瑟(Joseph Needham)提出的一个思考和反问,他在其编著的15卷《中国科学技术史》中提出这样一个问题:"尽管中国古代对人类科技发展做出了众多重要贡献,但为什么科学和工业革命没有在近代的中国发生?"1976年,肯尼思·博尔丁(美国经济学家)将其称之为李约瑟难题。此外,郑和下西洋比哥伦布等的航海活动早了几十年到上百年,但为何没有像后者那样对世界的历史和文明发展进程产生深远影响?刘茂林(1996)在分析版权法为何没有在中国发轫时,将两个问题合并,称之为"郑和—李约瑟之谜"。

情实际，探讨适应我国产业结构演变规律的版权产业发展战略。

三、法律经济学视角下版权制度问题研究

国外学者结合法学和经济学对版权问题做了大量的研究，20 世纪 70 年代经济学家开始广泛地讨论版权问题。早在 1970 年 Stephen Breyer（1970）[①] 就在美国发表了有关版权经济分析的文章，探讨版权法律保护与图书、影像及计算机程序等行业发展的关系，其被广泛关注和引用，并产生了深远影响。此后，Barry（1971）对 Breyer 的问题做了回应，以图书出版业为例，从法律经济学的视角分析了版权保护的经济意义[②]。从此以后，学术界广泛运用法学和经济学结合的法律经济学手段分析版权。Novos 和 Waldman（1984）[③] 认为，智力产品在存在复制技术的前提下，是典型的非排他性产品。对此类产品的版权保护既会导致生产不足又会导致效用不足，从而使其对社会福利的影响产生两种相反的作用。William Landes 和 Richard Posner 被认为是版权保护问题法律经济学研究的集大成者，Landes 和 Posner 于 1989 年发表的《版权法的经济学分析》（*An Economic Analysis of Copyright Law*）被视作拓展了一个新的研究范式[④]。截至目前，被公认为对版权进行最为系统性经济分析的作品还是 Landes 和 Posner（2003）的《知识产权法的经济结构》（*The Economic Structure of Intellectual Property Law*），该书就版权对于创造性的积极和消极影响做了进一步的深入分析，认为作者享有作品排他权，在版权保护期间减少了公共领域的作品，因此增加了后续作者创作的成本。法律必须在过度保护作者和新的思想表达方式的探索成本之间达到平衡。William Landes 和 Richard Posner（2003）从经济学的角度阐述版权问题，并用模型系统地分析了美国的版权制度[⑤]。

此后，版权的法律经济学视角研究受到重视，出现了系统化的研究成果。

---

① Breyer S. The Uneasy Case for Copyright：A Study of Copyright in Books，Photocopies，and Computer Programs［J］. Harvard Law Review，1970，84（2）：281 – 351.

② Barry W Tyerman. The Economic Rationale for Copyright Protection for Published Books：A Reply to Professor Breyer［J］. UCLA Law Review，1971（18）：1100 – 1125.

③ Novos I E，Waldman M. The Effects of Increased Copyright Protection：An Analytic Approach［J］. Journal of Political Economy，1984，92（2）：236 – 246.

④ Landes W M，Posner R A. An Economic Analysis of Copyright Law［J］. Journal of Legal Studies，1989，18（2）：325 – 363.

⑤ William M Landes，Richard A Posner. The Economic Structure of Intellectual Property Law［M］. Cambridga：Belknap Press，2003.

Ruth Towse（2002）统筹出版了《文化产业中的版权》（*Copyright in the Cultural Industries*）①，其中收集了诸多学者提供的研究成果，主要包括了政策制定者视野中的版权和文化产业问题（Rick van der Ploeg）、关于版权发行的法律选择（Paul Torremans）、从经济学角度对版权和表达自由的分析（Michael Rushton）、数字时代的版权及其经济原理的再审视（Jacco Hakfoort）、版权和企业力量（Fiona Macmillan）以及数字时代的音乐许可问题（Michael Einhorn）等，这些研究极大地拓展了学术界在版权方面的研究。Baker 和 Brendan 就版权产业中法律与创新能力的关系做了深入研究，得出适度的法律保护将促进版权产业中的创新，进而有利于该产业的发展②。此后，Ruth Towse（2010）又系统研究了版权、创新能力以及版权产业发展的新范式，并指出版权保护对于保护创新能力以及推动版权产业发展的重要性③。

Ryder 和 Sreenivasulu（2017）在研究知识产权保护的重要性以及它在媒体行业中的重要作用时指出，知识产权被公认为是包括媒体在内的版权产业中经济活力和企业家精神的基础。版权法就是伴随着各类媒体发展而相应完善起来的。印刷、电子媒体、电影和数字媒体等各种媒体的发展极大地促进了版权的商业化④。Unni（2017）在研究软件保护的法律问题时指出，虽然版权保护政策主要是为了保护作者利益，但同时也试图保护社会利益。技术进步对版权法的运作及其有效性产生了巨大影响，这些技术进步产生了各种新业态和随之而来的盗版侵权新方法——用于非法复制和传播原作者的作品。版权保护的范围应通过巧妙地平衡作者的创作权利和公共利益来确定⑤。

国内学术界关于版权制度方面的研究成果丰富，方义松（2001）基于成本—效益理论探析网络版权权利扩张与限制的经济合理性，认为制定网络版权法的根本目的在于调节网络信息传播的交易成本，提高版权的经济权利效益，在版权研究和立法时应考虑按照"效益优先、兼顾正义"的原则，其是符合版权保护利

---

① Ruth Towse. Copyright in the Cultural Industries [M]. Cheltenham：Edward Elgar Publishing, 2002.

② Baker Matthew J, Brendan Michael Cunningham. Law and Innovation in Copyright Industries [J]. Review of Economic Research on Copyright Issues, 2009, 6（1）：61 – 82.

③ Ruth Towse. Creativity, Copyright and the Creative Industries Paradigm [J]. Kyklos, 2010, 63（3）：461 – 478.

④ Ryder R D, Sreenivasulu N S. The Economics of Intellectual Property and Economic Entrepreneurship of Copyrights [A]//Copyright Law in the Digital World [M]. Springer, Singapore, 2017：45 – 60.

⑤ Unni V K. Software Protection under Copyright Law [A]//Copyright Law in the Digital World [M]. Springer, Singapore, 2017：185 – 203.

益平衡理论的①。江向东（2002）对美国《数字千年版权法》（*Digital Millennium Copyright Act*，*DMCA*）的立法问题进行了研究，分析《数字千年版权法》对图书情报工作的影响，并由此提出其对解决中国数字图书馆版权问题的启示②。陈传夫和符玉霜（2009）研究了美国、英国、加拿大、意大利、澳大利亚、新西兰、日本、新加坡和中国等的版权法，并基于调研获取的实际情况，侧重探讨各国（地区）图书馆版权解决方案的不同模式，并对我国的版权法修改提出了对应的政策建议，认为版权法在修改过程中应重视对图书馆的规定，在法律层面给图书馆一些政策鼓励，在文献信息资源获取、作品传播、馆际互借等方面要保障图书馆的权利，同时图书馆也应坚持保护版权的立场，奉行合理使用原则，遵守版权法对其提出的义务要求③。徐强平（2005）针对数字经济时代提出版权保护的问题，认为数字经济时代必须以公平理念构建版权保护平衡机制④。吴汉东（2009）探讨了知识产权的国际保护问题，他认为中国知识产权制度的建设应依据时代变化和国际局势变化的特点，按照国际化、现代化、战略化和法典化的发展思路进行⑤。

熊琦（2016）指出，自《信息网络传播权保护条例》颁布以来，中国的网络版权保护已实施了十几年，其不但在立法上形成了以《中华人民共和国侵权责任法》互联网专条为核心的侵权规则体系，还在执法上形成了以"剑网行动"为核心的行政管理手段。然而展望未来制度变革方向，发现对部分版权制度的认知和固守已给版权产业的进步造成制度瓶颈，立法者和主管部门应鼓励版权产业主体自行构建授权机制解决版权保护问题，通过相互授权形成高效合规的版权市场⑥。冯晓青（2017）指出，随着网络版权产业的发展，互联网领域版权保护中的一些新现象、新问题值得思考，其中网络游戏产业各相关主体之间的利益平衡问题应引起重视，网络游戏直播画面是否受版权法保护、未经游戏运营方许可直播他人网络游戏是否构成侵权，这在我国版权保护的理论和实践中还存在分歧，

---

① 方义松. 网络版权制度与信息的有效传播及公平使用——网络版权权利扩张与限制的成本—效益分析 [D]. 武汉：华中师范大学，2001.

② 江向东.《数字千年版权法》立法实践及其对图书情报工作的影响 [J]. 福建师范大学学报（哲学社会科学版），2002（2）：137–143.

③ 陈传夫，符玉霜. 国际图书馆版权政策及我国新一轮版权法修改建议 [J]. 图书与情报，2009，153（5）：11–18.

④ 徐强平. 数字环境下版权保护的利益平衡 [J]. 大学出版，2005（1）：50–52.

⑤ 吴汉东. 国际变革大势与中国发展大局中的知识产权制度 [J]. 法学研究，2009，31（2）：3–18.

⑥ 熊琦. 网络版权保护十年：产业与制度的相生相克 [J]. 电子知识产权，2016（10）：10–15.

在今后的司法实践中应对此做出明确规定和解读，其将会有利于我国互联网领域版权产业的繁荣发展①。熊琦（2018）认为我国的著作权立法模式应该实现从被动到主动的转变，我国改革开放初期采取的"缺什么补什么"和"拿来主义"的立法模式已经无法适应当前经济发展的现实需求，版权立法要从我国的实际需求出发，着力构建有利于我国版权产业主体自身发展的法律框架。我国当前的版权保护标准已全面达到国际公约的要求，版权制度创新可以脱离国际公约的束缚，更多地基于我国版权产业在创新驱动发展战略中的实际需求来设计②。吴汉东（2018）在分析新中国成立以来我国知识产权法律理论和实践变迁时指出，中国的知识产权保护制度从移植和引进开始，到后来实现了自立和创新，中国知识产权保护的法律建设与改革开放是并肩前进的关系。改革开放40多年来，中国从基本国情和实际需求出发，构建了法治与发展相适应和协调的运行机制，中国只用了30多年就完成了西方国家历时一百年的知识产权法律保护体系的建设，其历史成就世界瞩目。中国通过本土化的知识产权制度创新推动知识经济的蓬勃发展，并积极投身于构建知识产权全球治理体系，使其成为知识产权国际保护的新动力③。随着互联网信息技术的发展，版权保护的法治手段也呈现出多元化的特点，俞锋和谷凯月（2021）认为区块链技术给新时代网络版权保护体系发展路径带来了另一种可能，即构建理念更先进的法治保护、打造手段更多元的整体智治、培育分配更公平的利益生态④。

本书在开展版权产业发展的国际比较研究中也离不开法律经济学视角的探索，从版权制度入手，探索中国版权保护的相关制度安排，为我国版权产业的守正创新实现高质量发展保驾护航。

四、有关版权产业发展影响因素的研究

学术界关于版权产业发展影响因素问题的研究基于世界知识产权组织（WIPO）或者各国（地区）的版权产业发展的调查数据及现有的产业经济学和发展经济学理论，再结合各自的实际国情和现实问题，有代表性的文献

---

① 冯晓青. 网络游戏直播画面的作品属性及其相关著作权问题研究 [J]. 知识产权, 2017（1）: 3 – 13.
② 熊琦. 中国著作权立法中的制度创新 [J]. 中国社会科学, 2018（7）: 118 – 138 + 207.
③ 吴汉东. 中国知识产权法律变迁的基本面向 [J]. 中国社会科学, 2018（8）: 108 – 125 + 206 – 207.
④ 俞锋, 谷凯月. 网络版权保护体系变革: 来自区块链技术的支持与想象 [J]. 中国出版, 2021（2）: 66 – 69.

如下:

霍斯金斯（Colin Hoskins）和米卢斯（R. Mirus）（1988）在分析美国主导电视节目国际市场的原因时首次提出文化折扣（Cultural Discount，亦称"文化贴现"）这一概念，此后被广泛应用于对文化经济的分析中，文化折扣现象成为版权产业向海外市场输出文化产品时不得不解决的一个跨文化交流问题①。版权产业的发展离不开财税和资金方面的支持，在这方面也有多位学者做了学术探索，Rushton（2017）系统性分析了版权产业有关行业规模的数据，测算了税收激励措施及各类补贴措施对于版权产业发展的影响②。Hemels（2018）针对版权产业中的税收激励问题及其作用做了深入研究，并从跨国的分析视角分析税收激励对版权产业的影响③。此外，Cramb 和 Robert（2018）结合了文化经济学、公共财政和税法的有关理论，着眼于世界各国（地区）的视角和案例，也得出了类似的结论④。Galasso 和 Schankerman（2014）使用从司法系统获取的数据，利用美国联邦巡回上诉法院法官的随机分配来控制专利无效的内生性，研究了专利保护对其随后产生的累积创新有何影响，探索对专利的知识产权保护是促进还是阻碍后续创新，研究发现，知识产权对后续创新行为有非常重要的影响，但是这种影响在不同的行业存在异质性⑤。Sampat 和 Williams（2019）使用美国专利商标局提供的基因专利申请成功与否的数据也得出了类似的研究结论，发现知识产权保护对后续创新行为有非常重要的制度保障作用⑥。这与 Lerner（2009）⑦ 和 Matsuyama（2019）等学者所得出的结果是一致的。此外，Vallance（2017）讨论了人力资源、教育发展与版权产业发展的互动关系，发现版权产业与高等教育院校之间的知识交流，有助于学校与产业之间形成可持续发展的协作模式，也有助

---

① Colin Hoskins, R Mirus. Reasons for the US Dominance of the International Trade in Television Programmes [J]. Media, Culture and Society, 1988, 10 (S): 499 - 515.

② Rushton M. Sigrid Hemels and Kazuko Goto (eds.): Tax Incentives for the Creative Industries [J]. Journal of Cultural Economics, 2017 (41): 1 - 3.

③ Hemels S. Tax Incentives for the Creative Industries with a Focus on Copyright Industries [J]. Creative Economy, 2018: 1 - 4.

④ Cramb, Robert. Tax Incentives for the Creative Industries [J]. Cultural Trends, 2018: 1 - 4.

⑤ Galasso A, Schankerman M. Patents and Cumulative Innovation: Causal Evidence from the Courts [J]. The Quarterly Journal of Economics, 2014, 130 (1): 317 - 369.

⑥ Sampat B, Williams H L. How do Patents Affect Follow-on Innovation? Evidence from the Human Genome [J]. American Economic Review, 2019, 109 (1): 203 - 236.

⑦ Lerner J. The Empirical Impact of Intellectual Property Rights on Innovation: Puzzles and Clues [J]. American Economic Review, 2009, 99 (2): 343 - 348.

于版权产业的发展①。

作为版权产业发展的基础，知识产权保护对版权产业的发展有重要作用，学术界对此开展了一系列深入的研究。Romer（2002）指出，一个经济体的发展和繁荣离不开其文化的发展和繁荣，文化的发展和繁荣又必须有知识产权法律保护的支撑，并实证检验了知识产权保护是文化产业发展壮大的法律基础②。Boldrin和 Levine（2002）却从另外一个视角对该问题做了研究，他们认为，一方面强有力的知识产权保护可以刺激创新，从而导致更激烈的竞争、更高的经济增长和消费者利益的增加，但是另一方面也要注意防止知识产权保护在特定对象上的滥用，通过理论模型论证可知，即便是以固定成本为正和边际成本为零的商品（文化产品多具备该属性）为例，对创新观点垄断，最终可能会限制购买者对此类商品的需求和使用，这意味着当前的专利和版权法都应该做一定的调整③。Garnham（2005）以英国的版权产业为分析对象，研究了知识产权保护对于创新和经济增长的重要作用，其研究结论支持了国家采取知识产权保护和文化补贴等措施推动经济发展的观点④。此后，学术界对该问题做了持续关注和讨论，从其基本结论上来看，大多都是支持知识产权保护（或称之为版权保护）对于创新以及经济发展的重要作用。Humphreys 等 （2005）⑤、Dutfield 和 Suthersanen （2005）⑥、Andersen 和 Konzelmann （2008）⑦、Townley 等 （2009）⑧、Pang

① Vallance P. Higher Education and the Creative Economy: Beyond the Campus [J]. Regional Studies the Journal of the Regional Studies Association, 2017, 51 (3): 1 – 2.

② Romer P. When Should We Use Intellectual Property Rights? [J]. American Economic Review, 2002, 92 (2): 213 – 216.

③ Boldrin M, Levine D. The Case Against Intellectual Property [J]. American Economic Review, 2002, 92 (2): 209 – 212.

④ Garnham N. From Cultural to Creative Industries: An Analysis of the Implications of the "Creative Industries" Approach to Arts and Media Policy Making in the United Kingdom [J]. International Journal of Cultural Policy, 2005, 11 (1): 15 – 29.

⑤ Humphreys S, Fitzgerald B, Banks J, et al. Fan-based Production for Computer Games: User-led Innovation, the "Drift of Value" and Intellectual Property Rights [J]. Media International Australia Incorporating Culture and Policy, 2005, 114 (1): 16 – 29.

⑥ Dutfield G, Suthersanen U. Harmonisation or Differentiation in Intellectual Property Protection? The Lessons of History [J]. Prometheus, 2005, 23 (2): 131 – 147.

⑦ Andersen B, Konzelmann S. In Search of a Useful Theory of the Productive Potential of Intellectual Property Rights [J]. Research Policy, 2008, 37 (1): 12 – 28.

⑧ Townley B, Beech N, McKinlay A. Managing in the Creative Industries: Managing the Motley Crew [J]. Human Relations, 2009, 62 (7): 939 – 962.

（2012）[①]、Dutfield（2017）[②] 等学者的研究均承认知识产权保护是影响一国版权产业和版权经济发展的重要因素。

此外，版权产业是知识经济的典型代表，在考查其发展的影响因素时，学术界关于知识生产函数（Knowledge Production Function）及其在知识经济研究中的应用的相关文献是不容忽视的。知识生产函数最早由 Griliches（1979）在分析高等院校科研投入对地区创新能力的影响时提出，其基本模型为 Y = F（X, K, u），其中 Y 是产出水平，X 为包括劳动力和资本在内的生产投入向量，K 表示区域技术知识水平（模型简化为主要由当前和过去的研发投入决定），u 是随机误差[③]。Jaffe（1989）拓展了 Griliches 的知识生产函数框架，在 Griliches 探讨 R&D 对全要素生产率（TFP）贡献率的基础上，通过调查历年美国 29 个州的各大学的科学研究对企业申请专利的影响，研究了从大学科学研究到企业创新的"溢出效应"[④]。此后，经过 Acs 等（2002）[⑤]、Fischer（2003）[⑥]、Greunz（2005）[⑦] 和 Baum 等（2019）[⑧] 众多学者的不断改进和发展，知识生产函数已经成为研究知识经济、区域创新能力和经济增长等各类问题的一个非常重要的分析框架。Autant-Bernard 和 LeSage（2019）认为两个地区在将知识投入转化为创新和获取外部知识的能力方面存在地区差异，他们估算了法国 94 个地区的区域特定知识生产函数（KPF），对区域创新体系进行研究，发现不同地区在将知识投入转化为创新和获取外部知识的能力方面存在空间上的差异[⑨]。

① Pang L. Creativity and Its Discontents: China's Creative Industries and Intellectual Property Rights Offenses [M]. Durham: Duke University Press, 2012.

② Dutfield G. Intellectual Property Rights and the Life Science Industries: A Twentieth Century History [M]. Oxfordshire: Routledge, 2017.

③ Griliches Z. Issues in Assessing the Contribution of Research and Development to Productivity Growth [J]. Bell Journal of Economics, 1979, 10 (1): 92 – 116.

④ Jaffe A B. Real Effects of Academic Research [J]. American Economic Review, 1989, 79 (5): 957 – 970.

⑤ Acs Z J, Anselin L, Varga A. Patents and Innovation Counts as Measures of Regional Production of New Knowledge [J]. Research Policy, 2002, 31 (7): 1069 – 1085.

⑥ Fischer M M, Varga A. Spatial Knowledge Spillovers and University Research: Evidence from Austria [J]. The Annals of Regional Science, 2003, 37 (2): 303 – 322.

⑦ Greunz L. Intra-and Inter-regional Knowledge Spillovers: Evidence from European Regions [J]. European Planning Studies, 2005, 13 (3): 449 – 473.

⑧ Baum C F, Lööf H, Nabavi P. Innovation Strategies, External Knowledge and Productivity Growth [J]. Industry and Innovation, 2019, 26 (3): 348 – 367.

⑨ Autant-Bernard C, LeSage J P. A Heterogeneous Coefficient Approach to the Knowledge Production Function [J]. Spatial Economic Analysis, 2019: 1 – 23.

国内学者运用知识生产函数开展了一系列的定量和经验研究。翟立新等（2005）将知识生产函数运用到科研绩效评价问题的研究上，基于知识生产函数的定量评价模型，通过比较科研机构的实际产出与理论产出之间的差异，得到其绩效水平的定量评价[①]。吴延兵（2006）在测算 R&D 资本存量的基础上，构建起一个知识生产函数模型，分析了知识生产的性质及其相关影响因素[②]。此后，吴延兵（2009）通过构建随机前沿知识生产函数模型，分析自主研发、国外技术引进和国内技术引进对知识生产的影响，发现自主研发（主导作用）以及国内外技术引进（辅助作用）都对知识生产有显著影响。在知识生产效率的影响因素中，人力资本、国际贸易、外商直接投资和非国有化表现出同向变化[③]。在同期中，国内有关知识生产函数的研究方兴未艾，邓明和钱争鸣（2009）[④]、张宗和和彭昌奇（2009）[⑤]、沙文兵和李桂香（2011）[⑥]、马双和曾刚（2016）[⑦]、胡善成等（2019）[⑧]、王书华和李曼宁（2021）[⑨] 等就知识生产函数及其在实践中的使用问题做了大量研究。

在研究版权产业发展的影响因素上，除了前述的定量和经验研究外，学界部分学者还从理论推导出发，就版权保护、创新驱动、教育发展、人才支持以及市场环境等因素对版权产业的发展做了大量的定性研究。

崔旭等（2004）分析了美国版权制度与版权产业的发展特征，指出完善的版

① 翟立新，韩伯棠，李晓轩. 基于知识生产函数的公共科研机构绩效评价模型研究 [J]. 中国软科学，2005（8）：76 - 80.

② 吴延兵. R&D 存量、知识函数与生产效率 [J]. 经济学（季刊），2006，5（4）：1129 - 1156.

③ 吴延兵. 知识生产及其影响因素：基于中国地区工业的实证研究 [J]. 世界经济文汇，2009（2）：57 - 73.

④ 邓明，钱争鸣. 我国省际知识存量、知识生产与知识的空间溢出 [J]. 数量经济技术经济研究，2009（5）：42 - 53.

⑤ 张宗和，彭昌奇. 区域技术创新能力影响因素的实证分析：基于全国 30 个省市区的面板数据 [J]. 中国工业经济，2009（11）：35 - 44.

⑥ 沙文兵，李桂香. FDI 知识溢出、自主 R&D 投入与内资高技术企业创新能力：基于中国高技术产业分行业动态面板数据模型的检验 [J]. 世界经济研究，2011（1）：51 - 56.

⑦ 马双，曾刚. 我国装备制造业的创新、知识溢出和产学研合作：基于一个扩展的知识生产函数方法 [J]. 人文地理，2016，31（1）：116 - 123.

⑧ 胡善成，靳来群，刘慧宏. 基础知识及其转化对经济增长的影响研究 [J]. 科学学研究，2019，37（10）：1805 - 1815.

⑨ 王书华，李曼宁. 研发资本及其空间溢出效应对知识创新的影响研究 [J]. 软科学，2021，35（5）：85 - 92.

权保护制度是版权产业发展的基石[1]。张梅（2006）同样也强调知识产权保护制度的重要性，她认为版权制度是一种从产权角度激励智力创造活动的制度，为了促进版权产业的发展，必须要协调创作者、传播者和社会公众三者之间的利益，处理好版权国内保护和版权国际保护之间的关系[2]。吴汉东（2009）[3] 和张静（2009）[4] 关注到网络时代版权保护对于版权产业的重要性，并借鉴发达国家版权保护的国际经验，提出中国版权保护的策略选择。王海英（2009）在分析当前文化创意产业发展的制约因素时指出版权保护的重要性，当前版权保护在各方面面临诸多困境，应完善著作权立法，培养公众版权意识，建立完善的版权服务体系和健全的版权保护法律体系，建立规范有序的市场秩序，为我国以版权产业为代表的文化创意产业的健康发展创造一个良好的社会环境[5]。戴翔（2010）以创意产品贸易为研究对象，分析了知识产权保护等因素对于版权产业发展的影响。他认为知识产权保护对版权产业国际竞争力影响的具体效应并不十分明确，有可能产生促进和制约两种效应，最终的净效应结果则取决于实证检验的结果[6]。宋伟和阮雪松（2019）研究发现，版权保护强度、国际直接投资（FDI）及版权行业就业人数对版权产业发展具有正向影响，并进一步明确了版权保护对我国版权产业发展的基础性作用[7]。

彭辉和姚颉靖（2012）认为在版权产业的发展过程中，版权保护与社会经济发展之间存在正向激励关系，并进一步阐释了版权保护在创意创作、创意开发、创意传播和创意消费四个阶段中对文化产品价值实现的重要性[8]。蔡翔和王巧林（2013）从产业环境、竞争策略、市场绩效、政策环境等视角提出了提高版权产业劳动生产率的政策建议[9]。马一德（2013）研究了创新驱动发展与知识产权战

---

① 崔旭，张晓文，邵力军. 美国版权制度与版权产业：发展、特征、关系 [J]. 新世纪图书馆，2004（1）：74–77.

② 张梅. 版权产业与版权保护 [J]. 知识产权，2006（3）：12–17.

③ 吴汉东. 网络时代的版权产业和版权保护问题 [J]. 法人杂志，2009（1）：54–57+96.

④ 张静. 网络版权的国际保护及其对于我国的借鉴 [J]. 中国出版，2009（16）：51–54.

⑤ 王海英. 文化创意产业版权保护的困境及其法律选择 [J]. 中共福建省委党校学报，2009（11）：87–93.

⑥ 戴翔. 创意产品贸易决定因素及对双边总贸易的影响 [J]. 世界经济研究，2010（6）：46–50+56+88.

⑦ 宋伟，阮雪松. 版权强国背景下版权保护对我国版权产业发展的影响研究 [J]. 科技管理研究，2019，39（8）：128–133.

⑧ 彭辉，姚颉靖. 版权保护与文化产业：理论与实证研究——基于价值链分析为视角 [J]. 科学学研究，2012，30（3）：359–365.

⑨ 蔡翔，王巧林. 版权与文化产业国际竞争力研究 [M]. 北京：中国传媒大学出版社，2013.

略之间的关系并指出，加强知识产权的立法、行政执法和司法审判对于知识经济的发展起着基础性作用，我国应借鉴发达国家实施版权战略的成功经验，在立法、行政执法和司法审判等几个方面加大知识产权保护力度。当前我国在科技投入、创新驱动以及产业政策扶持等方面都有待于进一步加强①。郭欢（2014）研究了澳大利亚版权产业和版权保护立法问题，并对中澳版权产业发展做了对比研究，最后得出对我国版权产业发展的启示和借鉴②。刘美超（2014）研究了中国动漫产业版权保护问题，认为我国动漫产业存在版权保护落后的难题，拉低了我国动漫产业的经济效益，损害了我国动漫产业的国际形象，应当着手解决国内盗版现象和国外版权入侵的问题③。赵双阁和李剑欣（2014）认为中国的版权产业与美国相比有很大的差距，他们分析了造成这一差距的原因并提出了解决思路④。谢玮（2017）对"互联网＋"时代的版权产业发展模式进行了深入研究，分析了中国版权产业发展在版权管理体系、人才培养机制、版权产业链和文化品牌建设等方面所面临的各类问题，并从治理变革和市场机制构建两个层面提出了版权产业进一步发展的策略选择⑤。

作为版权产业发展问题的研究基础，版权产业发展相关影响因素的定量和定性研究（包括知识生产函数在内）为本书的研究做了很好的学术铺垫，有助于我们探索版权产业发展的"产业生态体系"以及构建产业政策支撑体系。

五、相关文献的评述

从以上对文献的梳理可以看出，学术界对版权产业的研究主要侧重于其经济贡献的评价、中外版权产业历史发展规律的探索、版权产业发展的各类影响因素的实证检验以及基于中外版权产业的比较得出对中国版权产业发展的经验借鉴等方面，从研究视角上看多针对版权产业的部分细分行业做一些理论分析和实证检验。

现有的研究已经关注到知识产权保护、创新驱动、资金支持、人才支持和营

---

① 马一德. 创新驱动发展与知识产权战略实施 [J]. 中国法学，2013（4）：27 – 38.
② 郭欢. 澳大利亚版权产业和版权立法研究 [D]. 上海：华东师范大学，2014.
③ 刘美超. 中国动漫产业版权保护研究 [D]. 保定：河北大学，2014.
④ 赵双阁，李剑欣. 中美版权产业比较研究 [J]. 河北经贸大学学报，2014，35（1）：107 – 113.
⑤ 谢玮. "互联网＋"时代的版权产业发展模式与政策研究 [D]. 合肥：中国科学技术大学，2017.

商环境等相关因素对版权产业发展的重要作用，但是缺乏基于 WIPO 版权产业的研究框架对各国（地区）版权产业发展水平及产业规制做系统性的国际比较，而这方面的国际比较和探索对于我国版权产业守正创新实现高质量发展却意义重大。

此外，既有的研究虽然关注到技术变革对于版权产业的业态创新所带来的影响问题，并对此开展了一定的分析和讨论，但是大多还停留在讨论传统版权产业的发展问题上，对于结合当前互联网时代背景探讨版权产业高质量发展所面临的问题研究得还不够深入，对于互联网时代版权产业高质量发展的内在驱动机制、亟待破解的相关问题、所依赖的"生态系统"和政策支撑体系等几个方面还缺乏系统性研究。

从现已查阅到的文献资料来看，在学位论文选题方面，通过检索中国知网（CNKI）数据库可知，以版权产业研究为选题的博士论文尚未发现，可查到的与该选题存在一定相关性的博士论文分别是刘非非（2010）[①] 就电影产业版权制度做的比较研究、李正生（2010）[②] 就中国版权制度与版权经济发展关系的研究、李晶晶（2014）[③] 就数字环境下中美版权法律制度所做的比较研究、赵玥（2017）[④] 就网络环境下著作权保护问题进行的法经济学分析，从选题的视角来看，这几篇论文均是围绕版权法律和版权制度安排展开研究，并没有将研究视野聚焦到版权产业的经济问题分析上。为进一步考察版权产业现有研究的推进情况，我们将搜索范围从博士论文扩大到包括硕士论文在内，同样从中国知网（CNKI）检索以版权产业研究为选题的硕士论文，共检索到九篇硕士论文，即张勤（2003）[⑤]、陈青（2004）[⑥]、邓志龙（2009）[⑦]、虞长娟（2009）[⑧]、吴友瀚（2009）[⑨]、郭欢（2014）[⑩]、衡慧（2016）[⑪]、谢玮

① 刘非非. 电影产业版权制度比较研究 [D]. 武汉：武汉大学，2010.
② 李正生. 中国版权制度与版权经济发展关系研究 [D]. 武汉：华中科技大学，2010.
③ 李晶晶. 数字环境下中美版权法律制度比较研究 [D]. 武汉：武汉大学，2014.
④ 赵玥. 网络环境下著作权保护的法经济学分析 [D]. 长春：吉林大学，2017.
⑤ 张勤. 版权产业与版权贸易的发展：从美国经验看中国 [D]. 北京：对外经济贸易大学，2003.
⑥ 陈青. 论中国版权贸易与版权产业的发展 [D]. 北京：北京印刷学院，2004.
⑦ 邓志龙. 我国核心版权产业发展与文化软实力提升研究 [D]. 北京：北京印刷学院，2009.
⑧ 虞长娟. 论"部分版权产业"客体的版权保护 [D]. 北京：中国政法大学，2009.
⑨ 吴友瀚. 福州市版权产业现状与发展思路研究 [D]. 福州：福建师范大学，2009.
⑩ 郭欢. 澳大利亚版权产业和版权立法研究 [D]. 上海：华东师范大学，2014.
⑪ 衡慧. 谈脱离语言的外壳对口译的影响 [D]. 重庆：西南财经大学，2016.

（2017）① 和张佳倩（2021）②，但是从研究的深度和广度来说都还有拓展空间，且大多数的研究是从法学、传播学或语言学的视角来分析问题，从经济学的视角探讨版权产业发展的系统性研究尚未发现。

在版权产业的实证研究方面，已有的研究多是将研究对象置于文化产业、创意产业、文化创意产业或者具体某个细分产业之上，尚未发现直接对版权产业展开系统性面板数据模型分析的实证研究。已有个别学者关注到与版权产业发展紧密相关的版权贸易问题，并开展了部分实证研究，典型的包括前文所提到的基于知识生产函数对知识经济或者文化产业发展所做的实证研究。不过，因为版权产业与文化产业、创意产业或者版权贸易在具体内容上比较接近，所以从实证分析的结论来看，其有一定的借鉴价值。

综上所述，国内外学者对于版权产业问题的研究主要侧重于版权产业发展状况分析以及对不同国家版权产业发展的评价与对比，通过文化产业或创意产业有关的实证研究也可以管窥版权产业高质量发展的驱动机制（影响因素）的构成，但是系统性地从经济学视角进行深入考察和探究的研究还未发现，尤其是在互联网时代，结合"互联网＋"和"供给侧结构性改革"等视角探讨版权产业发展的国际比较问题还缺乏系统性研究，很多研究缺乏与时俱进的时效性。由此可见，从经济学的视角出发，关于全球版权产业发展的国际比较研究还有很大的拓展空间，根据国际比较得出的结论，指导中国版权产业守正创新实现高质量发展的策略还尚未形成完整的逻辑体系，这同时也为本书的写作创造了条件并提出了挑战，这也是本书写作时力图要回答的关键问题。

本书在已有研究的基础上，将在以下几个方面做进一步的拓展和深入讨论：

（1）探索各国（地区）版权产业发展的历史演变规律，通过纵向对比分析版权产业从无到有，再到不断壮大所蕴含的时代背景和制度变量，并总结出其对当代我国版权产业发展壮大的启示。

（2）深入剖析中国版权产业创新发展的驱动机制（由相关影响因素构成）。进入互联网时代，版权产业也出现了创新融合发展的新态势，其发展模式也有别于传统文化产业，根据当今信息技术发展变迁的特点和规律，结合各

---

① 谢玮 . "互联网＋"时代的版权产业发展模式与政策研究［D］. 合肥：中国科学技术大学，2017.
② 张佳倩 . 基于区块链的数字版权产业生态系统构建与应用研究［D］. 北京：北京印刷学院，2021.

国（地区）版权产业创新发展的经验，探析在"互联网＋"时代，中国版权产业通过"业态创新"以及"产业融合"实现高质量发展的驱动机制或"关键变量"。

（3）探索版权产业发展壮大所必需的"生态体系"理论，也就是在对版权产业进行全方位、多维度的国际比较之后，结合"互联网＋"和"供给侧结构性改革"等视角，探讨并构建当代版权产业发展所需的产业支撑体系。本书结合产业经济学相关理论和定性与定量相结合的方法，探讨影响版权产业发展水平的核心要素，构建版权产业守正创新实现高质量发展所需的政策支撑体系。

第三节　研究思路、 框架与研究方法

一、研究思路

本书将遵循"理论演进脉络—纵向历史分析—横向国际比较—实证检验—现实问题分析—发展策略选择"的研究思路，首先结合产业经济学、发展经济学以及法经济学的有关理论，在探讨版权产业研究的理论演进脉络之后构建版权产业发展的驱动机制。其次通过两个途径验证了驱动机制的合理性：基于纵向分析的方法总结版权产业发展的历史演变规律，并结合对各国（地区）版权产业发展水平和有关制度安排的横向对比对驱动机制进行验证；采用理论与实证相结合的方法，对版权产业发展的驱动机制核心要素进行实证检验。再次对我国版权产业发展的机遇、态势和存在问题进行剖析，进一步分析数字经济时代我国版权产业的新机遇以及高质量发展中所面临的若干挑战。最后提出我国版权产业守正创新实现高质量发展的总体战略选择和具体对策建议。

二、研究框架

本书的研究框架共分为以下几个部分：

绪论首先介绍了本书的研究背景，当前世界各国（地区）均高度重视版权产业在推动经济增长中的重要作用，以英美为代表的发达国家已经走在世界的前列，中国的版权产业发展近年来也取得了令人瞩目的成就，尤其是在网络版权产业领域，成绩骄人。其次从世界知识产权组织（WIPO）对版权产业的概念界定入手，对学术界的相关研究进行梳理，具体包括版权产业经济贡献、版权发展史、版权的法律经济学研究以及版权产业发展影响因素等。最后给出本书的研究方法和研究思路，并概括本书的创新之处。

第一章是版权产业的相关概念界定及理论基础。在界定清楚版权产业的概念之后，从马克思主义经济学有关理论入手，以马克思的精神劳动理论、产业资本循环理论以及国际产品价值理论为指导，结合对西方经济学有关经济增长理论、产业融合理论和产业生态圈理论的评述，提出推动版权产业发展的产业驱动机制理论构想，搭建起一个版权产业发展的"生态体系"，为版权产业发展问题的研究做理论铺垫。

第二章是版权产业的历史溯源及发展历程比较。首先从国外版权思想的缘起谈起，进而展开对中国古代版权思想的溯源和中国近现代版权意识勃兴的探析。世界各国（地区）的版权发展史揭示了技术革新和版权立法推动了版权产业的发展。同时，通过对比英美等国版权产业的缘起与发展历程，可以发现发达国家在本国的版权产业尚不发达的历史阶段，并不是一味过高地提升本国的知识产权保护水平，而是采取通权达变、内外有别的策略，这值得我们思考。

第三章是版权产业发展水平的国际比较。根据 WIPO 对版权产业概念的统一界定，从版权产业的产业增加值、就业贡献、产业增加值占本国（地区）国民经济增长的比重以及版权产业发展的竞争力等方面对世界各国（地区）版权产业的发展水平展开比较，并就中国与发达国家版权产业发展水平的差异进行评述和进一步分析。由此可得出我国版权产业的总体发展处于中上水平，但与发达国家相比仍有差距，可喜的是差距在不断缩小。造成差距的主要原因是我国版权产业结构不合理、产业劳动生产率比较低等。

第四章是版权产业制度安排的国际比较。本章主要围绕版权产业规制方面的制度安排、版权保护体系和版权产业促进政策等方面进行比较。另外，本章结合发达国家版权产业发展的经验，提出中国政府应该本着包容审慎和求真务实的原则制定和执行版权产业管理制度，保护版权产业生产者和经营者的权益和创作积极性，促进版权产业发展。

第五章是版权产业发展影响因素的实证研究。知识产权保护对版权产业发展具有支撑作用，本章首先利用扩展的知识生产函数进行数理模型推导，得出知识产权保护水平为版权产业发展水平的增函数。在随后的实证检验部分，以版权产业发展水平为被解释变量，以知识产权保护水平为核心解释变量，并纳入其他相关控制变量，构建跨国面板数据模型，分析影响版权产业发展水平的各项因素，通过实证分析检验知识产权保护水平、互联网发展水平、国内外市场需求、创新驱动等因素与版权产业发展水平之间的关系。本章目的在于实证检验影响版权产业发展的各类内外部环境变量，为提出对策建议进行必要的经验分析。

第六章是中国版权产业发展的机遇、态势及问题。本章首先分析了版权产业当下所面临的发展机遇，主要包括国家出台的一系列政策利好、我国经济增长方式向服务业驱动的转变、我国消费者消费结构由物质消费向精神消费转变、产业发展具备坚实的软硬件基础和"一带一路"倡议实施；其次分析了我国传统版权产业和网络版权产业的发展新态势；最后总结出当下我国版权产业发展所面临的问题，主要包括政府管理困境、供给侧结构性问题、人才缺乏、资金不足以及国际竞争力比较弱。

第七章是数字经济时代的版权产业。本章分析了"互联网＋"行动计划、加快"数字中国"建设和数字"新基建"给我国版权产业发展所带来的新机遇，进而厘清相关概念并划分了中国网络版权产业的主要类别。首先，从总体发展情况入手，从产业规模、市场结构、营收结构和融合发展成效四个方面简单介绍中国网络版权产业的发展概况。其次，对中国网络版权产业重点行业的发展状况进行具体分析，分别介绍了网络文学、网络长视频、网络动漫、网络游戏、网络音乐、网络新闻媒体和网络直播的发展状况。最后，结合当前时代背景，讨论数字经济时代版权产业高质量发展面临的新挑战。

第八章是推动版权产业高质量发展的对策及建议。首先，明确我国版权产业发展的总体战略选择，进而结合版权产业发展的驱动机制（有关各影响因素的作用），有针对性地提出相应的政策建议。在我国版权产业发展的总体策略方面，要采取守正创新、双效合一，社会效益优先的发展原则；走双线并进、内外结合的总体路径，需要立足国内实际，在不断发展壮大的同时，逐步扩大自己的影响力，将优质的版权产品推向全世界，即采取"做大做强本国（地区）市场"和"不断拓展海外市场"的策略；以供给侧结构性改革推动版权产业的发展，构建我国版权产业"走出去"的新格局，以国际化的视野提高我国版权产业的发展水平。其次，从中国的实际国情出发，着力构建更高效的版权产业管理体系，推进版权产业供给侧结构性改革，加快版权产业人才队伍建设，多渠道拓宽版权企业融资渠道，全方位提升版权产业国际竞争力。

第九章是研究结论。其是对全书研究的回顾和总结。本章从理论基础的构建、纵向历史比较和横向国别比较等方面归纳概括了全书的主要研究发现，并结合实证分析的研究结论，提出本书的主要贡献。随后客观评述了本书的不足和今后可扩展延伸的方向，并指出网络版权产业的统计、分析和研究将是一个值得挖掘的宝藏，学者对该领域的研究将会与日俱增。

三、研究方法

本书所采取的研究方法和研究手段主要有以下几种：

（一）历史分析法

讨论版权产业的发展问题离不开对该问题的源头和发展历程进行历史回溯，把握版权产业的发展规律，同样需要对版权产业发展的脉络进行纵向剖析。通过纵向对比各国（地区）版权产业的缘起与发展历程，探寻其发展规律，探究版权产业历史变迁过程中相关历史条件对其产生的深远影响，以古鉴今，对于理解和指导当下版权产业的发展和变化非常具有指导意义。同时，从历史的视角出发，回顾过往，客观认识当下版权产业的发展态势，还可以展望未来全球版权产业的发展趋势，并分析在此背景下中国版权产业发展的机遇以及应采取的策略。

（二）定性分析与定量分析相结合的方法

本书研究了各国（地区）版权产业的发展历史变迁问题，还考察和比较了各国（地区）版权产业发展的相关制度安排，并总结归纳了版权产业发展的驱动机制和生态环境，这部分主要以定性分析为主。此外，为了客观评价各国（地区）版权产业的发展水平，本书还尝试构建能够对各国（地区）版权产业发展水平进行国际比较的对比体系，这个体系是在对版权产业发展的相关指标进行系统性分析的基础上，综合考量数据的可获得性建立的。国际比较的指标体系主要包括：产业增加值对 GDP 的贡献度、产业对促进就业的贡献度、产业对贸易发展的贡献度以及国际竞争力评价指标。同时，在版权产业发展水平的国际比较中，将采用从 WIPO、UNCTAD、UNCOMTRADE、WORLD BANK 和 WEF 等获取的数据科学地评估我国版权产业在全球版权产业发展版图中的地位。

（三）实证分析与规范分析相结合的方法

本书对包括中国和英美等发达国家在内的世界各国（地区）的版权产业竞争力进行实证分析，构建跨国面板数据模型，基于扩展的知识生产函数模型，使用计量经济学中面板数据模型分析、系统 GMM 两步法等分析方法探寻知识产权保护水平、互联网发展水平、国内外市场需求、创新驱动等相关因素对版权产业发展的影响，通过实证检验的方法客观考察版权产业发展的驱动机制；同时还运用规范分析的方法，结合我国产业结构调整和互联网时代版权产业发展的新动向，提出促进我国版权产业高质量发展的对策建议。

（四）比较分析法

作为立论的基础，比较分析的思路和方法将贯穿本书的国际比较研究部分。本书的研究将依托世界知识产权组织的统计数据、《中国版权年鉴》以及各国（地区）版权产业发展的统计数据，在充分利用相关数据和资料的基础上，运用比较分析方法对英美等发达国家在版权产业方面的发展历史、发展水平和制度安排等进行比较分析，从而准确把握我国与发达国家在发展版权产业方面的差距，分析不同国情特征下各国（地区）发展版权产业的策略选择，验证本书构建的版权产业驱动机制，同时明确我们努力赶超的方向及方法。

（五）实地调查法

版权产业涉及的分类特别庞杂，按照世界知识产权组织界定的版权产业包括核心版权产业、相互依存的版权产业、部分版权产业和非专用支持产业，在对该问题展开深入分析时有必要对版权产业包括的典型产业（主要是核心版权产业）进行剖析，采用滚雪球抽样方法选择部分有代表性的典型企业开展实地调查。同时，将全球版权产业发展较好的美国、英国、澳大利亚及加拿大等国家作为典型的研究对象，借助笔者在英国等地访学进修期间所开展的境外调查，以及在国内的福建、浙江、北京、新疆霍尔果斯等各地版权企业开展的实地调查，借鉴国内外学者对版权产业的调查资料，系统总结版权产业发展壮大的经验，并据此提出我国版权产业高质量发展的策略选择。

第四节 创 新 之 处

本书的创新之处主要体现在以下三个方面：

第一，探索版权产业发展的演变规律及相关制度安排对版权产业发展的影响机理。本书从两个维度（历史的纵向梳理、现实的国际比较）讨论版权产业发展的影响机理。首先，从历史的视角入手，考察版权产业发端和成长的历程，通过纵向梳理研究版权产业从无到有，再到不断壮大所蕴含的时代背景和制度变量，总结其历史变迁的发展规律，并对中国版权产业发展史上存在的"李约瑟之谜"做出解答。其次，结合当下中国与英美等发达国家版权产业发展水平的对比和发展经验（包括激励措施和制度安排等），总结相关制度安排对版权产业发展的影响机理。

第二，构建当代版权产业高质量发展的驱动机制（影响因素）。通过对版权产业相关理论的梳理，构建了当代版权产业发展的驱动机制，共由三部分构成，分别是推动机制、支撑机制和引导机制，并据此构建起当代版权产业发展所需的产业支撑体系，该支撑体系包括资金、人才、创新、知识产权保护、现代企业制度、上下游配套产业、互联网基础设施、政府管理和国内外市场需求等因素，对版权产业发展相关问题的研究空间做了进一步的拓展。本书通过总结国际比较的历史经验和构建拓展的知识生产函数实证分析和检验了驱动机制的合理性。

第三，在梳理世界各国（地区）版权产业的历史发展进程后，得出知识产权保护程度和范围，必须和本国（地区）的经济社会发展实际相匹配的观点。版权产业生存和发展的根本在于知识产权保护，要从历史的角度辩证地看待一国或地区的版权保护制度和知识产权保护水平。美国曾经长期采取"内外有别"的知识产权保护措施，在国内采取严格的知识产权保护，但又长期游离于相关的国际公约之外。日本在"二战"后为促进技术的引进和吸收，也阶段性地采取了知识产权弱保护的策略。就中国当前的发展现实而言，中国的版权产业已经初具规模，具备一定的国际竞争力，而且中国的知识产权立法和参与国际公约的程度已经超过部分发达国家。从国情出发，在原有的知识产权保护水平的基础上，当下我国更注重的应该是修法和执法，尤其是对于互联网领域的网络版权产业，要给予呵护，以促进其在全球竞争力的提升。在应对当前中美贸易摩擦以及今后与发达国家磋商有关知识产权保护问题时，要综合权衡和预估有关知识产权保护条款对我国经济的潜在影响，通过谈判解决争端及分歧。

Chapter One

第
一
章

版权产业的相关概念
界定及理论基础

第一节 相关概念界定

一、版权

在开展版权产业的有关研究之前，有必要厘清版权产业的概念界定，以及版权产业与文化产业、创意产业、文化创意产业、内容产业等近似概念之间的关系，而想要透彻理解版权产业，则要追溯到对于"版权"这一概念的准确把握。

"版权"（Copyright）是知识产权的主要组成部分，其概念在各个国家的立法中都有明确的界定，全世界大多数国家对版权基本概念的界定都符合世界知识产权组织（WIPO）有关条约的规定，这些条约包括《伯尔尼公约》（*Berne Convention*）、《世界知识产权组织版权条约》（WCT）、《世界知识产权组织表演和录音制品条约》（WPPT）、《罗马公约》（*Rome Convention*）以及《与贸易有关的知识产权协定》（*TRIPs Agreement*）和其他相关的国际公约[①]。现行的《中华人民共和国著作权法》对著作权人及其权利（人身权和财产权）的规定与世界知识产权组织有关条约的规定是一致的，包括发表权、署名权、修改权、保护作品完整权、复制权、发行权等十七项权利[②]。

值得注意的是，在中国的版权保护法律制度中"版权"与"著作权"是相互通用的，如果不做特殊说明，"版权"即著作人拥有的"著作权"，"版权"与"著作权"在英文翻译中都只有"Copyright"一个词与其对应[③]。从新中国成立

---

① 世界知识产权组织. 版权产业经济贡献调研指南（2015 年修订版）[M]. 中国版权保护中心，译. 北京：人民出版社，2018：17 – 27.

② 《中华人民共和国著作权法》对著作权（版权）的规定为包括以下人身权和财产权（共 17 项）：（一）发表权；（二）署名权；（三）修改权；（四）保护作品完整权；（五）复制权；（六）发行权；（七）出租权；（八）展览权；（九）表演权；（十）放映权；（十一）广播权；（十二）信息网络传播权；（十三）摄制权；（十四）改编权；（十五）翻译权；（十六）汇编权；（十七）应当由著作权人享有的其他权利. 具体内容见：中国人大网，根据 2020 年 11 月 11 日第十三届全国人民代表大会常务委员会第二十三次会议《关于修改〈中华人民共和国著作权法〉的决定》第三次修正（http://www.npc.gov.cn/npc/c30834/202011/848e73f58d4e4c5b82f69d25d46048c6. shtml）.

③ 马晓莉. 近代中国著作权立法的困境与抉择 [M]. 武汉：华中科技大学出版社，2011：6 – 9.

后第一部著作权法(也就是版权法)的诞生历程就可以很清楚地看出两者的关联,根据国家版权局网站对"中国版权保护大事记"的梳理,1979 年 12 月全国出版工作会议召开,讨论了包含版权条款在内的《中华人民共和国出版法(草案)》;1982 年 6 月将版权法草案修改为《中华人民共和国版权保护暂行条例》,印发全国征求意见;1985 年 7 月国家版权局经批准成立;1986 年 5 月国家版权局向国务院递交了第一份版权保护法律的草案,名称为《中华人民共和国版权法(草案)》①;此后第七届全国人大常务委员会十五次会议于 1990 年 9 月 7 日通过《中华人民共和国著作权法》,草案中的"版权法"称谓被替换为"著作权法"②,但其实质上内容均指向的是对作者版权的法律保护制度,本书此后的表述将"著作权法"视为"版权法"的同义替代,不再做单独说明。

在进行版权的经济意义分析时,我们不难看出,版权指的就是版权所有人可以在法律规定的年限内对其作品享有的独占权。世界知识产权组织(WIPO)在《版权产业经济贡献调研指南(2015 年修订版)》中指出,讨论版权的经济学意义上的概念特征时,必须承认版权是一种私有财产权,是一种属于文学或者艺术创作的财产权。

二、版权产业

(一)版权产业相关概念的辨析

版权产业是国民经济中依托版权制度而存在,能够与版权紧密相连的各种产业部门的集合。版权产业生产经营具有版权属性的作品(产品),依靠版权法和相关配套法律的保护而得以生存,其发展又高度依赖版权保护的实行③。在相当长的一段时间内,对于版权产业、文化产业、创意产业及内容产业等概念,国际社会并未取得统一的认识,不同国际机构、国家(地区)对这些概念的理解各有不同。以往的学术研究对这些产业之间的关系研究莫衷一是。

已有的研究文献大多关注版权产业对国民经济和提供就业的影响,但是在WIPO 推出版权产业的统一概念及类别划分之前,学术界对版权产业的划分并未形成统一的标准和严谨的分析工具,虽然各国(或地区)都认识到知识经济时

---

① 中华人民共和国国家版权局. 中国版权保护大事记(1979—2008)[EB/OL]. [2019 - 02 - 28]. http://www.gapp.gov.cn/chinacopyright/contents/537/20673.html.

② 胡云红. 中日著作权法比较[M]. 北京:人民法院出版社,2017:28 - 29.

③ 赵冰. 我国版权产业对国民经济的贡献[J]. 中国版权,2013(4):16 - 20.

代版权对经济增长的重要作用，但是不同国家（地区）对版权产业的理解是存在差异的。范军（2013）指出不同的国家和地区出于各自的战略考量，在设计本国（地区）版权产业发展路径时的侧重点、出发点和发展内容不同，并给本国（地区）的版权产业所指向的产业形态赋予了不同的名称，这些概念和界定更多地体现了世界各国（地区）的战略考量。通过梳理各国（地区）对版权产业的类似称谓可知，如美国、加拿大等将文化产业界定为版权产业，英国、新西兰等将版权产业称为"创意产业"，而日本、韩国等又将之命名为"内容产业"①。

不同国际组织基于其关注点的不同，在其进行统计时也采用了不同的称谓，联合国贸发会议（UNCTAD）将此类产业称为创意产业，UNCTAD专门设置了创意产业部，并对外公布创意经济数据统计；联合国教科文组织（UNESCO）建立了文化产业分类标准，更侧重文化视角的考查，并制定了统计框架②；世界知识产权组织（WIPO）界定了版权产业的定义及包含的范畴，将其定义为版权可以发挥显著作用的产业，并先后于2003年和2015年公布了两个版本的《版权产业经济贡献调研指南》。

虽然版权产业、文化产业、创意产业及内容产业等概念不是完全等同的，但是从梳理现有研究的国内外相关文献可知，现有文献大多认同版权产业、文化产业、创意产业及内容产业等概念是几乎可以互相替代使用的，其内涵几乎没有差别或者只有细微的差别。安宇等（2004）在研究文化产业的概念界定与各国（地区）产业政策时对于版权产业与文化产业、创意产业、内容产业等概念采取了模糊处理的做法，认为文化产业（Cultural Industries）的概念在不同国家、不同历史与文化背景有不同的意义，其倾向于将"版权产业"（Copyright Industries）、"内容产业"（Content Industries）、"文化产业"（Cultural Industries）、"创意产业"（Creative Industries）等概念看成是在不同国别语境中的不同表达③。霍步刚（2009）也将文化产业的概念当作是一个较为广泛的概念

---

① 范军. 文化产业、创意产业与版权产业 [J]. 出版参考，2013（21）：3.

② 联合国教科文组织（UNESCO）在对此问题做回应时曾在其所做的对于"文化、贸易及全球化"的问题与解答中指出，文化、创意、内容和版权是紧密相关的，文化产业可被视为创意产业，或者用科技术语来说，内容产业。可见，版权产业与其他相关产业的概念之间既有交叉重叠部分，也有各自所侧重的不同之处。

③ 安宇，田广增，沈山. 国外文化产业：概念界定与产业政策 [J]. 世界经济与政治论坛，2004（6）：6-9.

范畴，认为文化产业是创意产业、版权产业、内容产业等有关概念的融合①。张慧娟（2012）也采取了同样的做法，将美国的版权产业与文化产业视为可以互相替代的，她认为虽然美国没有文化产业政策之类的专门术语，但并不意味着美国就没有文化产业政策，在其研究中文化产业与版权产业被视为是近似相同的两个类似概念②。王静和肖尤丹（2018）认为在理论研究中，版权产业与文化产业、创意产业等概念的主体内容是高度相似的，这些部门都以版权为基础，它们的经营活动都依赖于版权保护制度的完善③。

　　为避免各国（地区）对版权产业不同理解所造成的分歧，避免出现版权产业数据统计和国际比较方面的现实困难，世界知识产权组织（WIPO）在版权产业的概念界定方面做了大量工作，使版权产业的国际比较研究成为可能。WIPO在《版权产业的经济贡献调研指南》中明确规定：版权产业是指版权可发挥显著作用的活动或产业，包括核心版权产业（Core Copyright Industries）、部分版权产业（Partial Copyright Industries）、相互依存的版权产业（Interdependent Copyright Industries）与非专用支持产业（Non-Dedicated Support Industries）四大类（见表1-1），并明确给出其所涵盖的产业类别和统计方法④。该分类方法自2003年推出以后，运行效果良好，WIPO在2015年的修订本⑤中依然沿用了这种将全部版权产业分为四类的做法。

表1-1　世界知识产权组织（WIPO）对版权产业的定义及分类

产业类型	产业定义	具体所包含的范畴
核心版权产业	完全从事创作、制作和制造、表演、广播、传播和展览或销售和发行作品及其他受保护客体的产业，这些产业是版权产业最重要、最核心的组成部分，因而被称为核心版权产业	新闻和文学作品；音乐、戏剧制作、曲艺、舞蹈和杂技；电影与录像；广播电视；摄影；软件与数据库；美术与建筑设计、图形和模型作品；广告服务；版权集体管理与服务

①　霍步刚. 国外文化产业发展比较研究 [D]. 大连：东北财经大学，2009.
②　张慧娟. 美国文化产业政策及其对中国文化建设的启示 [D]. 北京：中共中央党校，2012.
③　王静，肖尤丹. 基于国际比较的版权产业划分标准研究 [J]. 中国出版，2018（24）：63-66.
④　世界知识产权组织. 版权产业的经济贡献调研指南 [M]. 北京：法律出版社，2006：37.
⑤　世界知识产权组织. 版权产业经济贡献调研指南（2015年修订版）[M]. 北京：人民出版社，2017.

续表

产业类型	产业定义	具体所包含的范畴
相互依存的版权产业	从事制作、制造和销售其功能完全或主要是为作品及其他受版权保护客体的创作、制作和使用提供便利的设备的产业，这些设备也被称为版权硬件	电视机、收音机、录像机、CD 播放机、DVD 播放机、播放机、电子游戏设备以及其他类似设备；计算机和有关设备；乐器；照相机和电影摄影器材；复印机；空白录音介质；纸张
部分版权产业	部分活动与作品或其他受版权保护客体相关的产业。创作、制作和制造、表演、广播、传播以及展览或者发行和销售	服装、纺织品与鞋类；珠宝与钱币；其他工艺品；家具；家用物品、瓷器及玻璃；墙纸与地毯；玩具与游戏；建筑、工程、测量；室内设计；博物馆
非专用支持产业	部分活动与促进作品及其他版权保护客体的广播、传播、发行或销售相关且这些活动没有被纳入核心版权产业的产业	发行版权产品的一般批发与零售；一般运输产业；电话与互联网产业

资料来源：根据《版权产业的经济贡献调研指南》（2003 年版）及《版权产业经济贡献调研指南》（2015 年修订版）整理①。

（二）版权产业概念的界定

中国对版权产业的研究始于 2007 年国家版权局在世界知识产权组织（WIPO）的指导下，对本国版权产业经济贡献所做调查和研究，从其出身来看，完全是沿用 WIPO 对版权产业的概念界定。WIPO 在 2003 年推出《版权产业的经济贡献调研指南》的初衷就是为了统一各国（地区）在版权产业概念和调查方法上的不同认识，采用 WIPO 统一的调查方法使开展版权产业经济贡献的国际比较和实证研究成为可能。在 WIPO 的指导下，各国（地区）在版权产业经济贡献调查研究中统一采用 WIPO 所提供的概念界定、数据收集整理和分析框架。这种做法有助于客观评估各国（地区）版权产业的发展水平及其在全球版权产业发展版图中的国际地位。

本书的研究正是依托 WIPO 和中国国家版权局公布的版权产业统计数据，基于 WIPO 对于版权产业的概念界定，侧重于从经济学视角考查版权产业的发展问

---

① 参见综合整理自世界知识产权组织. 版权产业的经济贡献调研指南 [M]. 北京：法律出版社，2006；世界知识产权组织. 版权产业经济贡献调研指南（2015 年修订版）[M]. 北京：人民出版社，2017；World Intellectual Property Orgnization. Guide on Surveying the Economic Contribution of the Copyright-Based Industries [EB/OL]. [2021 – 07 – 02]. https：//www. wipo. int/edocs/pubdocs/en/copyright/893/wipo_ pub_ 893. pdf.

题。因此，本书在研究中将版权产业界定为：版权是可以在该产业发挥重要且显著作用的创作活动或产业，它们依赖版权保护制度而存在，该产业受保护的核心对象是其作品的版权所携带的商品化权，包括人身权和财产权。

此外，进入互联网时代，随着互联网与版权产业的融合发展，网络版权产业得以蓬勃发展，对其概念的界定也有助于加深对版权产业的认识。借鉴国家版权局发布的《中国网络版权产业发展报告（2019）》中提出的网络核心版权产业概念，本书将网络版权产业界定为：依托互联网版权保护，依赖于互联网技术和应用，进行与网络有关的版权内容创造、生产与制造、表演、传播、发行与销售内容产品的产业。

三、版权产业研究对象的选定

需特别指出的是，本书所要研究的对象是版权产业，但是全球版权产业体系格外庞大，作为经济发展中的一个重要部门，世界上 200 多个国家（地区）都有其各自的版权产业，世界版权产业的发展水平也参差不齐。全球版权产业体系里既包含少数发展水平较高的发达国家（以美国和英国为典型代表），也有部分较高发展水平的发达国家和发展中国家，还包含一些版权产业还处于起步阶段的国家，个别国家的版权产业发展程度较低，甚至可以忽略不计。面对如此庞大宽泛的体系，本书肯定难以面面俱到，势必给版权产业的国际比较研究带来困难和挑战，不可能将世界上所有国家和地区的版权产业逐个拿来对比和探析，因此本书对研究对象（版权产业）的国别选择进行圈定。

由于本书的写作目的在于通过对全球版权产业的比较研究，探索可以应用于我国版权产业发展的历史规律和现实经验借鉴，以推动中国版权产业进一步发展壮大。从这个研究目标出发来选择研究对象，必然应该选择版权产业发展程度较高的发达国家或者个别发展态势较好的发展中国家。此外，考察版权产业发展的一个现实考量就是数据资料的可获得性，并非所有的经济体都按照 WIPO《版权产业的经济贡献调研指南》的分析框架对版权产业做了经济贡献调查并公布其调查结果。截至 2021 年 7 月，通过 WIPO 公布其版权产业发展情况的国家（地区）共有 51 个①，其中部分国家或者地区虽然公布了完整的版权产业经济贡献的调查

---

① 截至 2021 年 7 月，通过世界知识产权组织（WIPO）公布其版权产业发展情况的国家（地区）共有 51 个，包括美国、澳大利亚、法国、俄罗斯、新加坡、韩国和中国等，具体名单见世界知识产权组织网站：World Intellectual Property Orgnization. The Economic Performance of Copyright-Based Industries［EB/OL］. https：//www. wipo. int/copyright/en/performance/#performance Measuring the size of copyright industries.

数据，但是其经济体量过小，如格林纳达（其 2020 年统计的人口数据仅为 11.3 万）等，对于我国版权产业发展的参考价值不大。

由此，综合考虑一国版权产业发展水平的借鉴价值和数据资料获得的可行性，得出本书在国际比较研究时研究对象的选择范围，将目标锁定在已经在 WIPO 公布其版权产业经济贡献情况的发达国家和个别发展态势较好的发展中国家。但是，选择版权产业发展水平处于全球前列的国家（地区）作为研究对象仅适用于国际比较部分，对实证分析部分的样本选择并不适用，因为实证研究在回归分析时需要保证避免样本选择的偏误。

第二节　马克思主义相关经济理论

一、精神劳动及精神生产理论

马克思关于精神劳动及精神生产的论述是本书研究版权产业发展的重要理论基础。虽然马克思受到当时的条件制约，没有对此系统地展开论述，但其关于精神生产的有关论述，对促进版权产业的发展仍然有着极其重要的指导意义。

马克思在《1844 年经济学哲学手稿》中将"宗教、家庭、国家、法、道德、科学、艺术等"认为是不同于物质生产的"特殊"生产。1845 年马克思与恩格斯共同编写的《神圣家族》一书在法兰克福出版，书中直接将这一"特殊"生产界定为"精神"生产，这也是其第一次使用"精神生产"这一词汇。马克思和恩格斯在书中提到"甚至精神生产的领域也是如此。如果想合理地行动，难道在确定精神作品的规模、结构和布局时就不需要考虑生产该作品所必需的时间吗？"① 马克思和恩格斯认为精神产品与物质产品一样，其价值是由社会必要劳动时间决定的。1846 年马克思和恩格斯合著的《德意志意识形态》中进一步丰富了精神生产理论，书中阐述了精神生产的定义、精神生产的要素和实质，以及精神生产与物质生产的联系，构建了比较完整的精神生产理论。《政治经济学批判（1861－1863 年手稿）》的完成标志着马克思的精神生产理论的成熟。文章从

---

① 马克思，恩格斯. 马克思恩格斯全集（第 2 卷）［M］. 北京：人民出版社，1972：62.

"物质生产的历史形式"角度分析了精神生产和物质生产各自的运行机理和两者之间的关系（汤荣光，2013）①。此后，马克思和恩格斯对精神生产给予高度的评价，认为其是"比社会平均劳动较高级较复杂的劳动"②，称精神生产是"高尚的劳动"③。他们认为我们在考察一个国家（地区）的综合国力和文明程度时必须将精神生产的发展水平作为重要的衡量指标。

随着社会生产力水平的不断提高，精神劳动和精神生产对经济、社会发展的作用日趋重要。精神劳动所创造的精神产品，既有有形产品，又有无形产品。精神劳动者，同样要通过各种形式交换其劳动所凝结的价值（陈征，2004）④。随着知识经济时代的到来，首先物质生产中的精神和科技含量增加，其次精神产品生产本身规模不断扩大，精神产品生产产业必定会成为知识经济时代最重要的经济增长点（张华荣，2002）⑤。马克思关于精神劳动及精神生产的论述为我们开展版权产业研究奠定了基础，以图书、音乐、影视和软件与数据库等典型的版权产品为例，这些商品无一例外都是精神劳动的产物，都凝结了大量的无差别的人类劳动（主要是精神劳动）在内。精神生产具备物质生产特征，在现实的经济问题研究中，我们可以依据马克思有关物质生产的理论和原理来研究精神生产领域的运行规律，这为我们研究版权产业的发展规律提供了一个重要的方向性指引。

二、产业资本循环理论

版权产业的发展离不开资金的支持，开展版权产业发展问题的研究也同样离不开探索财税和融资支持。马克思在《资本论》中有关资本循环的相关理论可供我们认识社会主义市场经济条件下版权产业资金循环中出现的有关问题，对于版权产业如何加快资金流通，以顺利开展生产活动，并最终顺利实现版权产品的价值具有极为重要的现实意义。这对本书开展版权产业发展问题的研究，也有极大的指导意义。

① 汤荣光.马克思精神生产理论导源 [J].毛泽东邓小平理论研究，2013（5）：53－58＋92.
② 马克思，恩格斯.马克思恩格斯全集（第23卷）[M].北京：人民出版社，1972：223.
③ 马克思，恩格斯.马克思恩格斯全集（第6卷）[M].北京：人民出版社，1972：659.
④ 陈征.论现代精神劳动 [J].当代经济研究，2004（7）：3－8＋73.
⑤ 张华荣.论精神劳动、精神产品生产与经济增长方式的转变 [J].当代经济研究，2002（8）：12－16＋73.

马克思在《资本论》中对资本循环理论做了以下阐述：其认为产业资本循环依次经历购买、生产和销售三个阶段，相应采取了货币资本、生产资本和商品资本三种职能形式，最终实现价值的增值，并回到其在流通过程中最初的出发点，以此不断循环运动。在资本循环的过程，最先投入的货币资本被用于购买生产要素，经过产业资本循环三个阶段一系列的形态变化，得到了增值后的货币。马克思在《资本论》中提出的资本循环三个阶段划分的原理，有助于我们通过对资本运动所处各阶段的分析，发现我国版权企业在资本循环的购买、生产和销售三个阶段存在的问题，指导版权企业如何顺利实现资本流通并实现扩大再生产。

首先，版权产业在购买阶段存在的主要问题是缺乏购买生产要素的货币资本。由于我国版权企业大多规模小竞争力弱，版权产业的产品多是版权等无形产品，金融机构对此类资产的价值评估存在困难，很难提供符合银行要求的抵押物，普遍存在从金融机构获取融资困难的问题。如何扩大融资渠道是产业资本循环在购买阶段资本运作的关键。其次，进入到生产阶段，版权企业面临的最大制约因素是人才问题。版权产业是一个"烧脑"的行业，创作人才的创意水平决定了产品的质量水平。然而，我国由于以思辨能力培养为导向的教育改革尚未完成，知识产权保护的水平也有待进一步提升，缺乏高素质创意人才和高质量的文化产品制作人才的培养体系，生产出来的产品竞争力比较弱。另外，虽然中国拥有悠久的传统文化积淀，现有产品没有实现传统文化与现代国内外市场需求的有效结合。我国的版权文化产品"借鉴性""抄袭"现象明显，缺乏中国独有特色。最后，在资本循环的第三个阶段即销售阶段，我国版权产业仍然面临人才的巨大短板。国内企业缺乏熟悉国内外市场的营销人才，特别是缺乏市场开拓人才和法律保护人才。常常面临不熟悉市场、不会开拓市场和知识产权侵权问题，如何将商品资本成功推向国内外市场，顺利完成商品资本向货币资本的转换，是产业资本循环在销售阶段迫切需要解决的问题。

总的来说，通过运用《资本论》资本循环三阶段理论对我国版权产业现状进行分析发现，目前我国版权产业竞争力提升的制约因素主要是在创新、资金、人才和市场这几个方面。我们可从这几个方面去寻求我国版权产业发展的新思路。

三、国际产品价值理论

在版权产业发展的国际比较研究中与国际交换和世界市场联系在一起的是国

际价值问题。马克思在应用劳动价值论研究世界市场时，创立了国际价值理论。国际价值理论在内容方面涉及国际贸易、数学、国际金融等各个学科。版权产业发展问题的讨论又离不开贸易和金融等学科，所以研究国际产品价值理论可以为版权产业的国际比较问题研究提供一个全球视野的理论指引。

根据马克思关于国际价值理论的论述可知，劳动二重性学说不仅适用于一国内部，同样也适用于国际市场。依据马克思的理论，各国（地区）版权产业的国别价值由该国生产的社会必要劳动时间决定，这个必要劳动时间取决于劳动强度和劳动生产率。关于劳动强度，马克思指出：在以各个国家作为组成部分的世界市场上，情形就不同了，国家不同，劳动的中等强度也就不同；有的国家高些，有的国家低些。[①] 关于劳动生产率，马克思提出：商品的价值量与实现在商品中的劳动的量成正比地变动，与这一劳动的生产力成反比地变动。[②] 不同国家的版权产品拥有不同的国别价值，并通过贸易参与国际市场上实现其国际价值。马克思对此做了以下论述：只有对外贸易，只有市场发展为世界市场，才使货币发展为世界货币，抽象劳动发展为社会劳动。[③] 在世界贸易中，商品普遍地展开自己的价值。[④] 根据马克思国际价值理论的观点，各国（地区）版权产业在参与国际交换时的价格是以产品生产的世界必要劳动时间决定的。由于各国（地区）的国别价值不同，在参与国际交换时就会出现个别国家会在贸易中获利，而相应的个别国家会有所损失。这正如马克思所言，这好比一个工厂主采用了一种尚未普遍采用的新发明，他卖得比他的竞争者便宜，但仍然高于他的商品的个别价值出售，就是说，他把他所使用的劳动的特别高的生产力作为剩余劳动来实现。因此，他实现了一个超额利润[⑤]。例如，某一发达国家的版权产品和某一发展中国家的版权产品同时参与国际市场竞争，假设两种产品的质量是一致的，由于发达国家生产该产品的社会必要劳动时间少于发展中国家生产该产品的社会必要劳动时间，而同样以国际价值决定的国际价格进行交换，因此发达国家用较少的劳动换回更多的劳动，获得了超额利润。

马克思国际产品价值理论对于版权产业国际比较的研究有极大的指导意义，也客观地反映出世界各国（地区）版权产品巨大差异的产生来源，发达国家的

① 马克思，恩格斯. 马克思恩格斯全集（第23卷）[M]. 北京：人民出版社，1972：614.
② 马克思，恩格斯. 马克思恩格斯全集（第2卷）[M]. 北京：人民出版社，1995：118-119.
③ 马克思，恩格斯. 马克思恩格斯全集（第26卷）[M]. 北京：人民出版社，1974：278.
④ 马克思，恩格斯. 马克思恩格斯全集（第23卷）[M]. 北京：人民出版社，1972：163.
⑤ 马克思，恩格斯. 马克思恩格斯全集（第25卷）[M]. 北京：人民出版社，1972：265.

垄断资本通过抢占文化制高点，利用本国经过系统教育和训练的熟练劳动力的精神生产活动，通过提高劳动强度和劳动生产率的方式，以垄断价格向其他国家输出制作精良的版权产品，获取巨大的经济利益。这在某种程度上很好地体现了国际价值理论在世界经济研究中的指导意义和重要价值，也解释了世界各国（地区）版权产业发展水平的巨大差异以及发达国家与发展中国家版权产品附加值巨大差异的根源所在。

第三节　西方经济学有关理论

一、经济增长理论

经济增长和经济发展长期以来一直是经济学界关注的重要议题，经济增长虽然不是发展的全部，但是毕竟是经济发展的主体内容。本书在探索版权产业发展的国际比较中，就离不开对经济增长问题的研究和审视。

有关经济增长的经济思想在经济史上可以追溯到古典经济学派，这些有关经济增长的萌芽思想对现代经济增长理论的形成产生了深远的影响，其中颇有代表性的经济学家及著作有：亚当·斯密所著的《国富论》、大卫·李嘉图所著的《政治经济学及其赋税原理》、马尔萨斯所著的《人口原理》和《政治经济学原理》等。

被视为经济学鼻祖的亚当·斯密（1776）认为，有两条途径可以推动经济增长，一条是增加所投入劳动的数量，另一条就是提高所投入劳动的生产效率，其中劳动效率提高的重要性更大，而分工和资本积累又决定了劳动生产率提升的水平，因此亚当·斯密将分工和资本积累看作是推动经济增长的基本动力。

大卫·李嘉图（1817）研究发现，一国在封闭条件下其经济增长的前景是黯淡的，主要原因在于封闭条件下一国长期经济增长趋势会受到边际收益递减规律的影响趋向停止，但是如一国的经济由封闭条件转向开放条件，则可以将国际贸易当作经济增长的发动机，甚至是在一国没有亚当·斯密所提出的"绝对优势"时，也可以凭借"比较优势"参与国际分工，同样可以促进本国（地区）的经济增长。

马尔萨斯（1798）在其研究中侧重关注人口增长与经济增长的关系，他的主要观点体现在"马尔萨斯人口论"中，该理论认为人口是几何级数的增长，而土地的数量不但有限，还会受到边际报酬递减规律的影响，产出增长是无法同步赶上的，人口增长超出土地的产出增长会带来贫困和其他恶习等，所以他倡导要采用道德抑制与积极抑制等措施限制人口增长，避免人口增长超过经济增长，维持基本的可持续发展。由此可见，古典经济学时代的经济学家们已经认识到资本、技术、分工、土地等因素对经济增长的影响，也意识到了自然资源要素在经济增长中的特殊作用。

此后，以马歇尔（1920）为代表的新古典经济增长理论兴起。马歇尔将古典经济学的生产理论和边际主义者的需求理论结合在一起，将研究视野转向厂商，他认为人口增加、财富（资本）增加、智力水平提高、分工协作的引入等，都会显著提高工业生产，促进经济增长。这些因素对厂商生产的总体影响表现为收益递增。由此，马歇尔将经济增长与收益递增联系在一起。

约瑟夫·熊彼特（1912）发表了《经济发展理论》一书，提出了"创新"这一概念来解释经济增长。由此，创新要素在经济增长和经济发展中的作用被学术界广泛重视，熊彼特提出的"创造性破坏"（The Creative Destruction）及"五种创新"常被人引用和提及。熊彼特认为，作为推动经济发展主体的企业家，在经济增长的过程中通过追求利润最大化来推动创新，创新的主要动力来源是企业家精神，企业家实现创新又离不开信用制度建设这个经济条件。

基于约翰·梅纳德·凯恩斯（John Maynard Keynes）所提出的收入决定论的静态均衡分析，哈罗德（1939）和多马（1946）分别独立地建立了同一个类型的经济增长理论模型，即哈罗德—多马（Harrod-Domar）模型，将凯恩斯的静态均衡分析进行动态化推广。哈罗德—多马模型的假定条件为储蓄等于投资（$S = I$），其基本公式为 $g = s/v$，g 表示经济增长率，s 表示储蓄率，v 是增量的资本—产出比（ICOR），被视作生产的一种技术系数。哈罗德—多马模型认为，资本—产出比 v 在短期内是一定的，资本—劳动比 K/L 是相对固定的，则经济增长率就随着储蓄率 s 的增加而升高，资本积累就是经济得以增长的唯一源泉。哈罗德—多马模型的出现标志着数理经济方法开始被应用于经济增长理论的研究，成为经济增长理论的一次革命性转变。

索洛（1956）和斯旺（1856）分别建立经济增长理论模型，被称为索洛—斯旺（Solow-Swan）模型，也叫新古典经济增长模型。他们的模型修正了哈罗德—多马模型中固定技术系数与现实不符的假设，认为生产要素之间是可以相互替代的，同时加上了要素的边际收益递减和规模收益不变的假设。该模型被视为经济增长理论的第二次革命，认为长期经济增长只能通过外生的技术进步。

20世纪70年代以后，经济增长理论在学术界的研究视野中逐步淡化，直到20世纪80年代中后期，罗默（1986）和卢卡斯（1988）分别发表了"收益递增和长期增长"与"论经济发展的机制"，长期经济增长问题的研究再次成为学术界的关注热点，罗默的核心观点认为新思想是经济增长的主要因素，卢卡斯则将专业化的人力资本的积累视作是经济增长的真正源泉。这个时期的经济学家普遍关注一国的经济系统是如何内生地决定着该国经济的持续增长，这就是新经济增长理论形成的开始。

新经济增长理论为人们理解各国（地区）的实际经济增长过程提供了一个很好的研究范式，虽然其思想大多都可以从之前的经济学说中找到源头，但是该理论在应用于指导各个国家（地区）经济发展的实践方面是有积极意义的，该理论承认政府对长期经济增长率的影响，为政府介入经济增长提供了理论上的支撑[1]。对正处于经济起步和腾飞阶段的发展中国家而言，该理论的启示在于：如何构建起科学合理的研发机制、人才引进和培养机制、技术和知识扩散机制，以此推动自身从现有的经济发展水平追赶和超越发展水平更高的发达国家。

二、产业融合理论

当前全球范围内蓬勃兴起的信息化及媒体融合进程，对版权产业的发展带来深刻的影响，基于产业融合的各类业态创新层出不穷。在互联网时代，版权产业与其他产业不断相互融合发展，以网络版权产业为代表的新业态方兴未艾，这一现象在中国尤为明显，而用于解释媒体融合等现象的产业融合理论也被广泛应用于文化经济学等方面，这对于本书研究版权产业极富指导意义。

产业融合是原本独立存在的各个产业之间或者同一产业的不同行业之间，通过技术融合，实现产业渗透、产业交叉和产业重组，最终融合为新的产业形态的发展过程（郑明高，2010）[2]。在产业演进和产业发展史中，产业融合现象随处可见，进入互联网时代，版权产业与互联网、云计算、大数据、AI人工智能及

---

① 张培刚，张建华. 发展经济学 [M]. 北京：北京大学出版社，2009：33 - 41.
② 郑明高. 产业融合发展研究 [D]. 北京：北京交通大学，2010.

区块链等深入融合，在传统版权产业之外衍生出一系列的新业态，产业融合理论可以对版权产业的业态创新以及"互联网＋"背景下版权产业融合发展问题加以解释。

产业融合经济思想的萌芽甚至可以追溯到信息技术出现更早的时间，新古典经济学马歇尔在《经济学原理》中就曾提到：当分工的精细程度不断增加时，各种名义不同行业间的分界线将会越来越小，而且这些分界线是不难越过的。马歇尔虽然萌发了不同产业之间相互融合的思想，但是并没有提出产业融合的概念界定和分析框架。

学术界对产业融合的讨论，最早源于考察新技术的出现从而导致不同产业之间形成的交叉。产业融合的概念一般认为可以追溯到罗森博格（Rosenberg，1963）在研究产业技术进步问题时所提出的"技术融合"一词，对此后分析产业融合问题产生深远影响。此后，尼古路庞特（Negrouponte，1978）用三个重叠的圆圈（分别代表计算机、广播和印刷）的交界来指代不同产业间的融合，他认为三个圆圈的交叉处必定将成为未来创新最多、成长最快的领域，这个图例也正是不同产业之间即将和正在趋向产业融合的极好描述。

尤弗亚（Yoffie，1997）在其研究中根据当时的技术发展趋势，将融合定义为采用数字技术之后原来各自相互独立的产品之间的整合。格林斯腾和卡恩纳（Greensteina and Khanna，1997）以数字融合为基础，分析了通信、广播电视业、计算机和互联网的融合，并把产业融合这个概念做了以下界定：产业融合是为了适应产业增长的变革而发生的原有产业边界的收缩或融合。盖恩斯（Gaines，1998）分析了信息技术发展所带来产业融合问题，研究了信息技术领域产业融合的技术基础，他认为信息技术领域的产业融合表现为互相替代以及不断学习的过程，并画出了信息技术领域产业融合的学习曲线。植草益（2001）在产业融合方面研究颇丰，他认为产业融合就是通过技术进步和放宽限制来降低行业之间的壁垒，改变原有模式下企业间的竞争与合作关系，从而导致原有产业界限的模糊化。

产业融合理论的应用并不局限于分析信息通信行业的产业融合问题，实际上，产业融合还广泛存在于包括本书所研究的版权产业在内的其他领域，不过在版权产业的产业融合问题上，也离不开计算机、互联网和移动通信等领域的技术支撑。

当考察产业融合产生的原因和前提等时不难发现，产业融合从发生的成因来看，在于技术革新以及管理模式和手段的调整；此外，不同产业部门之间的相近程度以及其依赖技术的高相关性是产业融合得以发生的重要前提。从可能发生产业融合的领域来看，一般都是位于相近产业或者上下游产业的边界及产业交汇处，而能够发生产业融合的产业，相互之间也必然有一定的产业关联性①。

在版权产业发展的历史进程中，从最初手写于羊皮卷上的信息到印刷术发明后的纸质图书，技术的变化带来了印刷业的诞生。此后又产生了以录音、录像技术为依托的音像行业，不过载体仍使用磁带或者录像带。近几十年来，随着计算机和互联网信息技术的诞生和发展，以数字化和互联网为依托，版权产业的产业融合不断深化，互联网技术深度融入到版权产业的各个细分领域，如图书、音乐、电影等相关行业均发生了深刻的变化。传统的基于纸质媒介、磁带和 CD 等介质为载体的传统版权产业都开始了数字化转型，转向以数字信号（其实质是 0 和 1 的数字符合）为内容、互联网传输为载体的网络版权产业的转换，从其原因来看也得益于传统版权产业和版权产业的各种新业态都具有共同的产业边界，产业之间存在交叉的可能，当然共同的技术基础也是其中必备之一。

在版权产业通过产业融合实现从传统介质向互联网背景下数字介质转换的过程中，也同步实现了产业创新和产业结构的升级转换，从中国版权产业的发展实践来看，中国的数字经济及网络版权产业在这一转换过程当中发生了翻天覆地的变化。其中引人瞩目的亮点就是，互联网技术与版权产业在深度融合之后诞生了一系列新兴业态，而这些新兴行业或新兴产业在中国政府"包容审慎"的监管措施下，取得了巨大的发展成就，诞生了如百度、阿里巴巴、腾讯、京东等互联网版权产业巨头。计算机和互联网信息技术与传统的版权产业，如图书、音像、文艺表演等版权产业深度融合，产生了网络文学、电子图书、网络音乐、在线影视、短视频及在线直播等新业态模式，版权产业与信息技术产业发生的产业融合在中国的互联网领域得到了淋漓尽致的体现。

在经济发展新常态下，推动版权产业尤其是其中的文化创意和设计服务与互联网、旅游及制造业升级改造等相关产业深度融合，有助于更好地发挥版权产业在优化产业结构、改善生活品质、提升国家文化软实力等方面的重要作用。

自党的十八大以来，以习近平同志为核心的党中央把握住版权产业领域产业融合发展的新趋势，高度重视传统媒体和新兴媒体的融合发展。习近平总书记曾在多个场合就媒体融合发表了多次重要论述，各级政府也特别重视传统版权产业在互联网信息时代的融合发展问题。2016 年《关于进一步加快广播电视媒体与

---

① 马健. 产业融合理论研究评述 ［J］. 经济学动态, 2002 (5): 78 - 81.

新兴媒体融合发展的意见》的公布给广播电视媒体与新兴媒体之间的产业融合指明了方向。自党的十九大以来，中国的网络版权产业发展蒸蒸日上，产业融合态势发生新的变化，网络文学、网络游戏、短视频和在线表演等新业态加速发展，"网红经济"成为家喻户晓的概念和资本的宠儿，版权产业领域的媒体融合新格局日渐形成。继党的十八大以来习近平总书记为新形势下党的新闻宣传工作指明发展方向之后，2019年1月25日，中共中央政治局在开年第一次集体学习时，把"课堂"设在《人民日报》等媒体融合发展的第一线，学习的主题就是全媒体时代和媒体融合发展问题。习近平总书记再次深刻分析了全媒体时代我国媒体融合发展的挑战和机遇，明确提出推动媒体融合向纵深发展的重大要求。

进入数字经济时代，版权产业正经历着与数字信息技术的深度融合，世界正进入数字化技术与互联网经济快速发展的时期，新一代通信技术、人工智能、智慧城市等新技术、新业态、新平台蓬勃兴起，深刻影响全球科技创新、产业结构调整、经济社会发展。在此背景下，如何守正创新，统筹全局处理好传统媒体和新兴媒体的关系，推动版权产业高质量发展，助力数字技术同经济社会发展深度融合，成为我国版权产业在数字经济时代发展所面临的一项紧迫课题。

三、产业生态圈理论

近年来，随着学术界对产业发展问题的研究兴趣不断提升，研究产业发展相关配套支持条件的产业生态圈理论，正日渐引起经济学和管理学等相关领域研究者的关注。学术界一般认为，产业生态圈理论是在企业集群理论的基础上发展起来的，它对产业可持续发展具有很大的指导作用，在研究版权产业发展问题时发现，各国（地区）版权产业所处的产业生态圈的差异导致了该国（地区）版权产业发展的大相径庭，以美国为代表的发达国家在知识产权保护、教育、创新以及信息通信技术等方面构造起与其版权产业发展水平相适宜的产业生态圈（或者称之为产业生态系统），获得了版权产业的蓬勃发展。

"产业生态圈"的概念可以被视为是一个"舶来品"，它援引自生物学里"生态系统"的概念。从其概念界定来看，"产业生态圈"指的是某个产业在特定地区得以生存和发展所处的"产业生态系统"，包含其上下游配套支持产业、产业发展政策引导和支持、法律和行政管理规定方面的产业规制等。将产业生态圈理论引入经济学领域的研究中有很大的理论价值和指导意义，任何一个产业的发展壮大都离不开与其适宜的全方位支持体系，产业生态圈理论的系统化研究就将此配套支持体系作为研究的重点。其关注视角可以深入到产业发展所需的人才、资金、政策引导、法律保护、产业规制、国内营商环境及其所处的国际竞争环境等各个方面。

产业生态圈是某一产业在特定地区发展所形成的以主导产业为核心、以相关配套支持条件为补充，能够形成较强的综合竞争能力和持续发展能力的多维网络支撑体系，表现为发展策略和发展模式的匹配（袁政，2004）①。版权产业的产业生态圈或者产业生态系统应该是一个多维体系，这个体系主要包括生产维、科技维、服务维、劳动维、相关的基础设施、公共维或政府维②。

为深入分析产业生态圈的构建和运行机理，产业生态圈理论被部分学者应用于某些具体产业的研究，傅琳雅（2014）讨论了文化创意产业链的构建问题，是对于版权产业生态圈构建的有益尝试③。此后，杨伟龙（2015）以手机游戏产业为研究对象，探讨如何实现从产业链到平台生态圈的构建④。吴薛和吴俊敏（2015）从产业生态圈视角出发分析大数据产业集群培育问题，选取苏州为研究对象，分析该地区大数据产业链的价值实现流程，提出了培育大数据产业的生态圈构建策略⑤。张宝生和王晓敏（2018）构建了一个竞争力评价体系，通过设定各项指标测算文化创意产业竞争力，以文化创意产业为对象，研究产业生态系统的结构，探索如何通过构建产业生态系统推动文化创意产业的进一步发展⑥。马健（2019）从区域文化产业发展观与布局观的视角，讨论如何构建文化产业生态圈⑦。张佳倩（2021）基于区块链技术应用的视角，研究了数字版权产业生态系

① 袁政. 产业生态圈理论论纲 [J]. 学术探索, 2004 (3): 36 - 37.

② 产业生态圈的体系主要包括以下几个维度：生产维（企业协作、配套群体）；科技维（产业生态圈内形成产业的科研、设计、实验体系）；服务维（有各种各样的专业服务型企业（组织），为产业提供方便快捷的市场和信息服务、运销服务等）；劳动维（有适宜主导产业和各配套及相关产业的熟练劳动大军、专业人员队伍、相关管理和市场营销、掌握相关业务关系网络的管理人员队伍）；相关的基础设施（交通、通信设施及各类人才所需生活环境）；公共维或政府维（政府应提供相关的支持政策、维护良好产业发展环境和秩序所提供的法规与服务、相关的金融、信贷服务机构以及创建与产业发展相宜的人文氛围等），具体内容见：袁政. 产业生态圈理论论纲 [J]. 学术探索, 2004 (3): 36 - 37.

③ 傅琳雅. 文化创意产业链的构建及发展战略 [J]. 沈阳工业大学学报（社会科学版）, 2014, 7 (2): 108 - 111.

④ 杨伟龙. 从产业链到平台生态圈——手机游戏产业模式变革研究 [D]. 广州：暨南大学, 2015.

⑤ 吴薛, 吴俊敏. 产业生态圈视角下大数据产业集群培育的研究：以苏州为例 [J]. 常州大学学报（社会科学版）, 2015, 16 (1): 56 - 62.

⑥ 张宝生, 王晓敏. 文化创意产业生态系统结构模型及其竞争力评价指标体系研究 [J]. 科技与经济, 2018, 31 (6): 61 - 65.

⑦ 马健. 文化产业生态圈：一种新的区域文化产业发展观与布局观 [J]. 商业经济研究, 2019 (2): 174 - 176.

统的构建方略，提出应构建协同自治、多层治理的数字版权产业生态系统结构，推进技术和管理融合下的数字版权产业管理模式①。这些对于产业生态圈理论的相关研究可以作为本书的研究基础，为本书开展版权产业的产业生态圈或者产业生态系统构建提供有益的参考和借鉴。

版权产业生态圈的构建应该是市场自发行为和政府自觉行为的有机统一。张振鹏和刘小旭（2017）在分析产业生态系统时认为：政策、技术、资本等要素资源，与市场体系互动，共同构成产业发展的内在生态系统和外在融合系统，他们提出的文化产业生态系统论可以应用到我们所研究的版权产业上②。在市场机制自发作用下，版权产业生态圈（或生态系统）的各类微观构成主体，遵循市场竞争法则分布于各自的区位，以利润最大化为微观主体的经营目标。政府基于政策引导和宏观调控的目的，规范产业生态圈各微观组成主体的合法有序经营，出台相关产业措施对相关支持体系进行规制，营造良好的产业发展环境，促进资本、技术、人才和信息等各类要素有序自由流动，形成了版权产业发展所必备的产业生态系统（徐浩然等，2009）③。从版权产业生态圈的运作目的来看，产业生态圈的良性运转应该能够起到降低交易成本，维持合理公平的正常生产经营秩序，使产业生态圈内各类经营和管理主体均得到积极的正向回馈，并自愿为维系该产业生态圈贡献自己的力量。产业生态圈的各个构成要素通过协同发力，注重发挥群体效应，从方向引导、基础支撑和持续推动等几个方面，共同推动版权产业的高质量发展。

不过要特别指出的是，版权产业的生态圈构建在互联网背景下日趋复杂化，所涉及的有关经营和管理主体的范围也随着技术的变迁而日渐扩大。维系版权产业生态圈所涉及的相关要素在信息经济时代也发生了改变，随着计算机技术、互联网信息技术以及各类新型移动终端的出现，版权产业的规制措施和激励政策也相应地做出适应性调整，以适应新形势下版权产业发展的现实需求。

---

① 张佳倩. 基于区块链的数字版权产业生态系统构建与应用研究 [D]. 北京：北京印刷学院，2021.

② 张振鹏，刘小旭. 中国文化产业生态系统论纲 [J]. 济南大学学报（社会科学版），2017，27（2）：115–123+159.

③ 徐浩然，许箫迪，王子龙. 产业生态圈构建中的政府角色诊断 [J]. 中国行政管理，2009（8）：83–87.

第四节　理论评述和理论模型构建

一、理论评述

马克思等提出的精神劳动和精神生产理论、产业资本循环理论、国际产品价值理论，以及西方经济学中的经济增长理论、产业融合理论、产业生态圈理论等为本书开展版权产业国际比较研究提供坚实的理论基础。在此基础上，本书将对以上理论做进一步的深化和拓展，并将其应用于版权产业研究的实践。

版权产业的发展现已成为推动世界经济增长和贸易发展的新引擎。面对当前世界经济的复杂形势和风险挑战，许多欧美发达国家积极实施各类文化振兴战略，力图提升其自身在全球版权产业市场体系中的地位。美国以"好莱坞"为代表的电影产业、英国的音乐产业、韩国的综艺娱乐产业、日本的动漫产业、法德的出版产业等在其本国的产业促进政策的扶持下，都成为国际版权市场上的拳头产品，占有相当大的一部分市场份额①。中国作为拥有五千年悠久历史的文明古国，近年来，同其他国家间的文化交流形式越来越新、内容越来越多、规模越来越大、影响越来越广，在"互联网＋"国家战略的实施下，中国在网络版权产业方面也取得了巨大的成就。但是中国版权产业当前面临发达国家版权产业的激烈竞争，有必要从理论层面探讨推动一个国家（地区）版权产业发展的驱动机制，究竟是哪些内在或外在因素的差异导致了各国（地区）版权产业发展水平的不同？所以该理论机制的核心问题是研究版权产业发展的各项影响因素，用以讨论版权产业生存和发展的"产业生态环境"或"产业生态系统"，并由此出发构建版权产业发展的政策支撑体系。

---

① 祝晓卉，冯根尧. 文化产品贸易比较优势及其影响因素的理论综述 [J]. 社会科学前沿，2017，6 (4)：497 – 502.

二、理论模型构建思路

（一）有关经济理论对理论模型构建的指导意义

马克思主义经济理论可以为本书对版权产业发展问题的探究提供宏观理论指导，马克思精神劳动和精神生产理论认为精神生产同样具有物质生产领域的特点，当企业的个别劳动时间小于社会必要劳动时间时，企业获取超额利润。因此，版权企业也应致力于提高企业管理水平从而提高企业的生产效率。同时为顺利实现商品的生产和流通，作为精神劳动成果的版权作品同样需要明确其所有权，并且在版权确权之后对于其知识产权进行必要的保护；马克思产业资本循环理论对于资本的运作、流通和循环给出极好的解释，尤其是考虑到在市场经济的条件下版权产业的发展同样离不开资金的支持，该要素应该是驱动版权产业发展的重要因素之一，同时该理论也说明了生产的产品只有在市场上出售出去才能完成产业资本的循环从而获取利润；马克思国际产品价值理论提供了指导版权企业参与国际市场竞争的规律，解释了各国（地区）版权产品在国际市场上因版权作品价格不同而导致的经济利益分配差异，也说明了一国（地区）应该在开放的条件下发展本国（地区）的版权产业，版权企业应根据国际市场需求来制作版权文化产品以获取更大的全球市场，享受到规模经济和范围经济带来的收益。

西方经济学中的经济增长理论明确了各类生产要素对版权产业发展的重要贡献，就版权产业而言，除了劳动、资本、土地和人才这几项基础生产要素，知识产权保护以及创新等制度性的要素也是驱动版权产业发展壮大的重要因素。产业融合理论指导我们关注信息技术与版权产业深度融合和创新发展，当今有关版权产业最明显的产业融合就发生在信息技术领域，随着互联网领域一系列技术变革的出现，互联网与版权产业深度融合，也对版权产业的发展产生了深远影响，出现了融合发展的趋势。产业生态圈理论关注的视角包括人才、资金、产业上下游配套支持产业、产业发展政策引导和支持、市场体系互动等各个方面，它是从各个维度系统性地梳理了版权产业发展所必需的产业生态系统，是对前述相关生产要素和影响因素的系统化总结，将散落的点（每个单独的有关影响因素）串成了线（版权产业发展的引导机制部分、推动机制部分以及支撑机制部分），再组成体系，也就是构成了适宜产业发展的产业生态圈。

（二）驱动机制理论模型的构建思路

如果我们对前述理论基础部分的相关经济理论做进一步的归纳，我们可以得出一个国家（地区）的版权产业发展应有其内在的驱动机制或动力机制，正是在该驱动机制的推动下，各种要素分工协作、相互配合，共同推动了该国或地区的版权产业不断有新的优秀作品面世，产业竞争力不断提升。此处所提出的版权产业发展的驱动机制正是一种理论机制上"假说式"的探讨，还需要与本书此后在纵向历史比较和横向国际比较得出的发展规律相互印证，也需要进行运用数理经济学的研究工具进行实证分析的检验。

根据前述理论基础及相关评述，本书所构建的版权产业发展的驱动机制包括三个方面：推动机制、支撑机制和引导机制，如图1-1所示。

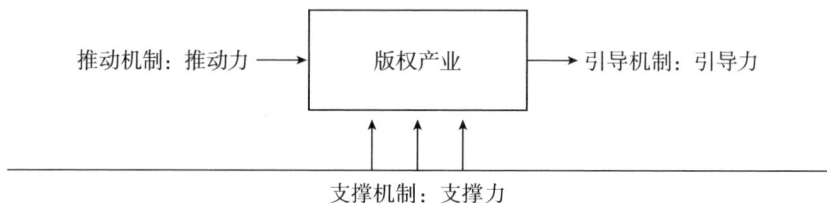

图1-1 版权产业发展驱动机制构建

具体而言，本书基于扩展的知识生产函数所构建的版权产业发展驱动机制从三个方向发挥作用，共同促进版权产业的发展壮大：

一是推动机制，为版权产业的发展提供推动力，主要包括：资金推动、人才推动、创新驱动。

二是支撑机制，为版权产业的发展提供支撑力，主要包括：知识产权保护的基础性支撑、现代化企业管理制度支撑、互联网基础设施建设和完善、上下游配套产业支撑等。

三是引导机制，为版权产业的发展提供引导力，主要包括：政府管理引导、国内外市场需求引导。

三、理论模型的作用机理

对于任何产业而言，劳动与资本是该产业运行和发展不可或缺的核心要素，而对于版权产业而言除了劳动（主要是高素质的版权产品创作和经营人才）与资本（主要是版权产业中的研发投入和经营中的资本投入）之外，还有很多其他诸如知识产权保护、创新能力、产业激励之类的影响因素共同构成了版权产业发展的支撑体系，故此需要依据 Griliches（1979）[①] 提出的知识生产函数（Knowledge Production Function，KPF）[②] 构建一个扩展的知识生产函数模型，作为对版权产业发展驱动机制的理论解读，以揭示版权产业驱动机制发挥作用的机理及运行机制。

根据前述的马克思主义经济理论以及西方经济学中的相关理论归纳可知，在版权产业发展的驱动机制内包含以下各方面的要素：知识产权保护、创新驱动、与版权产业发展有关的载体的发展基础（如互联网基础设施、信息化发展水平）、版权产业的人才支持、产业发展的资金支持、产业激励政策以及相关的产业规制等。所以，我们在 KPF 模型的基础上，继续引入本书研究所需要的有关要素，从推动机制、支撑机制和引导机制对版权产业发展的驱动机制中各类重要因素的作用机理做进一步的讨论，并从理论总结的视角尝试性地探索该驱动机制的作用机理。

（一）推动机制

人才和资金为版权产业驱动机制提供重要推动力。扩展的知识生产函数基于柯布—道格拉斯生产函数，所以劳动和资本两个生产要素也是版权产业得以持续发展的两个必备要素，具体到版权产业，专业的版权产业人才（柯布—道格拉斯生产函数中的劳动）和顺畅的融资渠道（柯布—道格拉斯生产函数中的资本）是版权产品生产、流通到价值实现的必备要素。

版权产业属于智力密集型的产业，其发展的核心驱动力是创新人才的创造力。版权产业竞争力的提升需要不断提供更优质的原创产品和创新内容，以此来赢得国内外市场和海内外用户的认可，要想做到这一点，必须具备大量的极富创造力的创意人才。版权产业的发展同样离不开资金的支持，由于产品的无形性，版权产品在生产之初就面临版权定价难的问题，由此给版权企业通过银行等金融

---

① Griliches Z. Issues in Assessing the Contribution of Research and Development to Productivity Growth [J]. Bell Journal of Economics，1979，10（1）：92 – 116.

② 知识生产函数（KPF）最早由 Griliches（1979）提出，该模型是在柯布—道格拉斯生产函数的基本形式上将研发投入等知识要素纳入模型，从柯布—道格拉斯生产函数的基本形式 $Y = AL^\alpha K^\beta u$ 出发，纳入代表技术知识水平的研发费用后，模型的基本形式转变为 $Y = F（X，K，u）$，其中 Y 是产出水平，在本书的研究中我们可以将其指代版权产业的发展水平，X 为包括劳动力和资本在内的通常的生产投入向量，K 表示技术知识水平，主要由研发投入决定，u 是随机误差。

机构融资带来现实的困难，即金融机构更愿意将其持有的资金借给从事生产有形商品的制造企业，所以融资问题能否解决直接关系到版权企业的生存和版权产业的发展。与版权产业发展有关的信息载体的信息和通信技术的发展成为一国版权产业实现业态创新的保障和前提，如美国和韩国良好的信息和通信技术带来了两国游戏产业的蓬勃发展，中国以 BAT 为代表的网络版权产业在近几年来大放异彩，其中离不开中国大力提升信息化建设水平，与我国信息和通信技术的发展不无关系。

（二）支撑机制

知识产权保护是构建版权产业发展驱动机制的基础，起到基础性的支撑作用。在版权产业发展的驱动机制中，起关键支撑作用的是知识产权保护（或称之为版权保护），这是版权产业得以生存和发展的基础条件。版权产品大多是无形的知识产品，传统的商业保护制度主要基于有形的实物商品，在保护的对象、范围界定、保护手段以及司法诉讼等方面都与知识经济的要求不相匹配，无法完全满足无形知识产品的保护要求。版权产业的各类生产和经营主体迫切需要有完善的知识产权保护制度来保障自己的合法权益，恰当的知识产权保护可以帮助知识产品创作者实现其经济利益，也是知识产品创作者继续从事知识生产的原动力。离开知识产权保护制度的保障，这些知识产品的创作者、发明者以及经营者将无法实现其经济利益，其人身权和财产权均得不到合理的保护。版权产业知识产权保护的特点在于不但保护其合法持有人的财产权，还保护其人身权，《中华人民共和国著作权法》就明确写明著作权包括人身权和财产权。在版权产业的政策支撑体系中，要想构建起适宜版权产业发展的"产业生态圈"，知识产权保护是其重中之重，也是该生态圈维系正常运转的前提。

现代企业制度是实现产权清晰、政企分开、权责明确和管理科学的新型企业制度。实行现代企业制度能最大限度解放和发展生产力，规范企业经营者行为，有利于提高版权企业的劳动生产率。只有企业内部体制建设完善了，外部其他因素的引导和推动机制才能对其发挥作用。因此，实行现代企业管理制度是版权企业科学健康发展的基础。

版权产业上游配套产业包括基础产业环节和技术研发环节，下游配套产业包括市场拓展环节。版权企业与其上下游企业应当是相互依存共同发展的。没有上游企业的技术支持，版权企业的创新就难以实现，作品的质量就难以保证。若下游企业的市场开拓能力不足，则作品的流通和推广就不能顺利进行，企业的利润就不能实现。所以，版权企业与上下游产业之间应当是同甘共苦、互助互赢的互为支撑的关系。

技术革新推动版权产业发展，互联网基础设施为版权产业驱动机制提供技术支撑。当今进入信息经济时代，互联网广泛地渗透到每个人的日常生活中，与互联网有关的网络版权产业的发展日新月异，传统版权产业在互联网时代也发生了不同程度的转型或变异。游离于全球互联网领域的版权产业很难享受到规模经济和范围经济带来的好处，也很难有太大的发展空间。当前全球市值较高的版权企业，如美国的谷歌、脸书、推特和中国的百度、阿里、腾讯等版权企业都受益于逐步完善的互联网基础设施。

（三）引导机制

对于产业发展而言，政府的管理包括产业激励政策和产业规制措施两个影响因素，在产业驱动机制的构建中起到了"牵引力"和"向心力"的作用。政府的产业激励政策和产业规制措施对版权产业的发展起到了"拉"和"推"的作用。世界各国（地区）版权产业发展的历史和时间证明，必要的产业激励政策能够调动创业者更多地进入版权产业谋求发展，各国（地区）推出的各类鼓励版权企业走出去的对外开放政策、促进文化和创意转化的奖励措施和支持政策都证明了产业激励政策的必要性。另外，对于版权产业而言，必要产业规制则可以保证本国（地区）版权产业的发展不会偏离正确的发展方向，尤其是版权产业的产品除了其经济属性之外，还具有文化、交流和教育等多重属性，对于版权产业的发展，通过相关的法律法规进行产业规制是版权产业健康发展的保障。

版权企业要想在激烈的竞争中取胜，必须对国内外市场需求进行充分调研，在此基础上进行产品的创意和制作。国内外市场需求的大小决定了版权产业的生存空间，引导版权企业进入或退出某一市场。同时，国内外消费者的需求特点也是引导版权企业进行产品创意和生产的方向。因此，国内外市场需求对版权产业的发展具有牵引力的作用，消费者以付费购买或消费的方式引导市场需求，通过市场需求的牵引，引导版权企业不断推陈出新，推出更多为消费者喜爱的优秀作品。

Chapter Two

第二章 版权产业的历史溯源及发展历程比较

　　本章将从纵向历史比较的视角对世界各国（地区）版权产业的起源和发展历史进程进行分析，以期勾勒出全球版权产业发展的历史规律。对比中外版权产业的源头可以发现一个很特别的历史现象，中国和以英国为代表的西方国家几乎同时产生了版权保护的思想萌芽，而且也是中国首先发明了造纸术和印刷术，但是世界上第一部现代意义上的版权法却没有产生在中国，中国第一部版权法《大清著作权律》晚于英国《安妮女王法令》大约 300 年，技术基础与法律保护的错位何以产生？又产生了什么深远影响？此外，欧洲大陆曾经是西方文明的起源，此后是欧洲岛国经济与文化的崛起，近代以来，尤其是第二次世界大战以后，美国实现了对老牌资本主义强国——英国的超越，占据了世界版权产业首席的位置。在这个纵横捭阖的历史过程中，我们可以通过历史的视角管窥版权产业发展的历史演变规律，发现技术革新和知识产权保护推动版权产业的发展，各国（地区）在进行版权保护时应充分考虑其所处发展阶段的实际需求。同时，通过本章的分析验证了前文所述版权产业驱动机制中知识产权保护因素对版权产业发展的影响，也验证了互联网时代，互联网技术对版权产业发展的重要意义。

第一节　版权思想的历史渊源及制度演变

一、国外版权思想的缘起及制度演变

版权产业的产生发端于版权保护思想的萌发，没有最初版权保护思想的萌芽，也就不存在此后日渐完善的版权保护法律制度的出现，随着版权保护的相关行政手段和法律制度不断完善，版权产业也经历了一个从无到有，从小到大的发展历程，并且在现代版权法的保护下得到持续发展。

版权保护法律制度的出现要远远晚于对作者（创作者）进行保护的情感诉求。Hazan（1970）曾指出在对希伯来人口述表达的历史考查中可以发现，当时的口头叙述者必须要按照宗教法律和私法的要求，在口述时表明自己的身份，这被认为是现代意义上版权理念的早期痕迹[①]。公元 1 世纪，罗马诗人马蒂尔（Martial）开始用拉丁语 plagiarius（字面意思是"绑架者"）来表示偷窃别人的工作，他抱怨另一位诗人"绑架了他的诗句"[②]。欧洲在进入中世纪后，知识被修道院系统内部垄断，在修道院之间产生了一系列交换知识的规则，可以用来与货币、实物甚至是某些特权进行交换。这种做法其实和作品的初创者没有太大的关系，但是可以被认为是欧洲早期版权思想萌芽的一个组成部分，被当作是对作者身份和版权认定的一个早期范例。[③] 不过鉴于当时以手抄为主的图书传播渠道，剽窃并没有大规模地出现，主要原因在于剽窃者和其他这些手抄本知识的持有者面临相同的成本。

15 世纪中叶，德国印刷商约翰内斯·古登堡（1400～1468 年）于 1455 年在西方首次采用了金属活字印刷术印刷图书，并不断向欧洲其他国家传播，技术的

---

① Hazan V. The Origins of Copyright Law in Ancient Jewish Law [J]. Bull. Copyright Soc'y USA，1970（18）：23.

② 拉丁语 plagiarius 正是英文中 plagrism（抄袭、剽窃）一词的词源，抄袭 plagiarius 在 1601 年被剧作家本·琼森（Ben Jonson）引入到英语，在英国詹姆士一世时期用来形容某人盗窃文学有罪，此后，plagiarius 的衍生词 plagiarism 大约在 1620 年被引入英语中。

③ Hunter C D. Copyright and Culture [J]. INDICARE（The Informed Dialogue about Consumer Acceptability of DRM Solutions in Europe），2000.

革新带动文化的变革，印书的风潮很快在欧洲盛行起来，知识的传播也变得越来越平民化，推动了此后文艺复兴和启蒙运动等思想变革的发生。文化的繁荣又带来了科学技术的进步和科学革命的出现，此后文化进步与经济发展之间形成了正向回馈的积极循环。Marvin（1979）指出印刷术是欧洲从中世纪向近代过渡时期最重要的技术发明，对后世的历史文明发展产生了深远影响①。

印刷术的出现彻底改变了西方社会图书业发展的固有格局，原来已经形成的图书业内部平衡被彻底打破。不断有商人基于追逐利润的目的投资图书出版业，整个出版行业的竞争非常激烈。

图书出版市场激烈的竞争使印刷商开始寻求经济利益的保护，在经济保护动因的推动下，威尼斯共和国1469年授予出版商冯·施贝叶为期5年印刷书籍的特权，这也正体现了经济发展和商业繁荣对版权产业萌芽和发展的巨大推动作用。不过，纵观版权形成的历史可以发现，与专利出现的历程相似，它们都最早出现在中世纪商业发达的威尼斯，然而又都在经济发展较早的英国形成最早的法律制度（郑成思，1982）②。此后，欧洲其他国家纷纷效仿威尼斯共和国的做法，由政府出面将图书出版的专营权或专利权授予特定的印刷商。

在英国是由英国皇室将印刷特权授予特定印刷商人，这就是被称为享有特权的皇家印刷商。亨利七世于1504年将印刷各类公告宣言书、法律条文和其他文件的特权授予皇家印刷商威廉·福克斯，此后授权印刷的范围进一步扩大到教学用教材、宗教用书及服务类书籍等。不过，当时的授予权仅仅是介于政府与印刷商之间的关系，政府为了统治的稳定性，印刷商则为了经济利益，而作品的原作者则不在受益人之列。享有特权的皇家印刷商制定了图书印刷登记制度，该制度要求在图书印刷和发行之前，必须得到英国枢密院或其他皇室指定部门的许可。该登记制度被称为现代版权登记制度的雏形，其历史意义深远③。

此后，进入17世纪中叶，将作品的原作者排除在受益人之外的做法已经无法维系行业的继续发展，主要原因在于存量文本的垄断权利已经基本耗尽，必须有原创作者推出更多的新作品满足读者逐渐增长的阅读需求。就在此时，作者的权利才开始得到重视，作品的原作者可以用其作品与出版社进行商业上的交易，并开始获得其创作应有的报酬。

---

① Marvin C. Review of the Printing Press as an Agent of Change：Communications and Cultural Transformations in Early-Modern Europe by Elizabeth Eisenstein［J］. Technology and Culture，1979，20（4）：793.

② 郑成思. 谈谈英国版权法［J］. 法学研究，1982（1）：61 - 64.

③ John Feather. Publishing，Piracy and Politics［M］. London：Mansell Publishing Limited，1994：12.

到 17 世纪末，书商公司的垄断特权与当时的经济和社会发展已经不匹配，随后其特权被皇室取消，但是书商公司为了继续维系其经济利益，向英国皇室提出了应加强知识财产权保护的请愿，其结果就是在 18 世纪初产生了被认为是世界上第一部版权法的《安妮女王法令》。

1709 年是世界版权史上特别重要的一年，因为这一年《安妮女王法令》[①] 在英国问世，这标志着世界上第一部近代版权法的问世，法令中明确规定了作者享有印制其图书的专有权利和受保护期限，于是版权保护期制度也由此产生。虽然这部法律对书商公司利益的关注远大于对作者权益的保护，然而该法令从法律层面上承认作品只要经过官方登记，无论登记人是作者还是获得授权的印刷商，都可以取得其版权并受法律的保护[②]。《安妮女王法令》的颁布改变了印刷商与作品原作者之间的关系，形成了鼓励文学创作和激发新思想的社会风气，登记的作品大量涌现，有利于英国文学市场繁荣和发展，英国也由此开始从图书出版业的净进口国向出口国转变，版权法律保护对版权市场发展的影响可见一斑。

由于近代英国版权制度形成早、影响大，英国的版权法是其他各国（地区）的立法楷模，加之英国在其全球各殖民地的影响力，欧美各国（地区）及世界其他国家（地区）都纷纷仿效，先后制定了自己的版权法[③]。

在版权史的发展历程中，法国和德国形成了类似英国对版权保护的做法，不过更注重对作者表达权的保护，这两种保护思想都认为版权是一种财产性权利。

中世纪末期，欧洲各国（地区）的城市人口不断增长，生活在城镇里的社会大众对于阅读图书和获取知识的需求远远没有得到满足。在贵族和神职人员阅读手抄本的同时，某些城市里的商人在印刷术没普及前就开始满足这类市场需求，不过成本相对较高，不是所有人都能负担得起。德国人约翰内斯·古登堡发明的"铅活字印刷术"推动了版权产业的历史进程，被视作为一场媒介革命，古登堡发明的活字印刷术 1467 年传入意大利，1470 年传入法国，1472 年传入西班牙和英国，1482 年传入了维也纳，欧洲各国（地区）的出版公司大量地印制各类图书。它的深远影响就是使印刷品的价格大幅度下降，印刷的速度相对手工

① 《安妮女王法令》又称《安娜法令》或《安娜女王法令》，法的原名为《为鼓励知识创作而授予作者及购买者就其已印刷成册的图书在一定时期内之权利的法》（*An Act for the Encouragement of Learning*，*by Vesting the Copies of Printed Books in the Authors or Purchasers of such Copies*，*during the Times There in Mentioned*），该法令于 1709 年在英国出台并由英国议会颁布，1710 年生效，首次承认作者是著作保护的主体，确立了近代意义的著作权思想，对世界各国（地区）后来的著作权立法产生了重大影响。

② 李雨峰. 版权：一种历史视野 [J]. 科技与法律，2005（2）：60 - 63.

③ 张乃和. 论近代英国版权制度的形成 [J]. 世界历史，2004（4）：23 - 29 + 144.

抄写大幅度提升，印刷品的数量成本增长，欧洲的文盲人数大量减少，总体受教育程度的提升又对欧洲经济的发展起到了助推器的作用。

活字印刷术的出现也使马丁·路德的宗教改革思想得到大规模的传播，马丁·路德的《九十五条论纲》在印刷术出现之前，是很难实现大规模传播的。马丁·路德宗教改革的思想经印刷后，在两周后传遍了整个德国，依靠印刷技术和四通八达的贸易路线，四周后各种译文已经遍布整个西欧。

1791 年，在法国大革命"天赋人权"口号的感召下，法国颁布了《表演权法》，开始重视保护作者的表演权利，1793 年又颁布了《作者权法》，这两部法国版权法承认作者享有经济权利和精神权利，丰富和发展了现代版权概念。

进入 18 世纪，德国书籍的盗版非常严重。这促使哲学家康德撰写了一篇题为"伪造图书的不正义"的论文，表明了他对该事件的关注。康德 1797 年在《法的形而上学原理》中就特别强调应该保护作者观点表达的权利，向公众阐述了他对作者权的理解①。德国的版权保护传统与法国类似，不但注重对版权经济利益的保护，还承认作品是原创作者人格精神的外延，要保护作者表达其观点的权利。德国和法国的版权保护思想也形成了大陆法系成文法对版权保护的思想传统，并且在当代版权法中都可以看到它们的影子。但是德国成文的版权法颁布时间晚于法国，直到 1837 年《普鲁士版权法》的颁布标志着德国现代意义上版权法的诞生。

19 世纪西欧各国（地区）创作的优秀文学作品层出不穷，大量艺术作品流向世界各地，欧洲国家开始注重版权在其他国家如何获得保护的问题。法国的文学家雨果 1878 年于巴黎召开文学大会，建立国际文学艺术协会。在该协会的推动下，世界上第一个国际版权公约《保护文学和艺术作品伯尔尼公约》于 1886 年在瑞士通过，并成立了伯尔尼联盟。由此开启了版权国际保护的帷幕，全球版权产业更加紧密地联系在一起。

美国虽然是当代版权产业发达的代表，但是其版权思想大多沿袭英国的版权法律思想。就在独立战争（1775～1783 年）结束后的 1790 年，美国历史上第一部版权法面世。美国版权法的保护特点在于其务实性，美国在版权法制定之初并没有一味地提高保护水平，也没有对保护范围做过大的扩散，而是根据其国内科技、经济、文化和社会发展水平的变化做适当调整。美国第一部版权法最初的版权保护范围仅限于书籍、地图、海图、期刊，1909 年才扩大到所有作品。此后，

① ［德］康德. 法的形而上学原理：权利的科学［M］. 沈叔平，译. 北京：商务印书馆，1991：192.

美国版权法不断灵活务实地调整其保护期限和范围，对侵犯版权的处罚力度也不断加大，从法律保护的方向来看，其版权法的保护水平是不断提升的，但此阶段更注重保护其本国的版权产业的经济利益①。美国在《伯尔尼公约》成立时并未加入，虽然伯尔尼联盟多次力邀美国加入，但是美国基于其本国版权产业发展弱于欧洲国家的考量并未加入。"二战"后美国经济由于领先全球，美国的版权企业也希望其版权利益在国际上得到保护，由此催生了美国对版权国际保护的现实需求。在美国的推动下，联合国教科文组织协调各国（地区），通过了《世界版权公约》。不断完善的版权保护体系，激发了优秀作品的不断涌现，为美国以"好莱坞"电影为代表的版权产业在全球的发展创造了良好的国内外经营环境。

二、中国古代版权思想的溯源

版权意识的萌芽在中国古代早就以各种不同的方式闪现。李明山（2012）在其所著的《中国古代版权史》中就曾指出：先秦时期出现了负责"著作"的官员，春秋战国时期是中国版权元素的朦胧发生期，这个时期思想活跃，各类经典著作层出不穷，且影响深远②。虽然朴素的版权保护思想出现得较早，甚至在宋朝时期也出现了保护版权的官府文告，但是中国古代的版权保护更多的是一种思想和行政保护，侧重于维护皇权统治，而不是像西方欧洲国家所形成的那种对经济权利的制度保护。在制度层面对作者进行保护，授予其著作权应有的经济利益在中国的历代王朝中都是缺失的。直到 1910 年，中国才正式颁布了第一部版权法《大清著作权律》。探索中国历代王朝版权保护思想的萌芽和发展，有助于我们理解为何早就产生了文字、发明了造纸术和印刷术，具备了版权立法的技术基础，却没能早于欧洲国家出现现代意义上的版权保护法律制度。带着对"郑和—李约瑟之谜"的思考，我们探寻中国历代版权思想的变迁及其对中国经济和文化产生的影响就颇有深意了。

版权保护的需要往往都是与印刷术的出现联系在一起的，欧洲国家的版权立法就是在古登堡发明活字印刷术以后诞生的。中国的图书复制方式的转变也体现了这一发展历程，不过在中国古代文人耻于言利的传统下，中国的版权保护立法经过了相当长的一段萌芽期，走过了一条与欧洲国家大相径庭的版权立法路径。

---

① 张昌兵. 美国版权产业保护政策的历史演变与启示 [J]. 中外企业家, 2010（14）: 15–16.
② 李明山. 中国古代版权史 [M]. 北京: 社会科学文献出版社, 2012.

中国大约在唐朝出现了雕版印刷技术，其出现主要是受拓印碑文以及刻印的启发，在雕版技术出现之前的书籍主要是手抄本，在这样的技术条件，不太可能出现大规模的盗版行为，因为手抄本的制作成本高，在当时传播速度慢，所以在唐宋以前的时期，盗版经营者通常是无利可图。雕版印刷术的出现提高了书籍印制的效率，手抄本时代无法实现的大规模印制得以实现。不过唐朝出现的雕版印刷技术在当时并没有流行起来，直到宋代才被广为复制书籍的刻坊所采纳。雕版印刷技术大大降低了书籍的制作成本，书籍的流动性增强，刻坊所印制的图书开始作为商品在市场流通，也带动了出版业的繁荣。

在印刷技术革新的刺激下，宋代的书坊在各地纷纷涌现，宋代在很长一段时间内有相对稳定的社会环境和当时世界领先的经济发展水平，也推动了民众对于阅读图书的需求。在当时，刻坊雕版印制图书逐渐成为可以轻易获取财富的牟利行业，对图书的盗版行为也在利益的驱使下时有发生。

北宋的李觏和苏轼都曾遇到作品被盗印的问题，当下的文人对于作品被盗印甚为厌恶及愤怒。苏轼在其诗文被盗印数十种之后，甚为震怒，给友人的信中表示"欲毁其板"[1]。南宋朱熹的著作也常常被他人盗版，在其所著的《伊洛渊源录》中写到"致此流布，心甚恨之"[2]。不过同样是面对盗版行为，朱熹则比苏轼更进一步，他想到了采取官方行政手段来对付盗版者，提出要"请于县官，追索其板"。在宋朝以后的各个王朝，盗版行为一直都是屡禁不绝，明末清初的李渔对此也深有体会，认为这种行为是"我耕彼食"[3]，并表示要与盗版行为战斗到底。

更让中国历代文人愤怒的是图书盗版者对于作品原作者表达权和学术声誉的侵害，盗版者为了降低盗版的成本，单纯只考虑自己的经济利益，往往会不择手段地删减原作内容，通过低价在市场贩卖删减之后的缩版作品，其中纰漏百出，这正是让自视清高的古代文人最为愤怒之处[4]。

鉴于盗版行为对于原作者名誉和被授权的出版者均造成了利益上的损害，使两者产生寻求版权保护的共同诉求。作品的原作者为免遭盗版之害，在正式刊印之前采取各种保密措施保护自己的作品不会提前被他人私自流出，或者在被盗版之后推出精校版。

① 苏轼. 答陈传道五首·苏轼文集［M］. 北京：中华书局，1986：1574.
② 朱熹. 答吴斗南·朱熹集［M］. 成都：四川教育出版社，1996：3044.
③ 李渔. 闲情偶寄·窥词管见［M］. 北京：中国社会科学出版社，2009：160.
④ 郎瑛. 七修类稿（卷四十五）［M］. 北京：中华书局，1959：665.

作者保护自己利益的另外一种做法是在书籍中公开宣告自己的版权,并通过震慑性的语句警告盗版者,诸如印上"翻刻必究"之类的字样。一个极好的例证就是南宋出版的《东都事略》就刻有"已申上司,不许覆板"的字样①,这是到目前为止发现最早的图书版权保护的文字表述。明万历年间的刻本《大明万历七年岁己卯大统历》则体现了更为严厉的版权保护措辞:"伪造者依律处斩。"②古代出版业的经营者通常会在书上印有"翻印必究""不许重刻"之类的字样,而"版权所有,翻印必究"的表述则流传至今,成为图书出版业最常见的保护作者和出版商权益的通用警告语。

考察中国古代版权产业发展史可以发现,作品的原作者以及出版者有对其版权获取保护的需求,但是他们采取的自保措施往往无法落实,除了封建王朝为维持统治而采取的部分官方支持之外,作者和出版者对盗版者的所作所为也往往没有强制惩戒的权力。

中国各个朝代真正能够约束盗版行为的不是作者和出版者的自保措施,而是政府发布的文告保护,但这种做法主要是一种地方政府的行政性保护。在图书要印制前,由刻坊或者原作者向官府申请智慧成果保护,获得官府批准后,即对外公开公告。此后如果发现图书被盗印,便可启动官府的行政保护渠道,追人毁板③。文告保护方式同样是始自宋代,宋代以后的各个王朝也基本沿袭这种行政保护手段。文告保护方式从形式上来看,有些类似于英国的"皇室敕令",但其与现代版权法却又大相径庭,究其原因主要在于地方官府的文告保护并非像《安妮女王法令》那样的制度性保障,也不存在保护期和保护范围等保障作者财产权益的明确声明。此外,封建王朝所发布的文告、设置专门的审查和查禁机构管理图书流通、将特定图书的刻印垄断权许可给特定出版者的做法,更多体现在维持封建统治和思想控制的需要。不过在维护皇权统治的同时,封建王朝的各级政府对盗印图书的做法进行制止的行为,也构成了中国古代版权保护的雏形,在这一点上李雨峰(2005)④坚持认为中国古代对知识财产的保护是客观存在的。

不过,不容忽视的是中国古代在漫长的历史进程中虽然诞生了诸多版权保护的思想,各种版权保护措施的雏形也时有闪现,但并没有产生真正对著作者或其

---

① 叶德辉. 书林清话 [M]. 北京:北京燕山出版社,2008:43.
② 汪小虎. 明代颁历制度研究 [D]. 上海:上海交通大学,2011.
③ 宋原放,李白坚. 中国出版史 [M]. 北京:中国书籍出版社,1991:237.
④ 李雨峰. 版权:一种历史视野 [J]. 科技与法律,2005(2):60–63.

特定授权人保护的版权保护制度。中国古代还缺乏产生版权法的合适土壤，历史长河中曾经出现的版权保护思想和相关举措，与欧洲国家形成的近代版权法律保护制度的出发点也大相径庭，甚至是迥异的。回到版权产业发展史研究者普遍关注的一个问题，也是对前文所述"郑和—李约瑟之谜"的反思，为什么中国古代自唐宋以来就已经有了文字表达、造纸术和活字印刷术，具备了欧洲产生版权法的三个基础条件，却一直没有产生真正意义上的版权法？

在这方面不同的学者有各种不同的见解，一个可能的回答在于历代王朝所奉行的"重农抑商"思想，古代中国一直是"小农经济"为代表的自然经济占主导地位。由于没有发达的商品经济，很难形成规模经济的效益，毕昇发明的活字印刷术也很难低成本地推广。经济利益在行业发展中缺位，以至于活字印刷术在中国就没有持续改进的动力，并难以进一步地发展[1]。此外，古代中国出现的版权保护思想和文告等措施，更多地侧重于封建帝国思想控制的需要，中国古代的知识分子从身份上普遍存在依附状态，读书和著书立传更主要的目的还是入仕。中国古代文人普遍将图书视为神圣的东西，将金钱视为"阿堵物"，普遍具有耻于言利的传统，并没有将图书视为是一种普通的商品来看待[2]。书籍的原作者在创作自己的作品时，首先考虑的是满足自己著书立传的精神需求，实现经济利益的需要往往是次要的。当其作品被盗版时，主要考虑的是其作品所表达内容的准确性和完整性，而往往忽视了其所遭受的财产权方面的经济损失，耻于言利成为中国历代文人的一种精神传承，这与近代西方国家著作者和出版者对版权保护的利益诉求是完全不同的。

三、中国近现代版权意识的勃兴及其实践

晚清时期，欧洲国家大多已经完成各自的版权法立法工作，19 世纪初期，西方的铅活字印刷术由英国传教士马礼逊（Robert Morrison，1782～1834 年）引进中国。不同于中国当时仍然在采用的雕版印刷，铅活字印刷术的印刷效率大为

---

① 李晶晶. 我国版权法律制度的历史演进和未来发展［J］. 中国编辑，2014（1）：70 – 74.
② 赵晓兰. 从古代萌芽到近代初熟——我国版权保护制度的历史演变［J］. 中国出版，2012（11）：55 – 58.

提升，复制图书成本大大地降低①。清末时期中国人开始睁眼看世界，传播西学、开发民智的需要对于图书印刷的需求巨大，以商务印书馆为代表的各类翻译西方作品的书局、报刊等出版机构犹如雨后春笋般层出不穷②。

就在出版业繁荣发展、蒸蒸日上的同时，在利益的驱使下，书籍和报刊被盗版的现象也时有发生，图书被盗版的对象既包括中国文人的作品，也包括在华外国人的作品。铅活字印刷技术在晚清的采用降低了盗版的门槛，一旦有新书在市场上出现，很快就被盗版商人疯狂盗印，几乎所有有价值的书都不同程度地被盗版③，这让图书的作者甚为恼火，开始考虑寻求官府的版权保护。

晚清时期，官府应对盗版的做法依然沿袭了发布文告的传统，大量作品被盗的作者只能寻求地方政府的文告保护。美国传教士林乐知著有《中东战纪本末》在当时被大量盗印，就请美国总领事致信当地官府的道宪刘麒祥，得到了道宪的文告保护④。然而以发布文告保护版权的做法存在天然的局限性，文告贴于户外容易损毁，且保护范围仅限当地人们能看到，在晚清时期已经与现实脱节，在印刷技术革新后，此时已经无法真正起到保护作者版权的作用。作为应对版权侵权行为的官府文告也无法真正起到抑制盗版问题时，在没有其他更好的替代选项的情况下，除了通过法律保护的方式来确保作者和出版商的利益不被侵犯已经别无他途。在近代中国推动版权立法的主要动力来自于在华外国人，他们基于对自身所拥有版权商业利益保护的需求，促使他们不断以各种手段力推中国建立版权保护的法律体制。

中国的第一部版权保护的法律是在"近代中国著作权立法的双重两难困境"下多方博弈的结果，从国际环境看，当时的欧洲在政治、经济、文化等领域都占

---

① 需要指出的是虽然中国自宋代就有了活字印刷术，毕昇发明的泥活字印刷术要远早于德国人古登堡的金属活字印刷术，但是活字印刷术在中国的历代王朝，却并不是主流的图书印制方式，而雕版印刷从唐宋到清朝一直是主流印刷方式。主要原因在于汉字数量庞大且结构复杂，活字子模的准备工作往往要耗时多年，每次的排版、拆版和回收也需要识字的读书人才能完成，这往往是历代清高的读书人不太愿意或不屑于去做的事情，所以雇请有文化的工人较难。此外，泥活字相对欧洲的铅活字更容易损坏，清朝也曾由皇家出面制作铜活字，但是中国古代印刷所用的烟墨为水性墨，在金属铜活字面上附着性差，极难操作，最后铜活字又铸成了铜钱，所以雕版印刷一直是晚清之前中国图书印刷的主流技术。反观欧洲国家采用的铅活字印刷术，采用了附着力较好的油墨技术，且欧洲以字母为组合的语言体系主要由若干个字母组成，更容易采用活字印刷术大量低成本地印刷。

② 赵晓兰. 从古代萌芽到近代初熟——我国版权保护制度的历史演变 [J]. 中国出版，2012 (11)：55 – 58.

③ 费正清. 剑桥中国晚清史 1800 – 1911 年（上）[M]. 北京：中国社会科学出版社，1985：649.

④ 周林，李明山. 中国版权史研究文献 [M]. 北京：中国方正出版社，1999：17 + 50.

有优势地位，而中国要富强就要学习西方，需要大量翻译外国著作，若进行版权立法保护，则会是翻译引进的成本大增，可能影响开启民智和民族复兴①。当时的国际环境已不同以往，闭关锁国的执政策略已经被坚船利炮所攻破，一系列不平等条约的签订，清政府在贸易、谈判以及武力压制的共同作用下，已经由朝贡体制变成了条约体制，清政府已经无法脱离当时西方所主导的政治和经济交流体系。此时，欧美国家已经基本完成了版权保护立法的工作，自 1710 年英国《安妮女王法令》颁布后，丹麦（1741 年）、西班牙（1762 年）、美国（1790 年）、法国（1793 年）、俄国（1830 年）和德国（1837 年）等先后完成了版权立法，版权国际保护的《伯尔尼公约》② 也已经于 1886 年签订，中国的版权立法有了可行的参照体系。由于清政府在谈判中的弱势地位以及收回领事裁判权的压力，加之在华外国人（以林乐知为代表）和国内著译界文人（以严复为代表的著译界人士）所开展的版权保护意识的普及，以及持续不断地对版权立法保护进行呼吁，版权的立法工作被提上议程。

20 世纪初，开埠通商的欧洲贸易商对知识产权保护的需求、西方传教士带来的技术革新、在华外国人呼吁的版权保护思想，与当时晚清文人和出版业者保护著作权及其经济利益的现实诉求交织在一起，在文告保护逐步退出历史舞台的过程中，中国的版权立法终于踏出了实质性的一步。

在 1910 年，《大清著作权律》终于面世，比英国的《安妮女王法令》晚了两百年，这是中国历史上的第一部版权法，虽然《大清著作权律》很快退出了历史舞台，但它却是将版权保护纳入法制轨道的首次尝试③。自此开始，结束了依靠官府文告保护版权的历史，中国古代版权保护的思想萌芽开始结出第一颗果实，并走上了版权保护法制化的道路。

---

① 马晓莉. 近代中国著作权立法的困境与抉择［M］. 武汉：华中科技大学出版社，2011：17 – 54.
② 《伯尔尼公约》的全称为《保护文学和艺术作品伯尔尼公约》（*Berne Convention for the Protection of Literary and Artistic Works*），是关于著作权保护的国际条约，1886 年 9 月 9 日制定于瑞士伯尔尼，并依据该公约组建了伯尔尼联盟。1886 年通过的《伯尔尼公约》涉及对作品及其作者权利的保护。此后，经陆续修订，诞生了巴黎附加文本（1896 年）、柏林文本（1908 年）、伯尔尼附加议定书（1914 年）、罗马文本（1928 年）、布鲁塞尔文本（1948 年）、斯德哥尔摩文本（1967 年）、巴黎文本（1971 年），并于 1979 年修正。该公约为 WIPO 管理的条约，截至 2019 年 2 月 21 日，该公约缔约方总数达到 174 个国家，中国于 1992 年 10 月 15 日成为该公约的成员国。
③ 赵晓兰. 从古代萌芽到近代初熟——我国版权保护制度的历史演变［J］. 中国出版，2012（11）：55 – 58.

第二节　各国（地区）版权产业的发展历程

在中国通过《大清著作权律》确立起现代版权保护体系之时，西方国家也都完成了本国的版权立法工作。考查各国（地区）版权产业在近现代发展的历史轨迹，可以为我们更好地梳理版权保护及各国（地区）其他相关政策措施对版权产业发展的深远影响，也有助于我们从历史的视角，深刻认识当下中国与发达国家在版权产业发展水平上产生差异的原因。

一、发达国家版权产业的发展历程

探析全球各发达国家版权产业的源头，大多都会追溯到英国通过《安妮女王法令》确立起的版权保护制度对于版权产业发展的重要作用。近代英国版权制度形成早、影响大。它起源于都铎王朝统治时期，经资产阶级革命的洗礼，于18世纪初期最终形成。欧美各国及世界其他国家（地区）都纷纷仿效，分别在18世纪至19世纪先后制定了版权法。各国（地区）《版权法》的通过，标志着现代意义上的版权产业开始正式进入快速发展的新阶段。正是由于从法律角度对版权产业商业利益保护的实现，大大激发了版权产业创作者的创造活力和创造动力，也推动了世界各国（地区）版权产业在近现代不断发展壮大。

本书选取版权产业发展颇有代表性的英国、美国、澳大利亚以及加拿大为中国版权产业发展对比的考察对象，之所以做如此选择，主要在于版权产业的国际比较无法对所有国家和地区做一一对照式的比较研究，必须选择部分有代表性的国家作为典型案例研究，作为研究中国的版权产业发展问题的参照系。英国、美国、澳大利亚以及加拿大这些国家都是全球版权产业发展版图中的传统强国，版权产业增加值在其总体经济增长中所占比重较高，根据WIPO的统计数据，自2017年以来美国全部版权产业的增加值占美国GDP的比重达11.59%，版权产业在美国经济中的支柱作用明显，而英国、澳大利亚以及加拿大也都是当今的版权大国，近年来其产业增加值总额占本国GDP的比重均超过5%，而且这几个发达国家都按照WIPO的统计口径公布了其版权产业的相关数据，有利于开展国际比较研究。基于纵向历史视角的分析，本书从其各自发展历程中，总结发达国家版权产业发展经验及其对中国的启示和借鉴。

（一）英国

近代版权制度是随着近代图书印刷出版业的兴起而形成的。在英国，近代图书的印刷出版业兴起晚于欧洲大陆，但是近代英国版权制度的形成却早于欧洲大陆上的各个国家①。

英国 1710 年第一部版权法的颁布标志着近代英国版权制度开始形成，该版权法此后虽经过多次修订，但该法令的基本精神却一直延续到现代，并不同程度地影响了其他欧美国家的版权立法。《安妮女王法令》颁布之初，其主要推动力来自书商公司，所以其保护范围也仅为当时书商公司最为关切的图书。此后，英国通过各有关法案或版权法修正案不断扩大了该法令的保护范围，受保护范围包括了雕塑、图画、录音、摄影和电影作品等，体现了在技术变革背景下，版权产业发展与版权法律保护之间的良性互动。此后，喜剧表演和音乐作品表演权分别于 1833 年和 1842 年被纳入受保护范围，英国的版权产业走上了健康发展的道路②。

英国在相当长的时间内并未将版权相关的各类产业作为发展的重点，主要原因在于作为工业革命的发源地，英国的制造业在当时的世界市场处于压倒性的优势地位，是当时的"世界工厂"。英国的纺织、煤炭等产业都曾垄断全球市场，到 19 世纪工业革命结束之时，英国已成为当时世界上第一产煤大国。"二战"后，欧洲国家由于受战争的破坏，普遍出现经济倒退。"滞胀"和高失业相伴而来，经济严重下滑引起英国国内的政局动荡，以制造业为主导的经济增长方式已经难以维系，转变经济发展模式已经箭在弦上。英国必须调整其经济结构，跟随各发达国家从工业型社会向服务型社会转变的风潮，找准自己发展经济的恰当模式，创造更多的就业岗位。

英国的罗斯福在应对 20 世纪 30 年代经济大危机时，引入了社会主义国家对经济进行调控和干预的做法，取得了不错的成效，并为此后历届英国政府在应对经济问题时所效仿。1997 年布莱尔接任英国首相，推出了"新英国"计划，以健全的版权保护制度为基础，启动了英国文化复兴之旅。1998 年英国政府对外

---

① 张乃和. 论近代英国版权制度的形成 [J]. 世界历史, 2004（4）：23－29＋144.
② 李静. 国内政治与国家对外缔约行为 [D]. 广州：暨南大学, 2007.

发布《创意产业规划文件》，首次提出了"创意产业"（Creative Industries）① 的概念，特别强调知识经济时代发展创意产业对于国家的重要性。尊重知识和注重创新等政策取得了极好的效果，英国实现了从一个工业化国家向创意经济大国的转变，通过挖掘文化和注重创新，英国版权产业持续稳步发展。

为强调创意在经济增长中的重要作用，布莱尔任期的英国政府把发展创意产业（版权产业在英国的称呼）当作国家战略进行规划，在政府中设置了专门的部门——文化新闻体育部（DCMS），为创意产业的相关企业提供创业基金支持和财税支持，鼓励创意产业集聚于伦敦等中心城市，形成产业集聚效应，以多种手段和措施鼓励创意人才成长等，通过这一系列扶持措施促进英国创意产业的增长。

根据英国政府的 DCMS 统计数据，近年来，以创意产业为代表的英国版权产业的增加值（GVA）占英国国内生产总值的比重不断攀升，成为仅次于美国的世界第二大创意产品生产国，英国重回世界版权市场的中心，发展创意产业成为英国拉动经济增长和提高就业率的重要战略。

通过对各类创新给予充分支持的一系列政策引导，以创意产业为主体的英国版权产业取得了显著发展。自布莱尔接任首相鼓励发展创意产业以来，得益于历届英国政府一系列政策措施的实施，英国版权产业迅猛发展，大多数年份都维持5%左右的增长速度。根据 DCMS 公布的最新英国《创意产业经济评估》报告，2019 年其版权产业的产业增加值（GVA）为英国经济增长贡献了 5.9%，2018 ~ 2019 年版权产业的产业增加值（GVA）实质增长 5.6%，2010 ~ 2019 年英国版权产业的产业增加值（GVA）实际增长 43.6%，英国政府所采取的一揽子政策举措成效明显②。近年来英国版权产业持续维持增长势头，一度超过金融业成为英国最大的产业，为英国提供了大量的就业岗位。

从英国的发展历程可以看出，版权产业长期、稳定与快速的发展，对促进国

---

① 因为统计术语的不同，英国没有专门的版权产业称谓，而是将对应产业称为创意产业，我们在之前的概念界定部分已经对此做出解释。在此，我们将英国的创意产业视作英国的版权产业来分析。2014 年英国最新的《创意产业经济报告》（Creative Industries Economic Estimates）保留了英国以为对创意产业的定义，但对产业及岗位分类进行了新的划分，因而目前英国创意产业包括广告及市场营销、建筑、艺术、设计、影视（及广播、摄影）、IT 软件及服务、出版、博物馆（及美术馆、图书馆）、音乐表演及视觉艺术等。通过考察和对比可知，英国所提出的"创意产业"（Creative Industries）与世界知识产权组织（WIPO）所提出的版权产业的关注点和概念范畴是相同的，英国所指的"创意产业"几乎全部列入世界知识产权组织（WIPO）所指的版权产业，因此可以通过考察创意产业来研究英国的版权产业的发展状况。

② DCMS, DCMS Economic Estimates 2019：Gross Value Added ［EB/OL］. ［2021 - 07 - 01］. https：// www. gov. uk/government/statistics/dcms-economic-estimates - 2019 - gross-value-added.

家经济发展、推动国家经济转型、解决国民就业、塑造国家形象以及推广英国文化等都发挥出非常重要的作用。

（二）美国

在美国建国之初，由于长期的殖民地统治，英国的文化被美国人视为其文化源头。美国在版权立法之初就考虑到一个现实问题：美国建国之初，本身版权产业发展基础就比较薄弱，受保护的作品主要是外国作者（以英国为主）所创作，如果对外国作者或出版商的版权保护力度加大，会造成广大民众购买图书成本的提升，不利于美国民众文化普及和学习的需要，并不能增加美国民众的福利。

在此背景下，美国建国后通过的首部《版权法》将国外作者和出版商的权益排除在保护范围之外，只用来保护本国作者和出版商的利益。这部特定背景下制定的版权法公布后，盗版国外作品的热潮出现也就不奇怪了，在此时期，美国国内的盗版现象非常泛滥。对美国而言，该举措的积极作用也是很明显的，短期之内，美国国内出版物的数量有了显著增长，版权市场开始逐步繁荣起来，但是这些都是以牺牲国外作者和出版商的权益为代价的。采取对国外作品"弱保护"甚至"不保护"的做法给美国带来一个显而易见的好处，美国用极短的时间就大量翻印了国外作者的各类图书，吸收其他国家创作的文化资源为其所用。由于美国市场上盗版国外图书的行为猖獗，美国的版权市场基本上被低价的外国盗版图书占领，美国本土作者的创作积极性也不高，美国在这段时间之内并没有从国际版权市场获得太大收益。不过美国却从"盗版"国外作品政策的执行中获得的利益远大于在国际版权市场上损失的版税，在此后将近 100 年时间内，美国的版权法基本上沿用了对外国版权不保护的传统①。不过该措施对美国版权产业发展的效果极佳，帮助美国在消化和吸收他国创作的文化资源后"二次产出"，配合美国开放和创新的各类政策措施，让美国逐渐成为世界版权市场上的经济大国，这与美国在第一部版权法中所采取的版权"弱保护"策略不无关系②。

美国"灵活务实"的版权保护策略不但体现在其国内版权立法上，还体现在其参与版权国际保护协调活动的积极性上。1886 年《伯尔尼公约》的诞生，标志着国际版权保护体系的初步形成。美国也受邀派员参加签署《伯尔尼公约》的大会，但考虑到美国的版权产业发展水平明显低于欧洲各国，且公约条款又与

---

① 王世威. 美国版权法立法策略的历史变迁对我国的启示 [J]. 法制与社会，2011（13）：11–12.
② [美] 约翰·冈茨，杰克·罗切斯特. 数字时代，盗版无罪 [M]. 周晓琪，译. 法律出版社，2008：26–27.

美国版权法冲突颇多，签署该公约反而是对美国的束缚，美国当时并未签署《伯尔尼公约》①。

到了19世纪末，美国版权业已经有了一定的发展基础，美国认识到对国外版权完全不保护的立法策略已经不合时宜，不但伤害了国外作者和出版商的积极性，也不利于本国版权经济的发展。因此，美国采取的是逐步推进的版权保护策略，也就是要求外国人的作品在美国国内要想得到保护，必须在美国印刷才有资格。这个所谓的"印制条款"是美国在国内保护和国际保护之间的一种折中做法，实质上还是对美国印刷业的特殊保护措施。

技术变革的出现往往会导致国际版权产业格局的调整，20世纪初，电影广播等新技术使版权产业格局出现了新变化，美国从版权进口国逐渐转变为出口国。但相比其他传统版权强国，美国在国际版权体系当中仍处于中等偏弱的位置，所以此阶段美国继续保持较低的版权保护水平。到20世纪40年代，版权保护对美国版权产品出口的重要性进一步提升，美国此时也产生了建立版权制度国际协调的需求。于是产生了1952年的《世界版权公约》，但其保护力度是与美国的国内版权保护水平相匹配的，且明显低于《伯尔尼公约》。

此后，到20世纪末，美国的版权产业发展迅猛，取得了巨大的成就，成为美国经济发展的主要动力和对外贸易的拳头产品。美国为了维护其版权产业的海外利益，开始注重加强版权国内和国际保护。鉴于美国已经是全球最大的版权输出国和版权保护的最大受益者，美国各方均认为需要将保护美国版权在海外的经济利益放在首位进行考虑，于是美国国会于1988年通过《综合贸易竞争法》，制定了所谓的"特别301条款"。基于"特别301条款"美国将知识产权保护问题引入国际关系协调领域。美国通过政治、外交和经贸等综合手段使其他国家将保护美国的知识产权作为其与美国维系关系的重要指标。在某些情况下，甚至逼迫其他国家（地区）调整自身的知识产权立法，以使其符合美国知识产权保护的利益。

此后，美国响应本国版权产业发展的利益诉求，积极参与国内外知识产权保护体系的构建。美国于1988年修改了版权法，对严格版权标记和登记制度做了司法调整，不再强制规定必须进行版权登记才能获得保护，并且延长了版权保护年限。1989年加入了《伯尔尼公约》，美国还积极参与国际贸易领域知识产权保

---

① 实际上，美国真正加入伯尔尼联盟的时间是伯尔尼大会后的100年，其直到1989年3月1日才在《伯尔尼公约》上签字，加入伯尔尼联盟，成为该联盟的第80个成员国。这与美国当下热衷于全球版权保护的态度大相径庭，个中原因颇值得玩味。

护谈判，最终于 1994 年达成了《TRIPs 协议》。

20 世纪末，美国的互联网技术和互联网经济全球领先，为解决互联网环境下全球数字版权保护问题，在美国等发达国家的积极推动下，各国（地区）缔结了 WIPO 框架下的《版权条约》与《表演和录音制品条约》，这两个条约都涉及数字版权保护问题。随后，美国又于 1997 年通过了《数字版权责任限制法案》和《数字版权和科技教育法案》等，1998 年颁布了《数字千年版权法》，2005 年颁布了《家庭娱乐和版权法》，这一系列立法措施均是为了呼应互联网信息时代版权产业内容保护的现实诉求。

近年来，美国对于版权产业发展格外重视，将其作为经济增长的重要动能和经济结构优化的目标，版权产业现已成为美国最有活力和最具增长潜力的产业部门。根据 2020 年 IIPA 发布的《美国经济中的版权产业：2020 年度报告》①，2019 年美国全部版权产业的增加值占美国 GDP 的 11.99%，是美国经济不可或缺的支柱产业，美国好莱坞的电影产业以及互联网信息技术产业都在全球版权市场占有绝对的优势，版权产品成为美国最大的出口产品。美国版权产业在近年来呈现出巨大的发展潜力，其产业增加值实际年度增长率远高于同期美国国内生产总值增长的总体水平。2016～2019 年美国版权产业增加值的实际年度增长率为 4.85%，其中核心版权产业增加值的实际年度增长率为 5.87%，两者的实际年度增长率均远超美国同期 2.48% 的国内生产总值实际增长水平。

从美国版权产业发展的历程可以看出，美国的版权保护与版权产业的发展是相辅相成的，美国历次版权保护措施的调整都是本着灵活务实的原则，具有鲜明的时代性，其目的都是为了确保美国版权产业能在当时的发展环境中获得持续繁荣发展的国内外环境。从美国发展的业绩来看，美国的版权产业也确实在这一系列纵横捭阖的措施中得到蓬勃发展的契机。

（三）澳大利亚

澳大利亚版权产业发展可以分为两个大的阶段：第一个阶段，澳大利亚主要执行的是英国的版权法，并以此来保护版权产业的发展；第二个阶段，1901 年 1

---

① 美国为了客观考查本国版权产业的发展规模及经济贡献，早在 1959 年就对美国版权产业进行调研并发布报告。美国国际知识产权联盟（IIPA）大致每隔一年或两年就发布一份版权产业报告，从 2004 年的第十份报告开始，美国开始采用世界知识产权组织关于版权产业的分类标准，即按照 WIPO 统一的分类方法对版权产业经济贡献进行统计。

月 1 日澳大利亚联邦宣告成立的 4 年后，在英国《版权法》的影响下并以其为基础，于 1905 年制定和颁布了第一部《版权法》。澳大利亚于 20 世纪初开始实行自己的现代版权制度，至今已有 100 多年的时间，作为英联邦的成员，澳大利亚的版权立法主要受到英国的影响。近年来，澳大利亚经常根据其国内版权产业发展的实际需要，每隔一段时间就对《版权法》做一次修订，这也成为澳大利亚版权立法的一个鲜明的特色。

进入互联网信息经济时代，技术的变革对版权保护提出新的要求，为保护数字作品在互联网条件下的合法权益，澳大利亚政府于 1997 年公布了《版权改革和数字事宜法案》，2000 年又颁布了《版权法修正案（数字议程）》以适应网络信息时代数字经济的管理需求，2006 年颁布《知识产权法修正案》以完善澳大利亚知识产权运作机制，2014 年颁布《版权法修正案（在线侵权）》，2015 年《版权修正案（网络侵权）》，2017 年澳大利亚议会通过了《版权法修正案（障碍者获得和其他措施）》以调整未发表作品的版权保护期和落实《马拉喀什条约》的执行。由此可知，澳大利亚对于本国版权法的调整是相当频繁的，时刻关注本国版权产业发展的现实需求并做及时调整是澳大利亚版权产业发展的特色，当然，其目的还是在于给本国的版权产业以充足及时的法律保护。澳大利亚的版权法律保护体系，也被公认为是比较完整，而且反映国际领先法律保护水平的版权制度。

澳大利亚为了支持本国版权产业的发展，除了建立完善的法律保护之外，还曾公布过《澳大利亚多元文化国家议程》的文化发展战略，并提出以"创意国度"为目标发展澳大利亚的版权产业。澳大利亚各级政府也出台了一系列推动版权产业创新发展的政策和措施，积极建立适宜版权产业发展的"创意集群"，带动版权产业的发展，如 2013 年澳大利亚就曾发布名为《求同存异》的报告，积极为澳大利亚影视业寻求与亚洲合作的机会。

政府的大力支持、相对完备的版权法律保护体系以及广泛的社会参与度，多方努力共同推动了澳大利亚版权产业的持续稳步发展[①]。澳大利亚版权产业的发展水平已经处于全球前列，根据 WIPO 最新公布的《澳大利亚版权产业经济贡献的调查报告：2002 - 2016》（*The Economic Contribution of Australia's Copyright Industries*：2002—2016）显示，2016 年澳大利亚在版权产业的产业规模为 1228 亿澳元，占澳大利亚 GDP 的比重为 7.4%；版权产业就业人数超过 100 万人，相

---

① 秦宗财. 澳大利亚国民版权意识形成及启示 [J]. 中国出版，2016（18）：71 - 74.

当于澳大利亚总就业人数的 8.6%，版权产业出口额占澳大利亚出口总额的 2.7%①。这些数据充分说明版权产业对于澳大利亚的经济增长、增加就业岗位和扩大出口都非常重要，是澳大利亚经济增长的重要动力。

二、中国版权产业的发展历程

新中国成立后，虽然政府有关部门也曾为建立版权制度做过多次努力，但在政府公布实施的法规很少涉及版权问题，主要是文化部出台一些对作品支付报酬的规定，而且在"文革"期间屡遭中断②。新中国成立后至改革开放前的很长一段时间，中国的版权产业基本上处于蛰伏状态。

此后，随着"文革"结束和改革开放的提出，中国国民经济取得恢复性发展，思想领域的变革与经济体制改革相伴而行，社会公众开始转变生活观念，版权产业领域内的文化消费日渐复苏，中国版权产业（最初的业态是以音像业为主）开始在上海和广州等大城市初露端倪。1992 年，党中央、国务院发布的《关于加快发展第三产业的决定》中又把版权产业等一些相关产业类别归入第三产业，从国家层面承认了版权产业的商业属性③。

在目睹和经历了"文革"对国民经济和社会发展的破坏之后，以邓小平为核心的中国第二代领导人意识到，要想恢复国民经济增长和改善人民生活，科学和其他智力成果在经济发展和社会进步中的重要性不容忽视。在改革开放思想的指引下，中国一改"文革"期间"封闭"发展的思路，开始吸引外资并学习国外的先进技术和管理方法。同时，中国开始和美国进行经济技术领域的接触和合作，1979 年中美两国准备签订《中美高能物理协定》和《中美贸易关系协定》，在协定的前期谈判过程中，美国坚持将"知识产权保护条款"写进协议。谈判的最终结果是，"版权保护"条款被写进《中美高能物理协定》，随后在 1979 年邓小平访美期间中美双方签订了该协议。此后，从 1980 年开始，中国出台了一系列与版权法类似的法规，内容涵盖书籍稿酬、录音录像制品、美术出版物稿酬

---

① Pricewaterhouse Coopers. The Economic Contribution of Australia's Copyright Industries：2002 – 2016 [EB/OL]．[2019 – 02 – 21]. http：//www. pwc. com. au/.

② 宋木文. 当代中国版权制度建设的历程：《中国当代版权史·序》[J]. 韶关学院学报（社会科学版），2006（7）：1 – 3.

③ 范周，杨矞. 改革开放四十年中国文化产业发展历程与成就 [J]. 山东大学学报（哲学社会科学版），2018（4）：30 – 43.

和图书、期刊版权保护等①。

新中国成立后的第一部版权法起草于 1979 年改革开放之初，经过长达 11 年的反复调整和修改，《中华人民共和国著作权法》直到 1990 年才正式通过，于 1991 年 6 月 1 日起实施。从发展历程来看，我国版权保护立法的主要推动力来自外部，中美建交和双边经贸联系在该过程中发挥了独特而重要的作用。随着改革开放的不断深化，在中国积极融入全球化的进程中，为了配合加入世贸组织以及更好地解决世贸组织争端问题，于 2001 年对《中华人民共和国著作权法》进行第一次修正。此后，于 2010 年对《中华人民共和国著作权法》进行第二次修正，主要是为了履行世界贸易组织贸易争端裁决，对个别条款进行了修改。最新一次修改是 2020 年对《中华人民共和国著作权法》进行的第三次修正，本次修改积极适应了新兴技术发展带来的社会变化，拓宽了受保护作品的类型，回应了新时代的社会诉求，对我国的著作权法律制度作了重大完善。

值得注意的是，组成我国版权法律制度体系的不仅有《中华人民共和国著作权法》，还包括国务院颁布的《计算机软件保护条例》等行政法规、国家版权局颁布的《互联网著作权行政保护办法》等部门规章、最高人民法院颁布的若干司法解释，甚至包括我国加入《保护文学艺术作品伯尔尼公约》《世界版权公约》《日内瓦公约》、TRIPs 协议等一系列国际公约。总体上来说，我国版权法律制度体系发展至今已初具规模②。吴汉东（2018）指出，中国仅用了 30 余年的时间走完了西方国家知识产权法律发展上百年的历程，已经建立起对内符合中国国情、对外能够对接《伯尔尼公约》等国际版权保护规则的版权保护法律体系，在版权保护方面的法治建设成就举世瞩目③。从以《中华人民共和国著作权法》为核心的相关版权保护法规实施的效果来看，它们对中国版权产业发展的保护和促进作用是有目共睹的，中国各相关行业创意和创新不断，各类文学、艺术和科学作品不断涌现，文化和科学事业空前繁荣，我国版权产业发展取得的成就令人瞩目。

在版权法治建设不断健全的同时，为维护公平市场秩序，各级版权主管部门也不断加大对版权产业的执法监管力度。根据国家版权局的执法统计，2005 ～ 2016 年，共办理行政处罚案件 9.35 万件，各级版权执法机关收缴各类侵权盗版

---

① 张玉敏，李雨峰. 中国版权史纲 [J]. 科技与法律，2004（1）：42 – 47.
② 李晶晶. 我国版权法律制度的历史演进和未来发展 [J]. 中国编辑，2014（1）：70 – 74.
③ 吴汉东. 中国知识产权法律变迁的基本面向 [J]. 中国社会科学，2018（8）：108 – 125 + 206 – 207.

制品 5.08 亿件①。"剑网行动"在联合打击网络侵权盗版方面成绩斐然，共查处网络案件 5560 件，依法关闭 3082 个侵权盗版网站，网络侵权盗版行为被有效遏制。自"剑网 2021"专项行动开展以来，各级版权执法部门聚焦权利人和人民群众反映强烈的网络侵权盗版问题，不断加大网络版权执法监管力度，强化网络平台治理，严厉打击短视频、网络直播、体育赛事、在线教育等领域的侵权盗版行为，持续巩固新闻作品、网络音乐、网络文学、电商平台等领域专项治理成果，为庆祝中国共产党成立 100 周年营造良好的网络环境。截至 2021 年 9 月，各级版权执法监管部门查办网络侵权案件 445 件，关闭侵权盗版网站（APP）245 个，处置删除侵权盗版链接 61.83 万条，推动网络视频、网络直播、电子商务等相关网络服务商清理各类侵权链接 846.75 万条，主要短视频平台清理涉东京奥运会赛事节目短视频侵权链接 8.04 万条。② 近年来，在各级版权执法机关的共同努力下，我国版权产业发展的秩序和环境持续改善，广受社会各界好评。同时，版权法治水平的提升也增强了版权服务社会的能力，有利于我国版权产业的长期健康发展。

与版权保护法治建设同步，我国版权产业的发展经历了一个"从小到大、从弱到强"的发展历程。改革开放之初，各行业的版权工作者满怀激情，重返工作岗位，迎来了我国文化和科技事业的春天。得益于不断改善的版权保护水平和营商环境，改革开放 40 多年以来，中国版权产业有了翻天覆地的变化，其不但丰富了广大人民的精神生活，还创造了可观的经济利益。以图书、期刊和报纸出版情况为例，根据历年《中国统计年鉴》公布的数据，1978 年，我国图书出版种数为 14987 种，总印数 37.7 亿册、亿张，期刊总印数 7.6 亿册，报纸总印数 127.8 亿份；到 2000 年，我国图书、期刊和报纸出版都有了大幅度增长，图书出版种数为 143376 种，总印数 62.7 亿册、亿张，期刊总印数 29.4 亿册，报纸总印数 329.3 亿份；2019 年三类出版物均有了进一步的增长，图书出版种数为 505979 种，总印数 106 亿册、亿张，期刊总印数 21.9 亿册，报纸总印数 317.6 亿份。1978~2019 年，图书的品种数翻了 32 倍多，总印数增加了 68.3 亿册、亿张；期刊种类数增加了 9241 种，翻了近 10 倍，报纸种类增加了 1665 种，翻了近 9 倍（见表 2-1）。这从侧面反映了中国版权产业自改革开放以来取得的辉煌成就，近年来，随着"互联网+"及"数字中国"的实施，中国的数字出版取得了突飞猛进的进步，网络文学、电子出版和移动阅读成为版权产业新的增长

---

① 佚名. 聚焦版权产业与新兴融资商业模式［N］. 中国新闻出版广电报，2018-10-25（T02）.
② 国家版权局. "剑网 2021"专项行动取得阶段性成效［EB/OL］.［2021-09-30］. http：//www. ncac. gov. cn/chinacopyright/contents/12670/355098. shtml.

点，2007 年全国电子出版物出版数量 13584.04 万张，到 2019 年全国电子出版物出版数量增长到 29261.9 万张，2019 年相比 2007 年增加了 15677.86 万张，电子出版物出版数量翻了 1 倍多。电子出版物对纸质出版物产生了明显的替代作用，技术的变革带来版权产业各种新业态的出现和发展，媒体融合成为新趋势，这也是报纸总印数自 2013 年达到 482.4 亿份峰值以来逐步减少的原因。

表 2 – 1　1978～2019 年图书、期刊和报纸出版情况

年份	图书			期刊		报纸	
	种数（种）	新出版	总印数（亿册、亿张）	种数（种）	总印数（亿册）	种数（种）	总印数（亿份）
1978	14987	11888	37.7	930	7.6	186	127.8
1980	21621	17660	45.9	2191	11.2	188	140.4
1985	45603	33743	66.7	4705	25.6	1445	246.8
1990	80224	55245	56.4	5751	17.9	1444	211.2
1995	101381	59159	63.2	7583	23.4	2089	263.3
2000	143376	84235	62.7	8725	29.4	2007	329.3
2005	222473	128578	64.7	9468	27.6	1931	412.6
2006	233971	160757	64.1	9468	28.5	1938	424.5
2007	248283	136226	62.9	9468	30.4	1938	438.0
2008	274123	148978	70.6	9549	31.0	1943	442.9
2009	301719	168296	70.4	9851	31.5	1937	439.1
2010	328387	189295	71.7	9884	32.2	1939	452.1
2011	369523	207506	77.0	9849	32.9	1928	467.4
2012	414005	241986	79.2	9867	33.5	1918	482.3
2013	444427	255981	83.1	9877	32.7	1915	482.4
2014	448431	255890	81.8	9966	30.9	1912	463.9
2015	475768	260426	86.6	10014	28.8	1906	430.1
2016	499884	262415	90.4	10084	27.0	1894	390.1
2017	512487	255106	92.4	10130	24.9	1884	362.5
2018	519250	247108	100.1	10139	22.9	1871	337.3
2019	505979	224762	106.0	10171	21.9	1851	317.6

资料来源：《中国统计年鉴 2020》。

近年来，我国版权产业对国民经济的贡献不断增加，版权产业增加值占 GDP 的比重也在持续增长。根据国家版权局公布的中国版权产业的经济贡献报告，2006 年我国版权产业增加值为 13489.33 亿元，2017 年版权产业增加值增长到 60810.92 亿元；版权产业增加值占 GDP 的比重从 2006 年的 6.39% 增长到 2017 年的 7.33%，对国民经济的贡献提升了 0.94 个百分点。中国新闻出版研究院 2020 年 12 月发布的最新中国版权产业经济贡献的统计数据显示，我国版权产业 2019 年的产业增加值为 7.32 万亿元，同比增长 10.34%，版权产业增加值已占到 GDP 的 7.39%[①]，中国版权产业在国民经济中的比重继续稳步提升。版权产业已经成为中国经济增长的新引擎，整体出现良性快速发展的态势。

当前互联网信息技术与版权产业深度融合，"互联网＋"版权产业衍生出了一系列版权产业新业态，随着数字中国建设全面推进，我国的网络版权产业蓬勃发展，正在成为国民经济发展中新的亮点，其产业规模还在持续增长中。根据国家版权局《中国网络版权产业发展报告（2020）》公布的数据，2020 年，中国网络版权产业市场规模达 11847.3 亿元，首次突破 1 万亿元大关，同比增长 23.6%。相比 2016 年的 5003.9 亿元，"十三五"期间我国网络版权产业市场规模增长超过 1 倍，年复合增长率近 25%。网络版权产业在国民经济中的地位不断提升，互联网时代中国版权产业的增长空间不可限量。

第三节　版权产业发展历程的评述

一、技术革新及版权立法推动了版权产业的发展

在印刷术出现之前的手抄本年代，对于版权立法的需求不高，同时作品匮乏，手抄本的内容多是前人所著，也不太可能提出自己的版权需要得以保护的要求。活字印刷术的出现大大改变了版权产业的格局，由于图书印刷技术的革新，盗版变得更为容易，而且盗版的成本也被大大地降低，盗版现象猖獗起来。此

---

① 中国版权产业增加值突破 7 万亿元 [EB/OL]. [2020-12-30]. http：//www.xinhuanet.com/fortune/2020-12/30/c_1126928484.htm.

时，无论是作者还是出版商都产生需要政府保护其版权的需求，这也是推动各国（地区）版权立法的最重要动力。进入互联网时代，版权产业的发展壮大需要有适宜其成长的"产业生态圈"或"产业生态系统"，这就需要协同推进各创新要素对版权产业的支持，凝聚合力，共同促进版权产业创新发展。当前，中国要想跻身全球版权产业的前列，应根据互联网时代的技术特点，从互联网基础设施的优化入手，继续将"提速降费"落到实处，尽快推进5G通信的商业应用；调整政府在互联网时代的管理和服务能力，建设"学习型"政府，通过各类互联网平台多方听取公众意见，适应互联网时代信息技术变革对政府管理手段、管理方式和提供公共服务的新要求；坚持以开放的姿态融入全球版权产业体系，互联网的特点是适时面对全球用户的需求，中国近代之前的发展历史告诉我们，封闭就意味着与全世界文明进步的脱节，应拥有全球化视野，拥抱技术革新，给中国版权产业提供国内和国外两个宽阔的成长空间。

版权法律保护的立法和传播技术的变革是紧密相连的。时至今日，计算机、移动通信和互联网信息技术的普及变成了印刷术出现后的再一次信息传输介质的革新，传统版权产业正直面冲击，困扰于可能逐步被替代的问题，而依赖技术革新建立起来的网络版权产业则方兴未艾。当下版权保护制度建设也应该与时俱进，要匹配信息经济时代的技术发展。从各国（地区）对网络版权产业的立法保护情况来看，出现了参差不齐的局面，不过可以从美国自21世纪以来的发展经验来看，没有网络版权领域的恰当保护，就不会出现谷歌、脸书、推特和苹果等版权产业巨头的发展。中国近几年网络版权产业的发展也是极好的证明，虽然中国的版权保护制度主要是加入WTO的外力推动，但是《著作权法》实施后所带来的制度红利却正在影响着每一个人，阿里巴巴、腾讯、百度以及京东等版权企业的发展壮大就是依赖20世纪90年代所建立起来的版权保护制度。

二、版权保护水平应与本国（地区）经济社会发展水平相匹配

纵观全球版权产业的缘起及发展历程可知，版权产业的诞生基于对知识财产权保护的需要，是商品经济发展到一定阶段的产物，一国所采取版权产业的发展政策和措施都是从自身的产业发展条件和产业发展环境的构建出发的，这体现在版权保护的制度设计方面尤为突出。

版权保护具有历史性和时代性的特点，即便是最早诞生现代版权保护制度的英国，在1710年前的很长一段时间是不存在现代版权保护制度的，对作者版权

的保护也是缺位的。直到英国的版权经济发展到一定程度，书商公司和作者均产生了作品版权需要政府保护的强烈需求，从而才推动了《安妮女王法令》的颁布，制度性的版权法律保护体系得以建立起来。这说明版权保护制度的出现是有明显历史性的，而且版权保护制度的出现应该与其所处的历史背景、本国经济社会的发展水平以及所处的国际环境相互关联的。中国古代历代王朝早就具备造纸术和活字印刷术，却为何没产生现代意义上的版权法？本书在讨论这一问题时，在回答"郑和—李约瑟之谜"的尝试性解读中，也可以管窥版权保护的历史性。

美国的版权产业发展历程表现出明显的"实用主义"和"务实"精神。美国的第一部《版权法》的保护对象就只限于美国公民，对于外国作者或出版商的版权利益则不予保护，其原因在于当初美国版权产业的发展水平较低，此时过高的版权保护水平反而不利于本国（地区）公民消化和吸收国外文化和科技资源。中国在清朝末年"睁眼看世界"向西方学习的事情，也同样存在这类问题，所以产生了有关版权保护的《著作权律》到底"立"或"不立"的两派之争，不过此后基于国内经济形势发展以及国际环境变化的考虑，最终致使《大清著作权律》的出现。美国在对《版权法》的历次修改都是坚持"实用主义"精神并采取本土保护优先的原则，根据国内产业发展实际，以渐进式的动态推进为主，并没有过于激进地提升其版权保护水平。20 世纪 40 年代之前，美国长期维持较低标准的版权保护水平，执行弱版权保护政策，只对少数几个签有协议国家的外国居民的作品提供版权保护。美国也长期没有签署《伯尔尼公约》，最主要的原因在于该公约规定的知识产权保护水平超出了美国的现实需求，也与美国的版权法不一致。但是当美国的经济社会发展到一定程度，成为世界上最大版权的输出国和版权保护受益国时，就顺势加入了《伯尔尼公约》，提高了版权保护水平。美国在版权立法中采取"灵活务实"的策略，根据本国版权业的发展水平动态调整其版权保护水平，这一现象在"二战"后日本经济恢复和发展过程中也同样出现过，值得我们当下借鉴和思考。

Chapter Three

第三章 版权产业发展水平的国际比较

在完成版权产业发展的纵向历史比较后，本章试图从横向国际比较的角度入手，将关注点从历史进程转移到现实发展水平的横向比较。首先，本章基于 WIPO 框架下各国（地区）版权产业经济贡献的调查数据，选定部分可以作为参考对象的发达国家，与中国做比照研究，对比主要围绕版权产业增加值占 GDP 的比重、版权产业就业人数占总就业的比重。其次，本章基于各国（地区）的产业国际竞争力数据进行比较研究，选取的对比指标是国际市场占有率和贸易竞争优势指数。最后，对于版权产业发展水平的国际比较进行评述，这部分可以清晰地观察到中国与各发达国家在世界版权产业体系里的产业发展水平及国际地位，同时验证了版权产业驱动机制中人才、创新、现代企业管理制度和国内外市场需求对版权产业发展的重要意义。

第一节　基于经济贡献视角的发展水平比较

随着版权对经济发展的影响日益广泛与深刻，全球各国（地区）开始用经济的眼光审视与分析版权，其中一项重要工作就是量化版权产业经济贡献。世界上量化版权产业对国民经济贡献的研究可追溯到 20 世纪后半叶。20 世纪 90 年代，此类研究的全面性达到了一个更高水平，涉及的地域范围也逐渐扩展。为了给各国（地区）调研提供切实可行的工具，也为了提高各国（地区）之间的可比性，WIPO 在总结各国（地区）调研经验的基础上编写了《版权产业经济贡献调研指南（2015年修订版)》一书，对版权产业经济贡献的调研方法进行了系统总结①。截至目前，世界上已有美国、中国、澳大利亚、新加坡等 40 多个国家（地区）按照 WIPO《版权产业经济贡献调研指南》中的方法开展了版权产业经济贡献的调查研究，并发布了相关调研报告②。由于对版权产业经济贡献的调研都是基于相同的分析框架，都是从推动经济发展、促进社会就业、扩大外贸出口等方面对版权产业的经济贡献进行调研，可比性较强，可以作为版权产业发展水平国际比较的一个重要视角。

一、美国版权产业的经济贡献

美国是当今全球知识经济的引领者，也是全球版权产业最发达的国家，对以知识产权为载体的文化经济一直相当重视，美国以"版权产业"从商业和法律视角对文化和知识产权相关的产业加以表述，WIPO 所采用的版权产业的提法和主要统计框架就源于美国。美国从 1937 年开始运行标准产业分类体系（SIC），1959 年发表"美国版权产业的规模"研究报告，开始关注版权产业的发展，到了 1977 年将版权产业纳入 SIC 分类体系，确立了版权产业在国民经济中的独立产业地位。1990 年，美国国际知识产权联盟（IIPA）开始调查与版权保护有关

---

① 世界知识产权组织. 版权产业经济贡献调研指南（2015 年修订版）［M］. 中国版权保护中心, 译. 北京：人民出版社，2018.

② 郝丽美. 版权产业经济贡献调研中的版权因子研究［J］. 出版参考，2020（11）：36－39.

的产业对经济的影响和在贸易中的地位，首次发表了《美国经济中的版权产业》报告①，美国 1992 年又推出了 1977 ~ 1990 年的综合报告（Siwek and Furchgott-Roth，1992），此后平均每一年或每两年发表美国版权产业系列报告。2020 年 12 月 IIPA 发布的《美国经济中的版权产业（2020 年度报告）》是自 1990 年以来的第 18 份报告，公布了 2019 年美国版权产业经济贡献的调查数据（Robert Stoner and Jéssica Dutra，2020）②。美国是开展此类调研最积极、最全面和最深入的国家，美国的调研方法也与 WIPO 相一致，加之其版权产业发展水平较高，可以作为版权产业发展水平国际比较的重要参照。

（一）推动经济发展

近年来，美国对于知识经济格外重视，将其作为工业化后本国经济转型发展的突破口和新方向，美国以影视行业和网络科技行业为代表的版权产业发展迅猛，并取得了全球瞩目的成绩。目前版权产业已经成了美国最有活力并能带来巨大经济收益的支柱产业。美国版权产业的国际竞争力极强，版权产品是美国最大宗的出口产品，出口量已经远超其他产品。例如，美国的音乐市场全球第一，其音乐制品约占全球音乐市场份额的 1/3。好莱坞出品的电影每年大量出口到全球各国（地区）。美国是世界上最大的音乐市场，其生产的音乐制品约为世界音乐市场份额的 1/3。美国版权产业增加值对 GDP 的贡献近几年来都远超其他产业，无论是考察其对经济增长的贡献、对创造就业的贡献，抑或是在促进出口贸易发展的贡献，版权产业在美国都起到了支柱产业的作用，成为拉动美国经济增长的火车头。

在拉动增长方面，美国版权产业经济贡献的统计数据清晰地表明，近年来版权产业对美国经济增长的拉动作用明显，已经成为美国经济中事实上的支柱产业。通过对比历年数据可见，美国核心版权产业在美国 GDP 中的比例一直超过 6%，并且逐年增加，如果计算全部版权产业增加值，则会占美国 GDP 的 11% 以上。2019 年，美国全部的版权产业为美国经济贡献了 25682.3 亿美元的增加值，占美国国内生产总值（GDP）的比重达 11.99%，版权产业在美国经济体系中已

---

① IIPA 于 1990 年开始一系列的版权产业经济研究，至 2018 年已经发布了 17 个版权产业报告。自 2004 年开始，美国在版权产业的研究报告中采用了 WIPO 的分类，使用 ISIC 概念来决定何种产业被纳入到 IIPA 的报告之中。

② Robert Stoner and Jéssica Dutra. Copyright Industries in the U. S. Economy：The 2020 Report（Released in December 2020）[EB/OL]. http：//www. iipa. org.

经是无可争议的支柱性产业。其中，美国核心版权产业增加值进一步攀升到 15871.6 亿美元，占美国经济的 7.41%（见表 3–1），从核心版权产业增加值的增长潜力来看，得益于美国拥有一大批诸如苹果、谷歌、亚马逊和脸书等知识密集型的高科技企业，此类企业在全球市场的垄断优势短期难以被竞争对手打破，美国核心版权产业增加值今后还有一定的增长空间。

表 3–1　2012~2019 年美国版权产业增加值对美国经济的贡献度

单位：亿美元，%

年份	核心版权产业			全部版权产业		
	产业增加值	美国 GDP	占 GDP 比重	产业增加值	美国 GDP	占 GDP 比重
2012	10637.0	161553.0	6.58	18328.0	161553.0	11.34
2013	11121.0	166632.0	6.67	19057.0	166632.0	11.44
2014	11454.0	174276.0	6.57	19724.0	174276.0	11.32
2015	12278.0	181207.0	6.78	20926.0	181207.0	11.55
2016	13394.6	187150.0	7.16	22070.0	187150.0	11.79
2017	13399.1	195190.0	7.17	22915.7	195190.0	11.74
2018	14949.9	205802.0	7.26	24316.2	205802.0	11.82
2019	15871.6	214277.0	7.41	25682.3	214277.0	11.99

资料来源：根据历年《美国经济中的版权产业》报告整理而得，下同。

在版权产业增加值的增长率方面，版权产业增加值的实际年增长率已经超过了美国的其他经济部门，呈现出巨大的发展潜力。纵观美国版权产业近年来的发展状况，以 2016~2019 年为例，在此期间，核心版权产业的年增长率为 5.87%，而整个美国经济的同期平均年增长率仅为 2.48%，核心版权产业的增长率是同期美国 GDP 增长率的 2.37 倍，其产业增加值的实际年增长率远高于美国经济平均增长水平。2016~2019 年全部版权产业的年增长率为 4.85%，也远远超过了同期美国其他经济部门的增长率（见表 3–2）。

表 3–2　美国版权产业与美国 GDP 的实际增长率对比

单位：%

类别	2016~2017 年	2017~2018 年	2018~2019 年	2016~2019 年
核心版权产业增长率	5.31	6.93	5.36	5.87
全部版权产业增长率	4.33	5.87	4.36	4.85

类别	2016～2017 年	2017～2018 年	2018～2019 年	2016～2019 年
美国 GDP 增长率	2.31	2.84	2.28	2.48

（二）促进社会就业

在创造就业岗位方面，美国版权产业也起到了非常重要的作用，为美国劳动者提供了数量庞大的就业岗位，2019 年，美国核心版权产业为美国劳动者提供了近 570 万个工作岗位，美国核心版权产业的就业人数占全部就业人数的比重为3.79%，占美国私人就业总数的 4.46%；2019 年美国全部版权产业吸纳的总就业人数为 1171.37 万，占美国总就业人数的 7.71%，占美国私人就业总数的9.06%。结合版权产业的增加值数据来看，对美国而言，核心版权产业用不到4% 的就业人口贡献了近 8% 的 GDP，显然版权产业是高附加值的高端产业（见表 3 –3）。从薪酬水平来看，版权产业的高薪优势也非常明显。2019 年，版权产业员工的平均年薪为 88278.13 美元，比美国平均年薪高出约 17%。同期，支付给核心版权产业工人的平均年薪为 107805 美元，远远超过所有美国工人的平均年薪 75214 美元，相当于核心版权产业的平均年薪超过美国平均年薪 43% 的幅度。

表 3 – 3　2012～2019 年美国版权产业的就业贡献

单位：万人，%

年份	核心版权产业			全部版权产业		
	就业人数	美国全部就业人数	占全部就业比重	就业人数	美国全部就业人数	占全部就业比重
2012	518.24	13507.6	3.84	1072.06	13507.6	7.94
2013	528.61	13738.7	3.85	1090.13	13738.7	7.93
2014	542.16	14040.2	3.86	1115.2	14040.2	7.94
2015	554.03	14314.6	3.87	1137.3	14314.6	7.95
2016	562.8	14544.2	3.87	1151.01	14544.2	7.91
2017	568.03	14755.1	3.85	1160.46	14755.1	7.86
2018	572.9	14986.5	3.82	1166.85	14986.5	7.79
2019	576.16	15199.8	3.79	1171.37	15199.8	7.71

资料来源：根据历年《美国经济中的版权产业》报告整理而得。

（三）促进对外贸易发展

在促进对外贸易发展方面，美国版权产业在出口贸易方面的表现优于美国非版权领域的其他主要行业。这一现象可以通过考察美国版权产业在海外市场的销售额反映出来，2019 年美国版权产业在海外市场的销售额为 2187.6 亿美元，与往年相比呈现出明显的增长趋势。IIPA 在研究报告中发现，2019 年美国版权产业在海外市场的销售额超过同期美国其他主要行业的海外市场销售额，与版权产业相对比的其他主要产业的海外市场销售额分别为：电子设备、电器和零部件行业（1732 亿美元），化学品制造行业（1423 亿美元），医疗和药品行业（1407 亿美元），农产品行业（967 亿美元），航空航天产品和零部件行业（662 亿美元），而同期 IIPA 统计的美国版权产业在海外市场的销售额为 2187.6 亿美元，远远超过紧随其后的电子设备、电器和零部件行业的出口额（该行业海外市场销售额为 1732 亿美元）。

2016～2019 年美国核心版权产业在海外市场的销售情况呈现出稳步增长态势，《美国经济中的版权产业：2020 年报告》中公布四个选定的核心版权领域（录制音乐；电影、电视和录像；软件出版；非软件出版物，包括报纸、书籍和期刊）海外市场销售数据显示，2016 年为 1931.2 亿美元，到 2017 年已经超过 2000 亿美元，2018 年进一步攀升到 2151.3 亿美元，2019 年最新统计数据表明美国核心版权产业在海外市场的销售额已经高达 2187.6 亿美元。2016～2019 年，美国核心版权产业出口贸易持续增长，2016～2017 年出口贸易年增长率为 3.81%，2017～2018 年出口贸易年增长率攀升到 7.30%，2018～2019 年受国际大环境及中美贸易摩擦等因素的影响，出口贸易年增长率回落至 1.69%；除 2018～2019 年外，其他年度的增速均超过当期 GDP 增速①。

从美国版权产业近年来的发展情况来看，美国版权产业发展迅猛，尤其是核心版权产业正经历高速发展阶段，无论是对国民经济增长、促进就业以及扩大海外市场销售额都产生了积极而显著的影响，美国发展版权产业（尤其是核心版权产业）的经验值得我们思考和借鉴，在此后的分析中我们将美国作为发达国家的

---

① 本数据来自 IIPA（http：//www.iipa.org）发布的《美国经济中的版权产业：2020 年报告》，提供了 2016～2019 年相关数据，报告中将美国版权产业在海外市场的出口额测算时采用的是选定的若干版权产品为代表，这些样本包括音乐、动画、电视及视频、软件，以及包括非电子出版的报纸、书籍和期刊等在内的出版物。虽然未完全涵盖所有的全部版权产业在内，但是有很高的代表性，可以表征美国版权产业的发展趋势。具体内容见《美国经济中的版权产业：2020 年报告》。

典型代表做重点分析。

二、英、加、澳等国版权产业的经济贡献

（一）英国版权产业的经济贡献

除美国以外，全球各发达国家以及部分发展中国家也分别公布了各自对本国的版权产业经济贡献开展的调查和研究，受篇幅限制，此处挑选比较有代表性的英国、加拿大和澳大利亚等对本国版权产业经济贡献的调查进行分析和讨论，从产业增加值、就业、经济增长与国际贸易状况等方面考察版权产业的经济贡献。此后，在本节的最后一部分将对 WIPO 公布的各国（地区）版权产业经济贡献的调查结果做一个综合的横向对比。

英国版权产业的发展情况体现在其发布的《创意产业经济报告》（*Creative Industries Economic Estimates*），英国在 2001 年的《英国创意产业路径文件》中对创意产业进行了定义，其具体内容与 WIPO 对版权产业的概念界定是大致相似的。同时，英国在《创意产业经济报告》中同样考察了其产业增加值、产业增加值在 GDP 中的比重、就业人数及在总就业中的比重等，这与 WIPO 的经济贡献调查的分析思路是匹配的，所以我们可以将英国创意产业的发展情况作为分析英国版权产业发展状况的依据。朱喆琳（2017）在研究英国版权产业发展模式时指出版权产业在理论研究中通常与"创意产业""文化创意产业"等同。如前所述，英国数字化、文化、媒体和体育部（DCMS）发布的 DCMS 产业经济评估报告同样关注产业增加值、就业与国际贸易状况，这点与 WIPO 的评价体系是相同的。

进入 21 世纪以来，英国版权产业每年均保持较为平稳的增长速度，由于英国拥有深厚的历史文化积淀，在全球版权市场上也一直表现比较亮丽。以文学出版为例，J. K. 罗琳所著的《哈利·波特》就被译成 73 种文字面向全球出版销售，累计销量达 5 亿册。2001 年，英国数字化、文化、媒体和体育部（DCMS）发布的《英国创意产业路径文件》的数据显示，当年其版权产业在创造了约1125 亿英镑产值的同时，也解决了约 130 万人口的就业，并贡献了约 103 亿英镑的出口额，在英国国内生产总值中所占的份额超过 5%，超过制造业对国内生产总值的贡献①。英国 DCMS 最新发布的 2019 年《DCMS 产业经济评估》（DCMS

---

① 王晓红. 国外版权产业发展概况及借鉴［J］. 经济体制改革, 2008（5）: 158 – 162.

Sectors Economic Estimates）报告中的数据显示，2010 年英国版权产业增加值
（GVA）为 691 亿英镑，到 2019 年其版权产业增加值总额（GVA）已高达 1159
亿英镑，增长幅度高达 67.69%。

英国版权产业拉动经济增长方面的作用明显，2019 年英国版权产业增加值
（GVA）占本国 GDP 的比重已达 5.88%（见表 3 - 4）；在促进就业方面，2018
年英国版权产业提供就业岗位 204 万个，2019 年提供就业岗位增加到 210.1 万
个，比 2018 年增长 3.0%，比 2011 年增长 34.5%。2019 年英国版权产业提供的
就业岗位数量约占英国总就业人数的 6.3%，在 DCMS 统计的所有产业部门中，
创意产业雇用的人数最多（超过 210 万）[①]。

表 3 - 4　2011 ~ 2019 年英国版权产业增加值及对经济增长的贡献

类别 ＼ 年份	2011	2012	2013	2014	2015	2016	2017	2018	2019
广告和营销	9.9	11.2	12.9	13.2	16.9	15.8	16.9	17.0	17.1
建筑	2.4	2.4	2.5	2.9	3.3	3.2	3.6	3.8	3.6
工艺品	0.3	0.3	0.2	0.4	0.3	0.3	0.3	0.3	0.4
设计和设计师时尚设计	1.8	1.9	2.1	2.1	2.5	2.9	2.7	3.3	3.6
电影、电视、视频、广播和摄影	15.7	16.3	16.4	16.8	18.4	19.3	19.4	19.1	21.6
信息技术、软件和计算机服务	25.2	27.0	27.8	30.6	32.3	36.5	39.4	42.8	47.0
出版	9.3	9.3	9.7	10.0	10.1	10.6	10.2	10.5	11.0
博物馆、画廊和图书馆	0.9	0.8	0.9	0.8	0.8	0.9	1.0	0.9	1.0
音乐、表演和视觉艺术	6.5	7.1	8.6	8.0	9.2	8.9	9.3	10.0	10.6
全部版权产业	72.1	76.3	81.0	84.8	93.8	98.3	102.8	107.6	115.9

---

① https：//www. gov. uk/government/organisations/department-for-digital-culture-media-sport/about/
statistics。

续表

类别 ＼ 年份	2011	2012	2013	2014	2015	2016	2017	2018	2019
全部版权产业增加值占 GDP 比重（%）	4.86	4.99	5.10	5.11	5.48	5.53	5.57	5.64	5.88

注：表格中数据来源于 DCMS 在 DCMS Sectors Economic Estimates 中公布的 Gross value added（GVA）expressed in current prices in the DCMS sectors and subsectors，以 Creative Industries 作为衡量英国版权产业经济贡献的依据，产业增加值的单位为 Billion Pound（十亿英镑）。

（二）加拿大版权产业的经济贡献

加拿大版权产业发展以及版权立法也很有特色，由于法、英曾在这里殖民统治长达两个多世纪，加拿大至今还同时存在英美法系和大陆法系（只有魁北克省）两种法律制度，在殖民地时期，其版权法受英国法影响较大。加拿大现行的《版权法》于 1985 年颁布，加拿大也是较早关注本国版权产业发展并开展经济贡献调查的发达国家之一。加拿大版权产业经济贡献的调查数据由文化遗产部（Canadian Heritage）发布，调查工作则是由其外包给专业调查机构进行，其调查结果同样和 WIPO 共享。查阅 WIPO 官网公布的各国（地区）经济贡献调查数据可知，加拿大版权产业经济的贡献调查报告为 2004 版，为了解其版权产业最新发展状况，只在加拿大文化遗产部网站上找了最新经济贡献调查数据的简报，可以帮助我们了解和分析加拿大版权产业当前的经济贡献情况。加拿大发布的研究报告——《加拿大版权产业对经济的贡献》，同样采用 WIPO 的调研框架，基于 WIPO 的方法对本国的版权产业进行评估。报告显示，过去的几十年来，加拿大的版权产业有了实质性的增长，加拿大版权产业增加值占 GDP 的比重也保持上升态势。加拿大文化遗产部公布的版权产业经济贡献的最新数据表明，2018 年加拿大版权产业的增加值为 619 亿加元，相比 2017 年数据增长了 2.3%，加拿大版权产业占 GDP 的比重为 3%，这超过了农业、林业、渔业和狩猎业的总和。互动媒体（+6.9%）和设计（+3.5%）在 2018 年继续成为文化版权领域经济增长的主要动力，自 2010 年以来，它们的份额逐渐增加，2010 年互动媒体和设计占版权产业增加值的比重为 12.6%，2018 年占版权产业增加值的比重已增长到 17.4%，份额增长主要归功于软件、视频游戏和图形设计，以及软件和视频游戏开发等行业的高速发展。2018 年加拿大版权产业提供的就业岗位总体增长 0.7%，达到约 750000 个工作岗位，版权产业提供的就业岗位占加拿大就业总量的 3.9%①。加拿大版权产业的崛起，得益于政府推行的一系列保护知识产权和促进版权产业发展的政策和举措，为其版权产业的发展创造了良好的社会环境，版权产业的发展又为其经济增长提供了源源不断的动力。

（三）澳大利亚版权产业的经济贡献

澳大利亚对版权产业的发展特别重视，基于 WIPO 对版权产业经济贡献的研究方法，澳大利亚分别于 2011 年、2012 年、2014 年和 2017 年在 WIPO 网站发布了各年度的《澳大利亚版权产业的经济贡献》②，2017 年的报告发现：澳大利亚的版权产业仍然是澳大利亚国民经济的重要贡献者③。报告显示，2015 ~ 2016 年澳大利亚版权产业增加值为 1228 亿澳元，相当于澳大利亚国内生产总值（GDP）的 7.4%，高于制造业、医疗保健和采矿行业。版权产业吸纳就业人数超过 100 万，占澳大利亚总就业人数的 8.6%。平均而言，版权产业的工作报酬相对较高，版权产业雇员的实际平均工资从 2011 年的 66900 澳元增加至 2016 年的 72900 澳元。澳大利亚版权产业所带来的出口贸易超过 65 亿澳元，相当于澳大利亚出口总额的 2.7%。在过去五年中，这一比例一直以 5.7% 的年增长率增长。虽然澳大利亚的版权贸易正在不断增长，但澳大利亚仍然是版权相关产品和服务的净进口国（2016 年的净进口量为 217 亿澳元）。

随着互联网信息技术的发展，澳大利亚核心版权产业在数字环境下正经历新业态和分销模式的竞争，且版权产业本身也在不断发展变化。在过去的十多年中，我们看到了许多此类案例，由于主要数字分销渠道发行量的增加，版权产业的总收入和就业岗位出现减少的现象。为应对此类挑战，部分版权产业的细分行业迅速地进行了重组和调整（例如，在音乐行业中 64% 的音乐收入通过数字销售获得），但也有些行业继续收缩（例如，新闻和文学行业，其中 33% 的报纸广告收入来自于数字分销渠道）。此外，随着软件和互联网成为现代经济中不可或缺的组

---

① https：//www. canada. ca/en/canadian-heritage/corporate/publications/general-publications/culture-satellite-account. html。

② https：//www. wipo. int/copyright/en/performance/。

③ 澳大利亚的版权产业经济贡献报告由普华永道 Pricewaterhouse Coopers Consulting （Australia） Pty Limited （PwC） 受澳大利亚版权委员会 Australian Copyright Council （ACC） 委托作出，该报告同样采用 WIPO 的分类方法，将全部版权产业分为四类，也是从版权产业的增值、就业和国际贸易三方面对版权产业加以评估。

成部分，我们已经看到软件行业每年 4.2% 的显著增长①。与英美等发达国家略有不同的是，澳大利亚版权产业增加值自 21 世纪以来一直稳步小幅增长，但其产业增加值在 GDP 中的比重呈现出不断回落的趋势，2002 年澳大利亚版权产业增加值在 GDP 中所占比重接近 10%，到 2016 年其产业增加值在 GDP 中所占比重已不足 8%，当前澳大利亚版权产业对经济增长的拉动作用与中国相近。

三、中国版权产业的经济贡献

我国版权产业经济贡献的统计和研究起步于 2007 年，是在世界知识产权组织（WIPO）的指导下基于 WIPO 统一的调研方法开展的，随着中国对版权和版权产业发展的重视，在一系列版权保护和促进版权产业发展的配套支持措施的实施下，我国版权产业获得极佳的发展契机，版权产业成长显著，产业增加值增长迅猛，成为我国经济发展的新动力，在促进就业和推动对外贸易发展方面同样交出了亮眼的答卷。据国家版权局网站公布的《2018 年中国版权产业经济贡献》②的数据所示，2018 年中国版权产业增加值为 66341.48 亿元，占全国 GDP 的 7.37%，版权产业的城镇单位就业人数为 1645.53 万，占全国城镇单位就业总人数的 9.53%，版权产业的商品出口额为 2797.50 亿美元，占全国商品出口总额的 11.25%。其中，网络版权产业的发展更为抢眼，根据国家版权局网络版权产业研究基地发布的《中国网络版权产业发展报告（2019）》的统计数据，2019 年中国网络版权产业市场规模达 9584.2 亿元，相较 2018 年增长 29.1%，其中用户付费规模接近 4444 亿元，相较 2018 年增长 20.6%③。2020 年中国网络版权产业市场规模首次突破 1 万亿元，达到 11847.3 亿元，较 2019 年增长 23.6%。其中用户付费规模接近 5659.2 亿元，较 2019 年的 4444 亿元增长 27.3%。2020 年中国

---

① PwC. The Economic Contribution of Australia's Copyright Industries – 2002 – 2016［EB/OL］. https：//www.wipo.int/export/sites/www/copyright/en/performance/pdf/pwc_report_2017_australia.pdf.

② 《2018 年中国版权产业的经济贡献报告》为截至当前国家版权局网站公布的最新完整版报告，该报告由中国新闻出版研究院完成，从推动经济增长、促进就业和推动对外贸易发展等方面评估了 2018 年中国版权产业的经济贡献。虽然中国新闻出版研究院已经完成了《2019 年中国版权产业经济贡献》，但只公布部分总体发展情况，在前后数据可比性方面还不足以支撑开展统一口径的比较研究，所以本部分依然采用《2018 年中国版权产业经济贡献》中公布的相关数据开展研究。《2019 年中国版权产业经济贡献》的预发布数据显示，中国版权产业增加值及占 GDP 的比重进一步提升，2019 年中国版权产业增加值为 7.32 万亿元，同比增长 10.34%；占 GDP 的比重为 7.39%，比上年提高 0.02 个百分点。

③ 参见国家版权局网络版权产业研究基地. 中国网络版权产业发展报告（2019）［EB/OL］.（2020 – 05 – 01）. http：//www.ncac.gov.cn/chinacopyright/upload/files/2020/9/17105857106.pdf.

网络版权产业发挥产业优势、抵御疫情冲击，实现了整体平稳快速发展①。

（一）版权产业增加值持续稳步增长

近年来，得益于中国政府采取的各项有力措施，尤其是对知识产权的保护力度不断加大，营商环境持续改善，版权产业增加值不断上升，在国民经济中的重要地位也日益凸显。2018 年，中国版权产业增加值已高达 66341.48 亿元，比 2017 年增长了 9.1%，比 2006 年增长了 3.9 倍。2006～2018 年，中国版权产业增加值年均增长 14.2%，高于同期 GDP 现价年均增速 1.7 个百分点；中国版权产业增加值占 GDP 的比重由 2006 年的 6.39% 提高至 2018 年的 7.37%，在国民经济中的占比提高了 0.98 个百分点（见表 3 - 5）。版权产业在我国国民经济中所占比重不断提升，重要性日益凸显，产业的总体规模日渐壮大，成为国民经济发展和 GDP 增长的重要动力。

表 3 - 5　中国版权产业增加值及占全部 GDP 比重

年份	产业增加值（亿元）	占 GDP 比重（%）
2006	13489.33	6.39
2007	16790.41	6.53
2008	19568.40	6.51
2009	22297.98	6.55
2010	26370.26	6.57
2011	31528.98	6.67
2012	35674.15	6.87
2013	42725.93	7.27
2014	46287.81	7.28
2015	50054.14	7.30
2016	54551.46	7.33
2017	60810.92	7.35
2018	66341.48	7.37

资料来源：根据国家版权局公布的历年中国版权产业的经济贡献报告整理。

---

①　参见国家版权局网络版权产业研究基地. 中国网络版权产业发展报告（2020）［EB/OL］. （2021 - 05 - 17）. http：//www. ncac. gov. cn/chinacopyright/upload/files/2021/6/9205f5df4b67ed4. pdf.

（二）核心版权产业在 GDP 中占比不断提高

核心版权产业的发展是版权产业的关键，也是全部版权产业组成部分中最重要的部分。通过考察我国核心版权产业的发展情况可知，中国核心版权产业增加值在 GDP 中的比重持续攀升，2006 年核心版权产业增加值在 GDP 中所占的比重为 3.06%，到 2018 年已经攀升到 4.63%。中国核心版权产业增加值在国民经济中的占比提高了 1.57% 个百分点，为中国版权产业健康发展提供有力支撑（见图 3–1）。

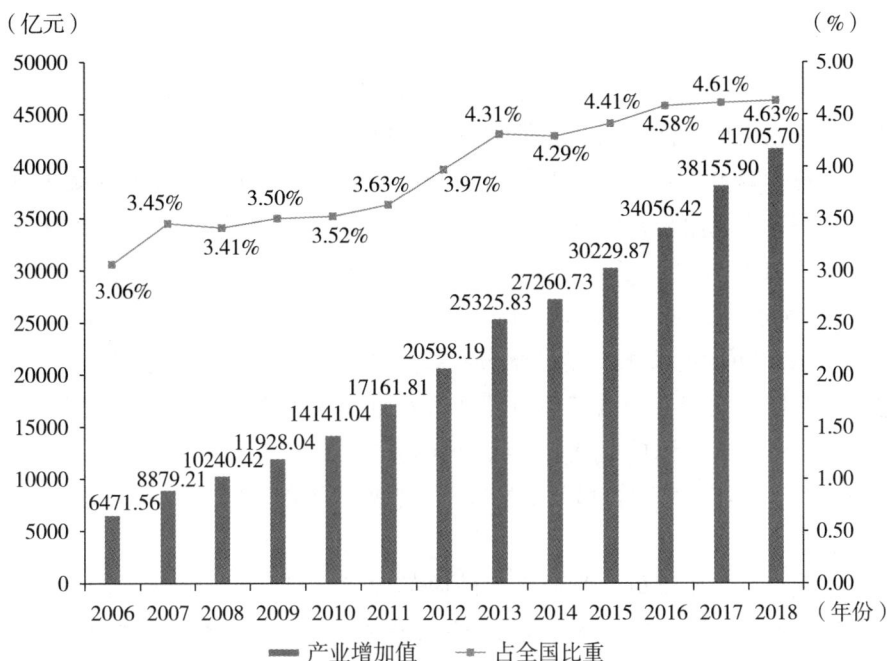

图 3–1 中国历年核心版权产业增加值及占全国 GDP 比重的变动情况

资料来源：根据历年中国版权产业的经济贡献报告的数据整理。

在创新驱动发展战略的指引下，我国生产消费模式数字化、网络化进程不断加快，核心版权产业中的数字出版、网络视听、动漫游戏、新兴信息技术等新业态发展势头强劲，逐渐成为版权产业发展的新动能和新的增长点。2018 年，数字出版产业整体收入规模为 8330.78 亿元，比上年增长 17.8%，其中移动出版和网络游戏的收入超过全年数字出版总收入的 1/3，成为数字出版产业收入的重要支柱；网络视听节目服务繁荣发展，网络视听节目服务收入 223.94 亿元，比

2017 年增长 56.62%，内容创作日益活跃，网络视听机构用户生产上传节目存量达到 10.35 亿，比 2017 年增长 23.80%，网络视听付费用户规模达到 3.47 亿人，比 2017 年增长 23.93%。2018 年，全国软件和信息技术服务业运行态势良好，累计完成软件业务收入超过 6.3 万亿元，同比增长 14.2%；全国新闻出版产业规模平稳增长，全国出版、印刷和发行服务实现营业收入为 1.87 万亿元，较 2017 年增长 3.1%；中国广告经营额达到 7991.48 亿元，较 2017 年同比增幅达到 15.88%，云计算和电子商务平台服务收入增长超过 21%，直接拉动软件和信息技术服务业增长 4.9 个百分点，成为软件产业增长的最重要动力来源①。

（三）版权产业在促进就业方面的作用显著

版权产业对经济贡献的作用还体现在促进就业方面。近年来，版权产业吸收就业人数不断增加，促进就业和带动就业岗位增长的作用明显。2018 年我国版权产业的城镇就业人数占全国总数的 9.53%，解决了 1645.53 万人的就业问题，为我国经济社会健康稳定发展做出了贡献。2018 年，中国版权产业的城镇单位就业人数比 2006 年增长了 1.3 倍，中国版权产业占全国城镇单位就业总人数的比重由 2006 年的 6.52% 提高至 2018 年的 9.53%，提高了 3.01 个百分点（见图 3-2）。受相互依存的版权产业、部分版权产业、非专用支持产业就业人数减少的影响，中国版权产业的城镇单位就业人数近年来首次出现下降的情况。2018 年中国版权产业的城镇单位就业人数为 1645.53 万人，比 2017 年减少了 1.7%。在版权产业增加值依然保持增长的情况下，就业人数的下降反映出中国版权产业的劳动生产率得到提升。

考察版权产业城镇单位就业人数的内部构成情况可知，2006～2018 年，中国核心版权产业的城镇单位就业人数依然保持逐年增长，在全部版权产业中的比重已经从 2006 年的 48% 提高至 2018 年的 56%，提高了 8 个百分点，核心版权产业对版权产业就业的支撑作用进一步加大，中国版权产业的就业结构更加优化。

---

① 中国新闻出版研究院发布的《2018 年中国版权产业经济贡献》，其中数字出版产业数据来源于中国新闻出版研究院发布的《2018—2019 中国数字出版产业年度报告》，网络视听数据来源于国家广电总局发布的《2018 年全国广播电视行业统计公报》，软件业数据来源于工信部发布的《2018 年软件和信息技术服务业统计公报》。

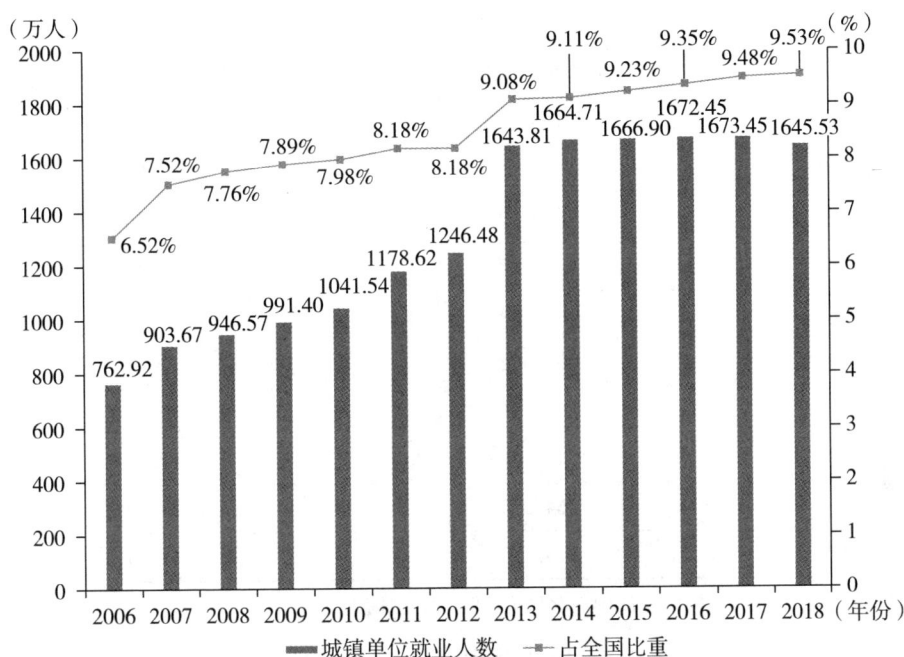

图 3-2　版权产业城镇单位就业人数及其占全国比重

资料来源：国家版权局公布的《2018年中国版权产业经济贡献》。

（四）版权产业在推动出口贸易增长方面的作用明显

除此之外，版权产业对出口贸易增长的推动作用也是衡量其经济贡献的重要指标。加入 WTO 之后，我国版权产业获得一个较好的发展机遇，但是总体发展基础比较薄弱。此后，受国际金融危机的影响，国际市场需求疲软导致我国出口贸易增长乏力，我国版权产业出口也受到波及，出口增速呈现一定程度的下行趋势。总体来看，从 2006 年到 2018 年，版权产业出口贸易额从 1492.62 亿美元增长到 2797.50 亿美元，贸易额接近翻番，年平均增长达 5.37%（见表 3-6）。

表 3-6　中国版权产业的商品出口额及占全国商品出口总额的比重

单位：亿美元，%

年份	版权产业商品出口额	占全国商品出口总额的比重
2006	1492.62	14.40
2007	2157.34	17.72
2008	2283.76	15.96

续表

年份	版权产业商品出口额	占全国商品出口总额的比重
2009	2103.17	17.50
2010	2662.96	16.88
2011	2859.62	15.06
2012	2960.03	14.45
2013	2912.34	13.18
2014	2944.92	12.57
2015	2633.36	11.58
2016	2416.74	11.52
2017	2647.73	11.70
2018	2797.50	11.25

资料来源：根据历年中国版权产业的经济贡献报告的数据整理。

值得注意的是，虽然从 2006 年起中国版权产业的商品出口额呈现总体增长趋势，但是其年度波动幅度较大，2006～2007 年、2009～2010 年的增幅较大，此后出现一定程度的负增长，2014～2016 年还曾出现连续两年的负增长。如图 3-3 所示，从 2007 年开始，我国版权产业出口在全国商品总出口中所占比重在达到 17.72% 的顶点后呈现总体回落的趋势。从 2015 年开始版权产业出口在全国商品总出口中所占比重的降幅有所收窄，到 2017 年版权产业出口在全国商品总出口中所占比重为 11.7%，而 2016 年该数据为 11.52%；2017 年版权产业出口规模达到 2647.73 亿美元，与 2016 年相比版权产业出口占全国商品出口总额的比重增加了 0.18%。此后，面对复杂严峻的国际经贸形势，中国政府不断优化营商环境，稳定外贸增长势头，根据国家版权局公布的《2018 年中国版权产业经济贡献》报告，2018 年中国版权产业的进出口贸易总额为 3502.69 亿美元，在 2017 年的基础上进一步增长了 6.6%，其中出口 2797.50 亿美元，增长 5.7%，进口 705.18 亿美元，增长 10.3%，实现贸易顺差 2092.32 亿美元。

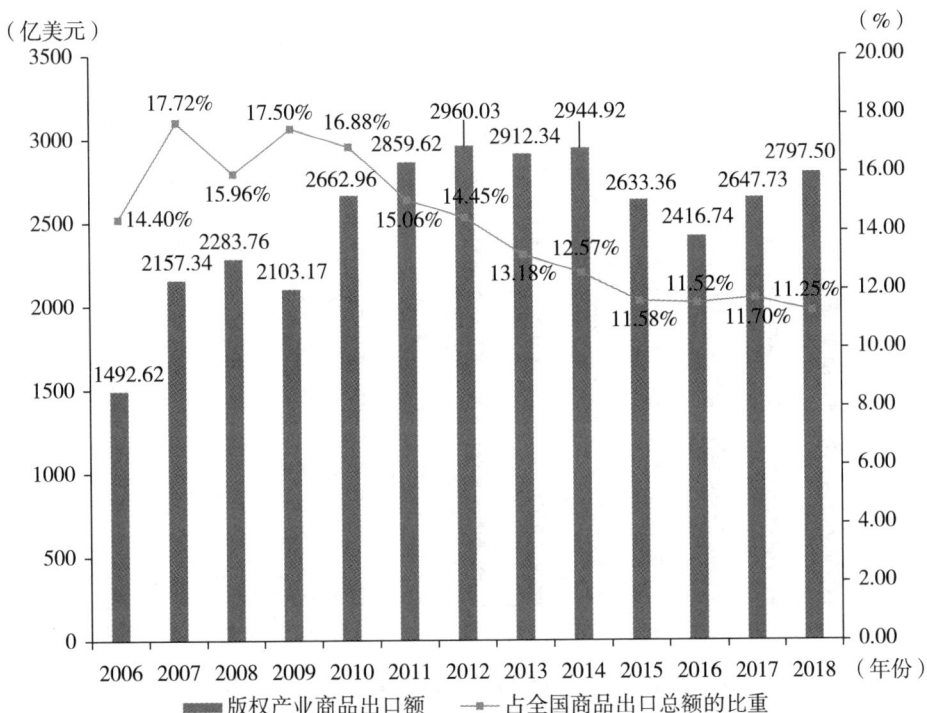

图 3 - 3　版权产业商品出口情况

资料来源：根据历年中国版权产业的经济贡献报告的数据整理。

（五）核心版权产业的发展推动版权产业结构不断优化

近年来，得益于核心版权产业的蓬勃发展，中国版权产业不仅在经济总量上实现较大增长，其内部产业结构也不断优化。我国核心版权产业增加值在全部版权产业增加值中所占比重不断提高，核心版权产业对国民经济增长的拉动作用尤其明显。2006 年我国核心版权产业增加值占全部版权产业增加值的比重为 48%，到 2018 年核心版权产业占比已经提高到 63%，提高了 15 个百分点（见图 3 - 4）。2018 年，中国核心版权产业的增加值为 41705.70 亿元，比 2017 年增长了 9.3%，比 2006 年增长了 5.4 倍，2006 ~ 2018 年中国核心版权产业的增加值年均增长 16.8%，增速位居版权产业各类别首位，高于同期中国版权产业年均增速 2.6 个百分点①。核心版权产业成为我国版权产业的主体，保证了我国版权产业高效高质增长，推动了我国版权产业结构的不断优化。

---

① 中国新闻出版研究院发布的《2018 年中国版权产业经济贡献》研究报告。

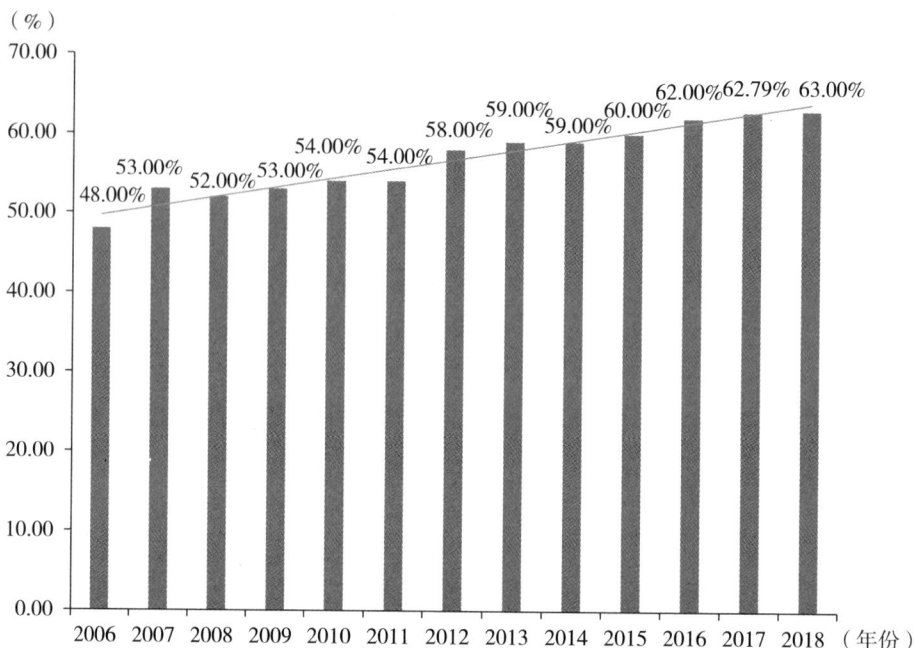

图 3 - 4　我国历年核心版权产业增加值占全部版权产业比重的变动情况

资料来源：根据历年中国版权产业的经济贡献报告的数据整理。

（六）小结

近年来我国经济高速发展，人民素质的提高，为版权产业发展创造良好的发展环境。随着版权保护相关法律的日益完善，版权社会服务体系的逐步形成以及社会公众版权保护意识的不断提高，我国版权产业发展环境的日益改善，促进了我国版权产业持续稳定增长，结构不断优化。我国版权产业的不断发展，又在促增长、保就业及扩大出口等方面为我国经济发展做出了贡献。产业自身增长与产业环境改善两者互相促进，进入良性循环。

"十三五"时期，国家版权局和地方版权行政部门全面贯彻落实党中央、国务院各项决策部署，与其他部门充分沟通和协调，综合运用法律、政策、行政等手段，实现了版权产业快速稳步发展的目标。"十四五"期间，随着我国深入推进供给侧结构性改革，大力推进"数字中国"建设，新闻出版、广播影视、软件、广告与设计等业态加快数字化转型，推动核心版权产业快速发展①，尤其是

---

① 2019 年中国版权产业增加值已占到 GDP 的 7. 39% ［EB/OL］. ［2020 - 12 - 30］. http：//www. ncac. gov. cn/chinacopyright/contents/12227/352217. shtml.

《知识产权强国建设纲要（2021－2035年）》的推出，有望进一步优化版权产业的产业结构，促进版权产业的高质量发展。

四、版权产业经济贡献比较结果分析

从各国（地区）版权产业经济贡献的横向比较结果来看，不同国家（地区）版权产业经济贡献的差别较大，其变化区间为2%～12%。根据 *WIPO Studies on the Economic Contribution of the Copyright Industries* 公布的数据，在其报告所列国家（地区）中，各国（地区）版权产业增加值对GDP的贡献差异很大。如图3-5所示，美国历年来这一数据都超过11%，而文莱却低于2%。报告中所列国家（地区）的平均贡献率为5.09%，其中约75%的国家（地区）版权产业对GDP的贡献率在4%～6.5%。我国版权产业对GDP的贡献率为7.28%，远高于世界平均水平。

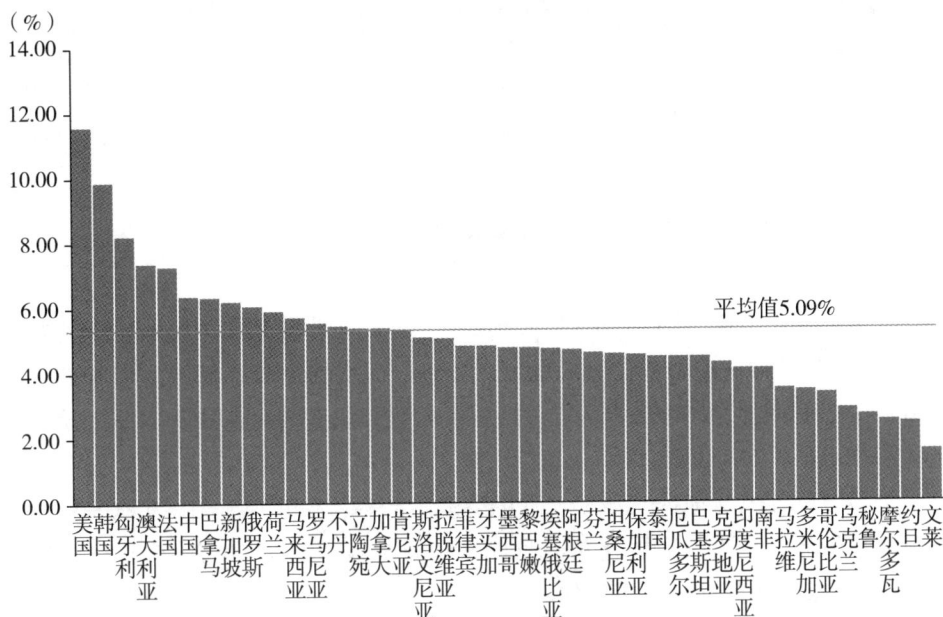

图3-5　各国（地区）版权产业增加值对GDP

资料来源：*WIPO Studies on the Economic Contribution of the Copyright Industries*。

核心版权产业是版权产业中最具有代表性的部分，是推动各国（地区）版权产业发展的主要力量，反映一国（地区）版权产业的创新能力和核心竞争力。

如图 3 – 6 所示，根据 WIPO 报告，所列国家（地区）核心版权产业增加值占 GDP 的比重平均值为 2.75%，所占比重还比较低，未来随着各国（地区）加大创新力度发展核心版权产业，版权产业发展潜力巨大。我国核心版权产业增加值占 GDP 的比重高于世界平均水平，但仍远低于以美国为代表的各发达国家的水平。

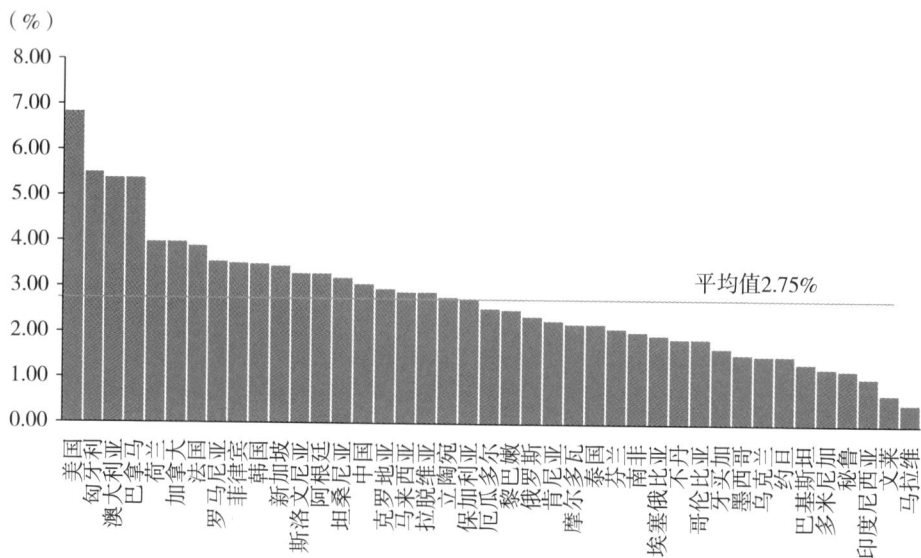

图 3 – 6　各国（地区）核心版权产业增加值在 GDP 中所占比重

资料来源：*WIPO Studies on the Economic Contribution of the Copyright Industries*。

在促进就业增长方面，如图 3 – 7 所示，报告所列的国家（地区）中，各国（地区）版权产业就业人数占全部就业人数比重的平均值是 5.43%，75% 的国家（地区）这一指标处于 4% ~ 7%。我国版权产业就业人数比重为 6.34%，超过了世界平均水平。

为了衡量各国（地区）版权产业的劳动生产率，WIPO 将各国（地区）版权产业增加值除以就业人数的比重，以此来衡量从业人员创造的价值高低及该国（地区）版权产业的结构水平。如图 3 – 8 所示，计算结果表明，美国、巴拿马、韩国、泰国等属于版权产业劳动生产率比较高的组别，中国、澳大利亚、加拿大等属于版权产业劳动生产率中等组别，而菲律宾、墨西哥等则属于劳动生产率比较低的组别。

（%）

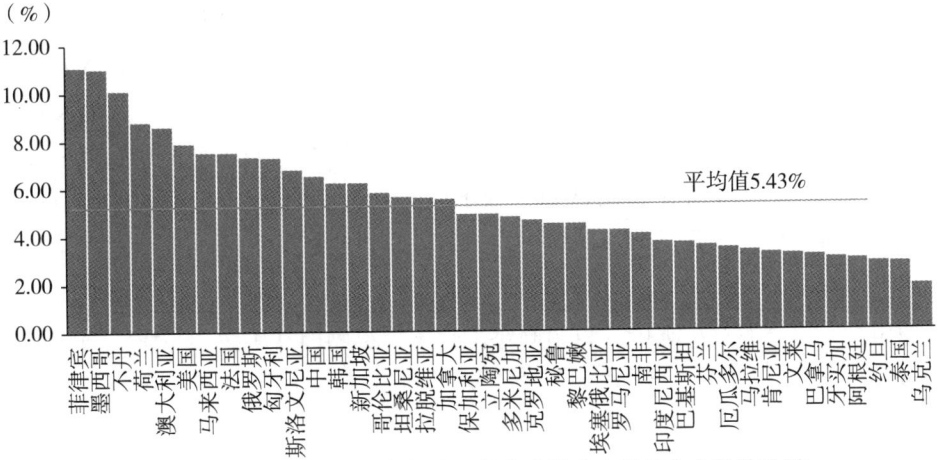

图3-7 各国（地区）版权产业就业人数占全国就业人数的比重

资料来源：*WIPO Studies on the Economic Contribution of the Copyright Industries*。

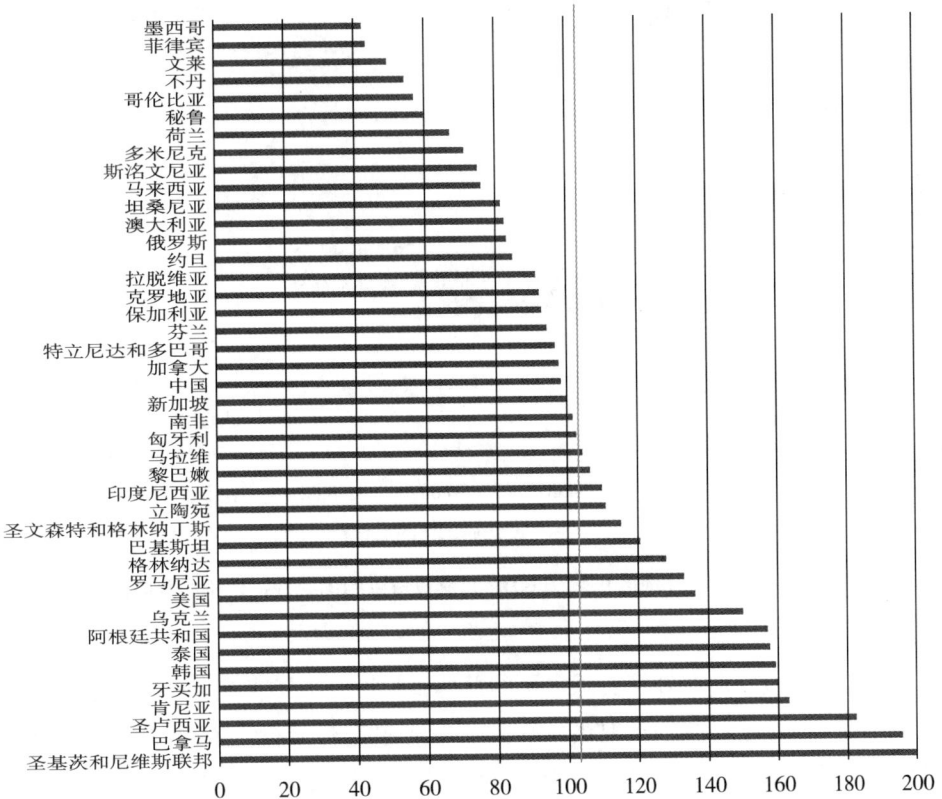

图3-8 各国（地区）版权产业的劳动生产率指数

资料来源：*WIPO Studies on the Economic Contribution of the Copyright Industries*。

根据上述的数据，本书依据各国（地区）版权产业对 GDP 和就业贡献的大小，将 WIPO 所列国家（地区）在四象限图上标注出来，以期更直观地表示各国（地区）版权产业经济贡献的大小，由此说明各国（地区）版权产业的发展水平。如图 3 - 9 所示，大多数国家（地区）的版权产业发展水平都比较低，在四象限图中集中分布于左下方的区域，表示占 GDP 的比重和占总就业的比重都比较低。美国、韩国、匈牙利、法国、澳大利亚这五个国家，其版权产业无论是对 GDP 的贡献率还是创造就业岗位都有很好的表现，属于版权产业中发展水平比较高的组别。我国版权产业的经济贡献水平在全球范围内处于中上水平，与一流国家（地区）相比仍有一定差距。可喜的是近年来差距日益缩小，我国版权产业的发展总体而言呈上升趋势。

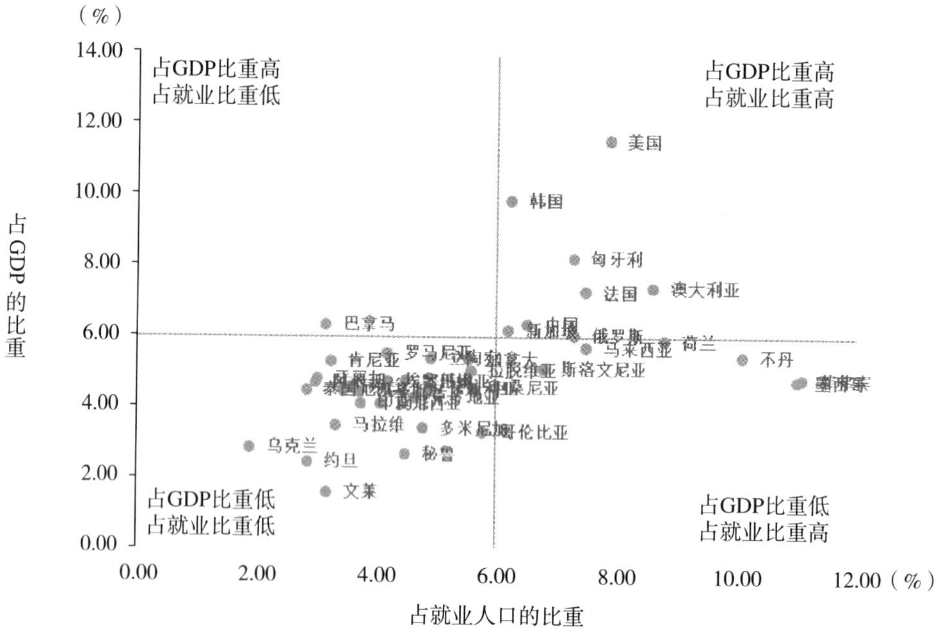

图 3 - 9　各国（地区）基于 GDP 和就业贡献的国际地位评价四象限图

资料来源：*WIPO Studies on the Economic Contribution of the Copyright Industries*。

把握我国版权产业经济贡献水平的总体情况后，为了直观反映我国版权产业对经济的贡献水平，我们选取美国作为比较对象进行分析。依据 2018 年美国版权产业经济贡献报告，2016 年美国版权产业增加值为 21627 亿美元。2016 年美国版权产业占 GDP 的比值为 11.61%，其中核心版权产业占 GDP 的 6.97%。中国的这两个数据分别比美国低 4.28% 和 2.39%。根据图 3 - 8，美国版权产业劳动生产率远高于中国，说明其从业人员创造的价值高于中国，中国的版权产业仍主要由劳动密集型企业构成。与美国相比，中国版权产业仍有一定差距，具有进步的空间。另外，结合年度数据来看，中国在经济贡献方面与美国的差距在逐步缩小。2009 年中国版权产业增加值占 GDP 的比重为 6.55%，同期美国为11.38%，中国比美国低 4.83%，而到了 2016 年两者之间的差距缩小为4.28%①。从版权产业增加值在 GDP 中的比重和就业贡献的综合视角来看，中国在全球版权产业发展体系中的地位接近于新加坡、俄罗斯、罗马尼亚以及马来西亚等国，中国在两个指标方面都是基本处于略高于全球平均水平的位置，与美国为代表的发达国家还有一定的差距。

第二节　基于竞争力视角的发展水平比较

一、版权产业的国际市场占有率比较

进入 21 世纪后，尤其是在中国加入 WTO 之后，中国进一步融入全球经济一体化的进程中，经济实力日渐增强，人均国民收入水平持续升高。伴随着中国不断深化文化体制改革以及外向型经济的蓬勃发展，我国版权产业的发展进入重大机遇期。中华文化在国际舞台上的影响力正逐步扩大，版权产业正处于提升国际竞争力的黄金时期，国际市场占有率不断上升。

按照 UNCTAD 的统计，一国版权产业可以分为两个类别，即版权产品②和版权服务③。从国际市场占有率（MS）指数的视角来考察可知，我国版权产业的两个类别在国际市场的占有率有明显差异。版权产品的国际市场占有率指数从 2002年的 15.35% 增长到 2010 年的 24.25%，到 2015 年更是进一步增加到 33.06%。2015 年中国版权产品的国际市场占有率在全球两百多个国家（地区）的排名中

---

①　中国新闻出版研究院.2016 年中国版权产业的经济贡献［J］.中国出版，2018（9）：21-24.

②　UNCTAD 统计的版权产品包括：图书、报刊、其他印刷品；视听产品、新媒体产品、视觉艺术品；电影、CD 和 DVD 录像带，以及其他包含创意和版权成分的工艺品。

③　UNCTAD 统计的版权服务包括：建筑设计、工业设计及其他技术服务；广告服务及市场调查服务；个人文化娱乐服务及其相关服务等。

位列第一，而且远超排名第二的美国（国际市场占有率7.95%）和排名第三的法国（国际市场占有率6.76%）（见表3-7）。中国的版权服务发展相对比较滞后，以 UNCTAD 数据统计相对比较齐全的 2011 年（缺失值较少）为例，中国本年度的版权服务出口共包括三个子类别，其中广告、市场和民意调查的国际市场占有率为2.28%，个人、文化和娱乐服务国际市场占有率为0.7%，视听和有关服务在全球市场的份额为0.07%，当年中国的版权服务出口额为41.41亿美元，在 UNCTAD 统计的 237 个国家（地区）中排名处于第 19 位，当年版权服务出口全球排名前五位的是美国、英国、德国、法国和加拿大，中国的版权服务出口额还不到排名第十位的瑞典（83.7 亿美元）出口额的一半。

表 3 -7　全球主要国家（地区）版权产品国际市场占有率

单位：%

国别或地区	2002 年	2005 年	2010 年	2011 年	2012 年	2013 年	2014 年	2015 年
中国	15.35	18.81	24.25	26.25	28.98	31.33	33.16	33.06
美国	8.27	7.93	8.08	7.37	7.27	7.33	7.19	7.95
法国	4.15	4.21	3.84	4.02	3.81	3.96	3.71	6.76
中国香港	11.09	9.07	7.11	6.89	6.57	5.96	5.17	5.47
意大利	7.86	6.94	5.51	5.50	5.16	5.51	5.29	5.23
英国	6.52	6.14	4.70	4.28	4.42	4.09	4.19	5.09
德国	6.89	7.44	7.14	6.69	5.49	5.29	5.05	5.08
印度	1.59	2.55	3.33	4.52	4.97	3.39	3.50	3.32
瑞士	2.43	2.18	2.37	2.65	2.51	2.58	2.73	2.94
新加坡	0.55	0.75	2.30	2.15	2.16	2.10	1.89	2.02

资料来源：UNCTAD STAT DATA CENTER，依据可比数据比较容易获得的 2015 年各国（地区）的国际市场占有率排名，选出前十名的国家（地区）。

二、版权产业的贸易竞争优势指数比较

在考察一国（地区）某产业国际竞争力时，一个常被采用的指标就是贸易竞争优势指数（又称 TC 指数），相比出口额和国际市场占有率等指标，TC 指数不仅仅考察一国（地区）某产业的出口变化，同时还兼顾到进口的变动情况，可以更为客观地从出口和进口两个角度综合测算一国（地区）某产业的国际竞争力变化情况。TC 指数的计算方法是用当年的出口额减去进口额，再用计算得

出的贸易差额除以进出口总额。根据 UNCTAD 的统计数据测算，我国版权产业的贸易竞争优势指数在两个子类别有明显的差别，其中版权产品以 TC 指数衡量的竞争优势非常突出，而版权服务的竞争优势则差强人意。一般认为，一国（地区）某产业的 TC 指数取值为（0.6，1）时就认为该产业有极强竞争优势。自进入 21 世纪以来，2002 年中国版权产品的贸易竞争优势指数为 0.85，至 2005 年该指数为 0.88，此后 TC 指数长期徘徊在 0.8～0.9，2015 年的 TC 指数为 0.84，这说明在此期间我国版权产品 TC 指数处于有极强竞争优势的地位。紧随其后的是印度，同期印度的版权产品 TC 指数长期徘徊在 0.5～0.65，介于有较强竞争优势（0.3，0.6）和有极强竞争优势（0.6，0.9）之间。2015 年该指数全球排名前十位的国家（地区）除中国和印度之外，还包括马来西亚、土耳其、意大利、中国台湾、立陶宛、泰国、捷克和巴基斯坦，这反映出发展中国家在版权产品出口方面更具竞争优势。英美等发达国家在此项的 TC 指数多为负数，处于（-0.3，0），以 2015 年为例，英国的版权产品 TC 指数为 -0.10，法国的 TC 指数为 -0.09，澳大利亚的 TC 指数为 -0.15（见表 3-8）。发达国家的贸易竞争优势指数之所以普遍低于发展中国家，主要在于发达国家是版权产品中制成品的进口大国，其竞争力主要体现在版权服务方面。

表 3-8　全球主要国家（地区）版权产品贸易竞争优势指数比较

国别或地区	2002 年	2005 年	2010 年	2011 年	2012 年	2013 年	2014 年	2015 年
中国	0.85	0.88	0.80	0.80	0.83	0.85	0.86	0.84
印度	0.50	0.73	0.58	0.60	0.49	0.60	0.62	0.54
马来西亚	0.47	0.52	0.59	0.54	0.49	0.47	0.47	0.48
土耳其	0.42	0.26	0.20	0.20	0.33	0.35	0.40	0.42
意大利	0.47	0.38	0.30	0.32	0.38	0.44	0.43	0.40
泰国	0.57	0.57	0.18	0.19	0.26	0.29	0.30	0.28
新加坡	-0.27	-0.17	0.18	0.16	0.11	0.09	0.11	0.13
德国	0.00	0.04	0.08	0.06	0.04	0.03	0.00	-0.01
法国	-0.11	-0.12	-0.14	-0.11	-0.08	-0.06	-0.08	-0.09
英国	-0.20	-0.19	-0.22	-0.24	-0.16	-0.16	-0.15	-0.10
澳大利亚	0.05	-0.03	-0.09	-0.09	-0.13	-0.10	-0.13	-0.15
美国	-0.60	-0.57	-0.43	-0.41	-0.40	-0.40	-0.40	-0.45

资料来源：Unctad Stat Data Center，依据各国（地区）的进出口额计算而得。

在版权服务方面，虽然经过近十多年的大力发展，中国版权服务的出口额已经有较大幅度的增长，但是与其他发达国家相比还有较大差距。以 UNCTAD 统计数据相对齐全的 2011 年为例，当年中国的版权服务出口额为 41.41 亿美元，而排名前三位的美国、德国和英国的出口额分别为 367.66 亿美元、345.68 亿美元和 311.68 亿美元，中国在版权服务方面的出口额不足排名处于前两位国家的零头，与这些发达国家之间差距悬殊。中国的贸易竞争优势指数相对比较落后，TC 指数长期徘徊在有微弱竞争优势（0，0.3）的区间，这与印度等发展中国家的情况相似，版权产业的出口结构表现为版权产品竞争力较强，而版权服务的贸易竞争优势较弱。根据 UNCTAD 的统计数据测算，中国 2012 年版权服务 TC 指数为 0.19，印度为 -0.22，而英美等发达国家在此项表现比较抢眼，同期英国的 TC 指数为 0.33，澳大利亚为 0.59，日本为 0.45。这主要由于发达国家将版权产业的发展重心放在了版权服务上，将需要大量劳动力且主要依托制造业发展而发展的版权产品出口放在次要地位，它们的版权服务 TC 指数大多处于具有较强竞争优势（0，0.3）和极强竞争优势（0.6，1）的范围。

经过改革开放以来的大力发展，我国版权产品在国际市场上已经具备较强的国际竞争力，版权产品国际市场占有率指数排名位于全球首位，是版权产品出口规模最大的国家，比美国、英国和德国等发达国家的出口规模还大。虽然我国的版权产品的国际市场占有率较高，贸易竞争优势指数也显示极具竞争力，但是将版权服务纳入考察的视野可以发现，我国版权产业发展呈现出明显的结构性失衡。相比版权产品的出口规模和国际市场占有率，我国版权服务的出口规模不高，国际市场占有率指数和贸易竞争优势指数全球排名也仅为中上水平，其国际竞争力还有待进一步的提升。

第三节　发展水平国际比较的评述

我国版权产业经过近十年的发展已经颇有成就。无论是从经济贡献角度还是从国际竞争力角度来评价我国版权产业都可以得出相似的结论。我国版权产业已经处于世界中上水平。但不可否认的是，我国版权产业的发展水平与世界版权产业强国相比，差距虽然在不断缩小，但是还有一定的提升空间。

一、我国版权产业结构有待优化

我国版权产业的产业结构有待优化，一方面，核心版权产业在版权产业中的比重有待提高。核心版权产业是和创新联系最为密切的产业。从版权产业经济贡献的国际比较可知，在版权产业占 GDP 的比重统计中，我国在所列国家（地区）中排名第六，处于较领先定位。在核心版权产业占 GDP 的比重统计中，我国在所列国家（地区）中排名第十五，处于中等水平，这说明了我国版权产业的结构不合理，技术和知识密集型的核心版权产业的发展水平与世界其他国家（地区）相比还不具有竞争优势。另一方面，从产品角度，版权产业还可以分成版权产品生产和版权服务提供。我国版权产品出口规模居于世界首位，但是加入版权服务后我国版权产业总体国际竞争力处于世界中等水平，由此可见我国版权产业发展过程中存在重版权产品而轻版权服务的情况。版权产品出口竞争力突出而版权服务出口竞争力相对较弱，这恰恰正源于我国总体产业结构和出口商品结构的不平衡。我国在版权服务业领域的创新能力不足，版权服务业发展水平相对于其他发达国家还处于弱势地位，容易造成版权产业持续发展的动力不足。

二、我国版权产业劳动生产率亟待提高

我国版权产业劳动生产率水平与发达国家相比还有一定的差距，亟待提高。衡量一国版权产业劳动生产率水平可以用同一劳动在单位时间内生产出产品的数量来表示。如前文所述，我国版权产业的劳动生产率水平在所列国家中排名第22 位，属于劳动生产率比较低的国家，说明我国版权产业人员创造出来的价值相比国际上其他国家（地区）来说比较低，单位劳动的产出水平不高，存在提升空间。造成我国版权产业劳动生产率相对较低的原因有很多方面，其中主要原因是版权产业从业人员的素质与欧美发达国家相比仍然较低，版权企业缺乏高效的生产过程的组织和管理。

Chapter Four

第四章 版权产业制度安排的国际比较

　　本章通过中外版权产业制度安排的国际比较发现，版权产业的发展有利于拉动国民经济增长，有利于丰富人民的精神文化生活，有利于提高人民的科学文化素质，因此发展版权产业可以带来经济效益和社会效益，各国（地区）都十分重视版权产业的发展，根据各国（地区）的实际情况采用合理的产业规制模式进行管理。同时版权产业生产具有周期长、投入大、收益慢、风险大的特征导致其在发展过程中往往需要政府一定的保护和扶持。本章的结论也同时验证了版权产业驱动机制中资金、人才、知识产权保护、上下游配套产业和政府管理对版权产业发展的意义。

第一节 产业规制模式的国际比较

一、产业规制概述

产业规制是政府或社会或行业自身出于矫正和改善市场机制内在问题的目的，采用直接或间接的手段，制定具有法律约束力的法规和制度，对产业经济主体及行为进行干预、限制和约束的行为。产业规制的目的在于建立良好的有序的市场经济秩序，抑制不正当竞争的市场行为，促进资源合理配置，保护广大消费者的利益不受侵犯。

产业规制依据实施主体的不同分为政府规制、社会规制和行业自律规制。政府规制主要是指政府直接出台一系列法律规定来约束企业的市场行为，并采取措施督促企业行为符合这些法律制度的规定。社会规制是与政府规制相对立的，由社会及市场自身形成的非法律约束力的限制和规范来约束企业行为。行业自律规制又叫行业管理，它处于政府规制和社会规制之间，是通过行业协会对企业的行为进行规范和协调。

产业规制的模式可以分为政府主导型产业规制、民间主导型产业规制和政府民间平衡型产业规制三类。政府主导型产业规制是指政府直接插手企业，将宏观调控的重点放在企业。政府既调节市场又管理企业。企业行为既受市场机制影响又受政府行为控制。民间主导型产业规制是指政府调节市场，市场引导企业。企业作为经济主体享有充分的主动权，政府对企业行为很少干预，而是通过市场引导企业。政府民间平衡型产业规制是指政府保障市场、市场引导企业，同时又通过社会因素保证三者之间的关系。在这种模式下，市场的作用保证企业行为的高效性，政府的行为保证社会的稳定性。市场的力量是社会进步的基础，而社会安定保证市场充分有效发挥作用。

二、发达国家对版权市场主体的产业规制模式

总体分析欧美发达国家的版权产业规制情况，从理论基础角度来看，欧美发

达国家由于较早实施市场经济，对产业经济学和规制经济学的理论研究上比较成熟，在此基础上形成了比较完善的版权文化产业规制理论。版权产业规制有比较厚实的理论基础。从经济体制背景来看，欧美发达国家的版权产业市场规模比较大，并在保证公共利益不受侵害的前提下随着市场经济体制的不断健全而不断发展壮大。从规制机构看，欧美发达国家在进行版权产业规制时一般通过独立的政府规制机构或行业协会进行，不受利益集团的影响，形成了包括规制执行机构、立法机构和司法机构在内的完整的版权产业规制体系。从规制手段看，欧美发达国家大多采用法律手段，并根据本国国情将各种激励手段配合使用。①

具体到不同经济体，版权产业的产业规制模式各国（地区）各具特色。例如，韩平和平安（2014）认为美国实行以市场为主的民间主导型产业规制模式，按照实施主体分类偏向于社会规制为主、行业自律规制为辅。英国则偏向于行业自律规制，实行市场和政府共同规制的平衡型产业规制模式。因为这两个国家的版权产业规制具有一定典型性，所以我们选取这两个国家的情况来说明。

美国在版权产业发展初期，政府也实行严格的规制，避免恶性竞争导致有限的文化资源浪费。随着版权文化产业的发展壮大，美国政府日益放松对其进行的经济性管制，更多的是以市场来调节企业行为。从这个阶段起，美国版权业逐步放松直至取消了政府规制，开始实施民间主导型产业规制模式，如在美国，政府对版权企业的建立执行的是注册制。只要企业主能够在申请公司注册时提交可靠的身份证明、银行信用证明、居住情况证明等文书即可批准其营业。又以电影产业为例，20 世纪 20 年代，美国成立电影制作人和发行人协会加强对美国电影业的规制。该协会制定了《电影业制作准则》，规定电影在正式公映前必须送到协会进行审查，删除所有违反准则规定的内容后才可上映。这种对电影业实施严格规制的状态一直持续到 20 世纪 60 年代。1966 年后，电影业出现了行业自律组织即美国电影协会，制定了美国电影业的自律准则和电影分级制度。电影不再强制需要送审，而是由电影院决定是否播放没有参与评审的电影。影院给出观看提醒后由消费者自己决定是否购票。美国政府放松对版权企业的规制后，按照市场规律来运作美国版权产业，促进了美国版权产业的迅猛发展。美国在图书出版企业、影视业、音乐制作和发行业出现了许多企业巨头，建成和控制了全世界多数国家的版权产品销售网络。这些跨国公司运用全球化战略吸引国际上大量的资

---

① 韩平，平安．中外文化产业政府规制比较研究［J］．产业经济评论，2014（5）：110－116．

金、技术、人才等要素为我所用，获取高额垄断利润。① 另外，行业协会自律规制成为社会规制的有力补充。例如，美国书业及出版界的协会数量相当庞大，比如"美国书商协会""美国古旧书商协会""美国出版商协会""期刊出版商协会"等。美国出版商协会（AAP）和美国书商协会（ABA）就是这方面的杰出代表，在美国书业界乃至全球书业界都很有影响力。这些行业协会的主要职责包括保护会员权益、维系会员之间的和谐关系、进行行业有关的市场调研、组织相关人才的职业培训、举办书展以利于会员图书的推广和信息的交流等。

英国对版权产业的规制强调行业自律规制，实施民间和政府平衡产业规制模式。在英国，由文化、传媒与体育部（Department for Culture, Media and Sport, DCMS）担负制定整个版权产业领域宏观管理，承担版权产业发展规划的起草和实施，以及配套政策的制定等具体工作。随着版权产业的发展，为了提供有力的技术支持和金融保障，协调版权产业同其他产业部门之间的关系，促进版权产业跨越式发展，英国于 2010 年成立创意产业委员会（Creative Industries Council），明确划分了不同行政管理主体之间的职能。这些部门分工协作，形成了英国版权产业发展的基本行政管理体系。英国版权委员会成立于 1965 年，是英国保护和推动版权产业发展的重要组织。作为一个非营利组织，英国版权委员会（BCC）是由享有版权的文学、戏剧、音乐和美术作品的作者代表机构，及表演这些作品的演出人的代理机构所组成，是此类组织中唯一没有接受政府基金支援的组织。其成员机构包括美术家联合会（ASC）、作家经纪人组织（AAA）、插图家协会（AOI）、摄影家协会（AOP）、版权许可代理机构（CLA）、唱片业协会（BPI）、作曲家协会（BACS）、计算机协会（BCS）、音乐表演权协会（PRS for Music）、出版商协会（PA）、录音制品有限公司（PPL）等 30 多个组织机构。英国版权委员会帮助会员组织维护和推广版权，监控可能影响版权的立法、行政、社会和科技活动，并作为世界知识产权组织的非政府组织观察团成员，与英国政府和国内外当局及其他利益团体进行协商，建议和敦促政府和其他决策者采取各类版权保护行动。英国有几十个版权相关的集体管理组织，且大都是英国版权委员（BCC）的成员，几乎涵盖艺术、影视音像、图书、报纸、期刊出版、文学著作等涉及版权的各个领域。

---

① 董为民. 国外文化产业现状、发展措施与经验 [J]. 经济研究参考，2004（10）：18 – 34.

三、中国对版权市场主体的产业规制模式

我国版权产业的市场主体构成中主要为中小型企业和创新理念刚刚付诸执行的创业型企业，部分全球知名的企业已经相对成型，如腾讯、百度和阿里巴巴等，还包含一定数量的混合所有制经济，但是中国保留了部分事关社会稳定和社会效益的大型传媒集团。

在计划经济时期，我国版权业被认为是宣传国家方针政策和党的思想路线的重要窗口。政府对其进行规制时突出了其意识形态的作用，忽略了其作为某个产业的经济性质。经过改革开放以来40多年的发展，随着中国特色社会主义市场经济的建立，历届政府均大力推动市场化改革，原有的版权企业大多完成了转制改革，如以影视和出版为主体的版权企业，大多数已经实现了市场化改革。在版权市场主体的产业规制模式方面，注重社会效益和经济效益相统一，把社会效益放在首位。

2014年之前，我国政府对版权产业的管理是通过直接管理国有企业来实现的。党和政府的宣传部门通过指导各级地方政府版权产业管理部门的工作来实现对全国版权产业的宏观管理。我国版权产业的产业规制以直接调控为主，通过直接控制管理国有版权企业，发挥其主导作用来调控市场，进而对整个版权产业进行管理。2014年，国务院办公厅发布《国务院办公厅关于印发文化体制改革中经营性文化事业单位转制为企业和进一步支持文化企业发展两个规定的通知》，按照政企分开、政事分开原则，推动政府部门由办文化向管文化转变，推动党政部门与其所属的文化企事业单位进一步理顺关系。建立党委和政府监管国有文化资产的管理机构，实行管人管事管资产管导向相统一。

2018年国务院办公厅再次发布《文化体制改革中经营性文化事业单位转制为企业的规定》进一步深化文化体制改革，继续推进国有经营性文化事业单位转企改制。经营性文化事业单位转制为企业，要依法登记为有限责任公司或股份有限公司，并加快构建有文化特色的现代企业制度，坚持正确导向和经营方向，坚持国有资本主导地位，积极稳妥地推进混合所有制改革，形成有效制衡的公司法人治理结构和灵活高效的市场化经营机制，推动企业做强做优做大。建立健全党委和政府监管国有文化资产的管理机构，完善党委和政府监管有机结合、宣传部门有效主导的管理模式，实现管人管事管资产管导向相统一，推动党政部门与其所属的文化企业进一步理顺关系，推动主管主办制度与出资人制度相衔接。推进

国有文化资本授权经营，形成国有文化资本流动重组、布局调整的有效平台，优化资源配置，推动国有文化企业增强实力、活力、抗风险能力，更好地发挥控制力、影响力。加强国有文化企业社会效益和经济效益综合考核，探索建立国有资产保值增值考核与社会效益考核相结合的综合评价体系。由此可见，我国政府正在探索通过政府职能转变，逐步提升版权产业的产业规制水平，努力提升版权产业的"社会效益"和"经济效益"。

伴随着企业主体变化的是我国产业规制模式的改变。我国的版权产业规制模式逐渐由政府主导型产业规制向政府民间平衡型产业规制模式转变，实行政府规制和行业自律规制相结合的方针。目前我国国家版权局是国务院著作权行政管理部门，主管全国的著作权管理工作，其主要职责是拟订国家版权战略纲要和著作权保护管理使用的政策措施并组织实施，承担国家享有著作权作品的管理和使用工作，对作品的著作权登记和法定许可使用进行管理；承担著作权涉外条约有关事宜，处理涉外及港澳台的著作权关系；组织查处著作权领域重大及涉外违法违规行为；组织推进软件正版化工作。各省、自治区、直辖市设立地方人民政府版权行政管理部门对地方版权产业进行管理，接受国家版权局的工作指导。除了对我国版权产业的行政管理工作，国家版权局还执行相关的立法和执法工作，负责起草和拟定有关版权管理的法律、法规和制度并组织实施，监督执法情况。目前我国版权产业相关行业组织有中国版权协会、中国摄影著作权协会、中国文字著作权协会、中国音像著作权集体管理协会、中国音乐著作权协会以及 15 个地方版权保护协会。中国版权协会主要是对我国版权保护进行理论研究。其他的版权协会分别服务于不同的版权产业部门，其主要通过与入会者签订著作权集体管理合同帮助成员对作品进行版权保护，帮助收取相应的版权使用费，为会员提供版权保护法律援助，同其他国家相关组织建立版权保护国际合作机制等。

党的十九届四中全会通过的《中共中央关于坚持和完善中国特色社会主义制度、推进国家治理体系和治理能力现代化若干重大问题的决定》指出，建立健全把社会效益放在首位、社会效益和经济效益相统一的文化创作生产体制机制。在版权产业有关的法律制度建设中，坚持和贯彻"社会效益和经济效益相统一"的原则需要在准确把握其内涵的同时，积极回应中国特色社会主义法治体系建构的总体要求，将"优先实现社会效益""社会效益和经济效益双赢"等理念融入版权生产者、版权消费者和版权管理者三者关系的法律调整当中。2021 年 12 月，国家版权局根据《知识产权强国建设纲要（2021－2035 年)》和《"十四五"国家知识产权保护和运用规划》等有关规划，编制了《版权工作"十四五"规划》，提出要进一步完善版权法律制度体系、完善版权行政保护体系、完善使用正版软件工作体系、完善版权社会服务体系、完善版权涉外工作体系、完善版权产业发展体系等。此类产业规制措施和规划的推出，使我国版权工作水平和效能得以不断提升，为推动高质量发展、建设创新型国家和文化强国、知识产权强国提供更加有力的版权支撑。

第二节　版权保护政策措施的国际比较

一、发达国家的版权保护政策措施

知识产权法律体系是否完备是版权产业赖以生存和发展的基础。当今全球版权产业最发达的代表国家是美国，英国、法国、澳大利亚、加拿大等版权产业表现也非常抢眼。这些发达国家的版权产业能取得今天的巨大成就，主要原因在于社会对版权给予高度保护。在历史上，世界上第一部现代意义的版权法《安妮女王法令》就诞生在英国。在英国印刷出版商不断向国会寻求法律保护的过程中，1709 年 1 月 11 日，英国下院收到一项法案，要求在一定期限内把图书的印制权授予印本的作者或买主以鼓励学术活动。这项法案于 1710 年 4 月 10 日由议会通过，成为《安妮女王法令》①。《安妮女王法令》是历史上第一次在法律层面确认作者在本人的作品印刷出版上拥有的支配权。《安妮女王法令》颁布后，取消了王室赐予作者版权这一特权。这一法令迎合了新兴资产阶级的政治主张，满足了他们的经济要求，确立了现代版权法的基本原则基础。它的颁布标志着近代英国版权制度开始形成。《安妮女王法令》的内容包含：确立保护主体、保护期限的规定；作者及产品登记注册规定；缴纳样本的过程规定；侵权行为的确立和惩罚的规定。该法虽经过多次修订，但其基本立法精神一直影响至今。这部法令内容完整，可操作性强，成为后来欧美各国（地区）及其他国家（地区）在版权立

---

① 1709 年近代英国第一部版权法《安妮女王法令》的颁布具有重大意义。图书出版公司对版权长达 100 余年的垄断到此彻底结束，图书出版商公司逐步演变为单纯的出版登记管理机构。版权开始成为近代意义上的著作权，并完全摆脱了政治权力的干预，归属于单纯的经济财产权利，从此版权制度走进司法领域。

法时参考借鉴的主要模板之一。1790 年美国颁布的联邦版权法便是仿照《安妮女王法令》制定的，澳大利亚和加拿大等国的版权法在实施初期也大多是沿袭英国版权法，在获得独立的立法权之后才逐步形成了本国的版权法。英国是实施版权保护最早的国家，美国是现代实施版权保护最完善的国家。本书选取这两个典型国家来说明发达国家版权保护现状。

400 年来英国一直坚持知识产权保护的基本方针，构建了比较完善且富有英国特色的知识产权保护法律体系和制度保障，知识产权保护意识深入人心。作为知识产权中最主要的一块，版权保护也是历届英国政府关注的重点。英国版权保护的政策措施包括三个方面：第一，英国国内法律体系建设比较成熟。英国法律属于英美法系，主要以判例法为主要形式。然而为了更有效、更充分地对版权进行保护，根据版权的特点，英国在这方面制定了大量的成文法。目前，英国颁布的版权保护相关法律有 1998 年的《著作权、产品设计和专利法》、1996 年和 2003 年的《著作权及相关权利条例》、2005 年的《著作权（直布罗陀）令》、2005 年的《著作权和表演（适用其他国家）令》。另外，还有涉及具体版权产业部门的版权保护法律，如 1927 年的《电影法案》、1981 年的《广播法案》、2012 年的《通讯法案》、2012 年的《现场音乐法案》和 2017 年的《数字经济法》。第二，英国在完善自身版权保护制度安排的同时，积极参加世界版权保护国际公约，包括 1883 年的《保护工业产权巴黎公约》、1886 年的《保护文学艺术作品伯尔尼公约》、1961 年的《罗马公约》、1970 年的《专利合作条约》、1994 年的《与贸易有关的知识产权协议》（TRIPs 协议）等。对于这些所参加的国际公约，英国先后通过相应的国内法予以实施[①]。第三，对版权的保护还需要有公平公正的执法来保障。1852 年英国设立专利局（UKPO），2007 年 UKPO 更名为英国知识产权局，它是一个综合性的官方管理机构，宗旨是为知识产权所有者提供便捷和高效的服务。UKPO 对版权保护的工作内容主要包括版权的申报和审批，协调政府决策部门、执法部门和版权企业之间的关系，以及执行和实施版权保护规则和工作条例等。为了解决其只有管理功能没有执法功能的问题，英国知识产权局集合政府、执法机构和企业三方代表成立“反知识产权犯罪小组”，旨在协调各方力量严厉打击版权侵权行为，取得的效果显著。

如果说英国是世界上版权保护最早的国家，美国则是版权保护最健全和发达的国家。首先，美国版权保护是建立在法制的基础上。不同于其他法律形式，美

---

① 屈广清，陈小云. 英国知识产权法律适用研究 [J]. 知识产权，2006（1）：69 – 73.

国在版权保护相关法律制定时放弃了判例法的立法传统而采用成文法的形式。《1790 年版权法》是美国制定的第一部版权保护法。之后随着技术和经济的发展，《版权法》经过多次重大修改，保护的范围不断扩大。例如，为了顺应现代信息技术和网络发展的新形势，美国及时将数字产品和网络产品加入知识产权保护的法律范围内。1998 年的《数字千年版权法》将对电台"临时复制"音乐制品的行为许可拓展至网络空间，同时也兼顾了对网络空间中版权人、传播者权利的保护，这样新兴版权产业的发展也得到了法律保障。2002 年 6 月 25 日，美国众议院通过《规范对等网络法案》，旨在保护对等传输中享有版权的作品，同时对传输者的责任进行限制。目前《版权法》已经涵盖了所有通过智力劳动创造的具有独创性的作品，同时版权保护的期限也延长到作者死后 70 年，公司版权保护期延长到 95 年。美国关于版权保护的立法速度非常快，效率很高。仅 1992 年 1 月 1 日至 1993 年 7 月，英国就出台了 33 个版权保护相关的法案和决议。其次，美国积极参与和推进世界版权保护体系的构建。1989 年美国加入《伯尔尼公约》标志着美国的版权保护与国际接轨。1996 年 12 月 WIPO 出台《世界知识产权组织表演和录音制品条约》和《世界知识产权组织版权条约》。美国加入了这些国际条约，并且为了和这两个国际条约实现无缝对接，颁布了新的《数字千年版权法》，删除了该法旧版中与两个国际条约不衔接的地方，增加了新的内容。此后，美国积极推动版权保护国际条约的制定和执行，努力构建世界版权保护制度体系，并使美国在这些体系中拥有主要的话语权。例如，美国积极推动 WTO 的《与贸易有关的知识产权协定》的缔结，使之最终成为对知识产权保护标准较高的国际公约。此后其还通过推动修订 TRIPs 协议，以及签订贸易和投资框架协议、双边投资协定、自由贸易协定和区域贸易协定等多项措施，来提升国外版权保护力度和水平，特别是美国利用其世界经济绝对强国的地位，将知识产权保护同外贸挂钩，迫使与之贸易的国家按照它的标准进行知识产权保护。例如，美国在"特别301 条款"中规定，美国贸易代表办公室每年发布"特别 301 评估报告"，对贸易伙伴国家的知识产权保护情况进行分析，并根据分析结果将贸易对象国进行分类。如果被列入"重点国家"，美国将对其展开 6～9 个月的调查和谈判，迫使其采取措施修正知识产权保护政策，否则将面临美国贸易制裁。

二、中国的版权保护政策措施

我国对知识产权的法律保护开始于改革开放后。当时整个社会对知识产权保护的理解和认同感不高，我国出于对外开放的需要对知识产权保护进行顶层制度设计，"自上而下"地推动知识产权保护工作。由此造成的问题是各地保护水平参差不齐，不保护、弱保护、应付性保护、名义上保护实际上不保护的现象频出。随着我国经济不断发展，人民法制意识的不断提高，知识产权保护日益成为人们的共识。此后我国由被迫保护向主动保护转变。纵观过去，我国用了 30 年时间在完善我国的知识产权保护体系。20 世纪八九十年代我国创制了主要的知识产权保护法律制度。入世后又针对入世要求进行了全面的法律修订。从 2013 年开始，对主要的知识产权法进行不断的修订和完善。在知识产权保护的立法过程中逐步抛弃"西体中用"的思路，更多考虑我国国情的实际情况，提高法律的可执行性，实现国际接轨和国内实际的统筹兼顾。同时为了提高法律的执行力，我国知识产权司法体系不断进行改革以提高其专业化水平。中央层面及地方知识产权管理机构设立，北京、上海和广州设立了知识产权法院，之后各主要中心城市设立了知识产权法庭。2018 年 10 月 26 日，全国人大常委通过决定设立最高人民法院知识产权法庭，此举提高了知识产权案件的审理标准。①

版权（著作权）属于知识产权中最主要的内容，以上我国知识产权保护的现实特征在版权保护上得到了充分体现。在改革开放之前，我国主要以行政手段对版权进行保护，没有建立版权的法律保护制度体系，缺乏法律体制下的版权保护实践经验。改革开放后，我国逐步开始建立版权保护相关法律制度。1979 年我国与美国签订了《中美高能物理协议》，其中提到了保护版权问题。美国提出在中国正式出台版权法律之前，双方按照世界版权公约的规定保护彼此的版权。1986 年 4 月全国人民代表大会通过《中华人民共和国民法通则》，其中第九十四条规定："公民、法人享有著作权（版权），依法有署名、发表、出版、获得报酬等权利"，第一次以国家基本法的形式明确规定公民、法人享有著作权。为了适应对外开放的需要，经过 11 年的努力，1990 年第七届全国人民代表大会常务委员会第十五次会议审议通过了《中华人民共和国著作权法》，新中国第一部版权保护法正式诞生。《中华人民共和国著作权法》全面规范了著作权保护的主体、客体、权利限制、权利行使、法律救济等内容，形成了较为系统的著作权保护专门法律，从操作层面解决了我国著作权的保护问题。由于国内缺乏版权保护的观念和操作经验，《中华人民共和国著作权法》的制定在一定程度上是他国版

① 孔祥俊. 中国知识产权保护的新态势——40 年来我国知识产权保护的回顾与展望［J］. 中国市场监管研究，2018（12）：11 – 15.

权立法直接套用到中国，存在与中国实际国情脱离，操作困难等问题。[①] 此后《中华人民共和国著作权法》经过 2001 年、2010 年和 2020 年几次修订，逐步将立足点放在中国的实际，内部条款的规定也越来越符合中国的国情。

2020 年 11 月 11 日，全国人民代表大会常务委员会通过《全国人民代表大会常务委员会关于修改〈中华人民共和国著作权法〉的决定》系第三次修订，新修订之后的《中华人民共和国著作权法》自 2021 年 6 月 1 日起施行。本次修订引入侵权惩罚性赔偿制度，明确法定赔偿额下限，调整了视听作品著作权归属规定，在有关著作权的合理使用问题方面，增加了不以营利为目的的限制性规定，同时进一步明确了保护著作权的技术措施定义。本次修订，对于促进新时代版权事业高质量发展具有重要意义。

除了《中华人民共和国著作权法》外，我国还出台了《中华人民共和国著作权法实施条例》《著作权行政处罚实施办法》《关于审理涉及计算机网络著作权纠纷案件适用法律若干问题的解释》《音像制品管理条例》《关于惩治侵犯著作权的犯罪的决定》等与版权保护相关的法律和条例。据国家版权局统计，在版权领域，我国已经有 1 部《中华人民共和国著作权法》、6 个行政法规、8 个地方性的行政法规和规章制度、10 个部门规章、45 个规范性文件、6 个司法解释和司法指导意见。通过历年来的不懈努力，已经构建了比较完整的版权保护法律体系。我国在对版权进行保护的初始阶段就重视与国际对接。1992 年 10 月 15 日我国加入《保护文学和艺术作品伯尔尼公约》，1992 年 10 月 30 日加入《世界版权公约》。1993 年 4 月 30 日成为《保护录音制品制作者防止未经许可复制其录音制品公约》成员国。中国在短短的十几年时间里，建立起了既符合中国国情又与国际公约、国际惯例相协调的著作权法律体系。

在国内外版权保护政策措施的保障下我国版权产业迅速发展，据统计，2017年，全国共出版图书、期刊、报纸、音像制品和电子出版物 485.23 亿册（份、盒、张）、制作电视剧 314 部 13470 集、拍摄电影 798 部、制作动画片 350 部 14万分钟、软件登记量突破 70 万件。2020 年 12 月中国新闻出版研究院发布的《2019 年中国版权产业经济贡献》报告显示，2019 年中国版权产业增加值为 7.32 万亿元，同比增长 10.34%；占 GDP 的比重为 7.39%，比 2018 年提高 0.02个百分点。中国版权产业在国民经济中的比重稳步提升，总体规模进一步壮

---

① 田辰. 我国著作权登记制度存在问题及对策探析 [J]. 新西部, 2018 (36): 97-98.

大①。作为创新驱动发展新引擎，版权产业为我国经济高质量发展增添了"版权动力"。从国际比较的数据来看，中国已经成为名副其实的版权大国。

第三节　版权产业促进政策的国际比较

一、发达国家的版权产业促进政策

版权产业发展水平比较高的发达国家经过多年的实践，通过各类政策措施推动本国版权产业的发展，大多都寻找到了适合本国产业发展的扶持模式，形成了一套比较成熟的扶持规则和体系。

为促进本国版权产业的发展，各发达国家都曾出台相应的产业振兴战略、产业支持计划或者支持版权产业发展的配套支持体系建设等举措。美国曾于1993年提出并实施国家信息基础设施（NII，即信息高速公路）计划，不但推动了美国的数字化进程，成为全球互联网发展的领头羊，也带来了此后美国网络版权产业的繁荣与兴盛。英国政府在布莱尔执政时期也大力推动创意产业的发展，提出了"新英国"计划，并通过《创意产业规划文件》对本国创意产业发展提供全方位支持。此外，澳大利亚政府曾提出"澳大利亚多元文化国家议程"（1989年）和"创意国度"（1994年）的国家文化发展战略，日本政府曾提出"21世纪文化立国方略"（1996）要实现向文化输出大国的转变，韩国政府也曾提出文化立国方针（1998年）和"文化产业振兴基本法"（1999年），其他版权产业较为发达的国家大多也都有类似的产业振兴和发展战略②。此类产业发展振兴战略虽不能立刻见效，但是其作为长期规划的基础性指导作用却为各国（地区）发展其版权产业提供了方向性指引，在此类促进政策或举措的带动下，全球大多数发达国家（地区）的版权产业近年来都有不同程度的增长。

在扶持政策方面，大多数国家采用多元化的扶持政策，充分调动各方力量对版权产业进行扶持。各国（地区）在制定版权产业的扶持政策时，出发点大多

---

① 参见中国新闻出版研究院：《2019 年中国版权产业经济贡献》。
② 周荣国. 韩国、日本、澳大利亚发展文化产业的战略举措［J］. 当代世界，2009（5）：10 – 12.

是为了保证公众享受文化权益、壮大版权产业、增加国家的文化软实力。总的来说，发达国家扶持版权产业的措施一般包括税收优惠政策、直接资金补助政策、项目扶持政策、鼓励成立各类型基金、给予企业或个人奖励政策、重视人才培育政策等。当然各国（地区）的发展阶段不同以及本国（地区）对版权产业的规制模式不同，扶持政策也有所不同，具体如表4-1所示。

表4-1 主要版权产业强国（地区）产业促进政策汇总

国家	促进政策
英国	1. 鼓励多渠道筹集资金，将国家彩票收入用于版权产业建设和人才培养 2. 通过外交手段支持版权产业海外市场开发和产品出口 3. 通过多种手段组合使用，加大知识产权保护力度 4. 对图书、期刊、报纸出版业不增收增值税 5. 设立英格兰区域投资基金（RIFE）对英格兰地区的电影给予资助 6. 对达到要求的电影给予税收减免优惠 7. 给予出口的图书报刊、游戏产业出口退税或补贴 8. 对于创作时间比较长，收入水平比较低的作词家、作曲家、剧作家等给予税收缴纳的优惠安排 9. 实施"领军文化人才扶持计划"和"文化领袖"项目，通过设立基金会或直接资金扶持给予杰出艺术家资助
法国	1. 成立国家图书中心对图书出版业给予扶持和资助，资金主要来自图书生产和销售方面的税收 2. 在国家层面成立国家电影中心对电影业进行资助，支持电影业发展，资金来源于各种税收及其他收入 3. 设有多种高额奖金用于奖励优秀的版权文化艺术人才 4. 对居住在国外的法国作者、艺术家和文化从业人员提供资助 5. 通过设立文化基金会扶持各个领域的版权创作者和各类艺术家
韩国	1. 设立"文化产业基金"，为本国版权产业的发展提供包括贷款在内的各类融资支持，解决融资难的问题 2. 成立文化产业振兴院，每年可得政府5000万美元资助 3. 成立影音分轨公司，全额补助版权产品中将韩文翻译成外文的费用，促进韩国版权产品走向全世界 4. 对有突出成就的版权产业从业人才免征个人所得税两年 5. 政府出资培育和支持电子出版业的发展 6. 对版权产业实施一定程度的税收优惠，支持各类版权企业发展壮大 7. 设立支持版权产业发展的专项政府资金或奖项 8. 设立政府预置金，按照市场运作模式向版权企业提供低息贷款

续表

国家	促进政策
美国	1. 设立美国艺术基金会和美国人文基金会对版权产业的发展进行扶持，为优秀版权作品的创作者提供帮助和资金上的支持 2. 利用其国际政治经济优势，通过双边政府谈判为本国版权产品出口创造良好的市场环境 3. 各州几乎都出台了给予电影产业税收优惠补助的政策 4. 鼓励版权企业利用风险投资模式分散投资风险，尤其对电影产品的发展提供了关键的资金支持
日本	1. 对中小版权企业给予所得税、印花税、企业税、固定支持税减免政策 2. 对重要的期刊、学术出版和学术数据库及相关研究项目提供资助 3. 政府成立负责管理知识产权的公司，通过知识产权证券化，向拥有著作权的文化企业提供融资渠道

资料来源：根据董为民（2004）[①]、蔡灵芝（2016）[②]、解学芳和臧志彭（2015）[③] 的研究成果整理而得。

二、中国的版权产业促进政策

2008 年 6 月 5 日，国务院发布《国家知识产权战略纲要》，宣布我国开始实施知识产权战略，也标志着知识产权保护上升为国家战略。这个文件在很长一段时间成为指导我国知识产权保护的纲领性文件。作为知识产权最主要的组成部分，版权产业也成为国家重点关注和扶持的对象。此后，我国出台一系列有利于版权产业发展的产业扶持和促进政策。

在产业政策体系建设上，"十三五"期间，我国政府陆续出台了《"十三五"国家知识产权保护和运用规划》《版权工作"十三五"规划》《关于加强知识产权审判领域改革创新若干问题的意见》《国务院关于新形势下加快知识产权强国建设的若干意见》《"十三五"国家知识产权保护和运用规划》《新闻出版广播影视"十三五"发展规划》等，明确了版权产业发展的指导方针，为我国版权事业发展注入强劲动力，为版权产业的发展创造良好的政策环境。此后，进入"十

[①] 董为民. 国外文化产业现状、发展措施与经验 [J]. 经济研究参考，2004（10）：18 – 34.
[②] 蔡灵芝. 国外文化产业金融支持模式及启示 [J]. 合作经济与科技，2016（24）：64 – 66.
[③] 解学芳，臧志彭. 国外文化产业财税扶持政策法规体系研究：最新进展、模式与启示 [J]. 国外社会科学，2015（4）：85 – 102.

四五"期间，我国政府又出台了《版权工作"十四五"规划》《出版业"十四五"时期发展规划》等一系列文件，不断完善具有中国特色的版权产业政策体系。

在资金扶持上，政府拨出专项资金对版权产业进行扶持。以电影行业为例，根据《国家电影事业发展专项资金上缴的实施细则》的规定，国家设立电影事业发展专项资金用于扶持重点影片生产、城市电影院的维修和少数民族地区电影企业特殊困难的资助，以及资助对电影经济发展有重要影响的重点项目。此项扶持资金来源于县及县级以上城市电影院电影票房收入的 5%。除了对电影进行补贴外，国家还加大对动画作品、图书出版类产品的直接资金补贴。此外，国家版权主管机构通过积极与财政金融、税务部门和发展改革规划部门沟通，将版权产业发展工作纳入各省市地区的发展规划中，争取财政及相关政策的支持。除了上述两个渠道以外，第三个资金扶持渠道是积极探索版权企业和行业协会与银行等金融机构的合作，提高中小版权企业融资便利性。例如，在国家版权局的指导下，北京版权局主管的第一个创新性行业组织首都版权产业联盟正在与上海浦东发展银行共同探索构建版权产业创新金融服务平台，对版权企业的核心版权、资产运营提供资金支持。

在税收优惠上，目前我国税务机构从推动版权企业体制改革、促进版权产品进出口和鼓励版权企业创新等角度给予版权企业大力支持，出台了一系列措施给予版权企业优惠的征税待遇。以动漫业为例，我国规定，经国务院有关部门认定的动漫企业，其自主开发和生产直接产品时若确需进口商品可享受免征进口环节增值税；对符合要求的部分动漫企业营业收入，涉及的营业税减按 3% 税率征收；销售自主开发生产的动漫软件，按 17% 的税率征收增值税后，对其增值税实际税负超过 3% 的部分，实行即征即退政策；动漫软件出口免征增值税。

在促进版权交易方面，成立国家版权交易中心和国家版权贸易基地，重点关注东北地区、国家综合实验改革试验区、自贸区和"一带一路"沿线地区的版权交易中心建设。支持"国家版权交易中心联盟"的建设，充分发挥它在版权交易、评估和融资方面的影响，继续通过举办"中国国际版权博览会"来扩大中国版权产业的国际影响力。

在加强国际合作方面，为版权产业发展创造良好的国际市场环境。根据前文的分析可知，在一些版权产业发展比较好的国家，如英国、美国和韩国，它们的政府都十分重视并支持版权企业开拓海外市场。我国领导人和政府在外事活动中也致力于宣传中华民族传统文化，促进我国版权产品出口。例如，习近平总书记每次外交活动都会向当地推广中国的文化。另外，我国也制定了鼓励版权产品出口的一系列优惠措施，国务院先后颁布了《关于推进文化创意和设计服务与相关产业融合发展的若干意见》和《关于加快发展对外文化贸易的意见》两份文件来鼓励我国包括版权产品在内的文化产品的出口。倡议我国国家汉语国际推广领导小组办公室在154个国家和地区建立了548所孔子学院和1193个中小学孔子课堂，促进了汉语在世界的推广和普及，传播了中国文化，也为我国版权产品的出口创造良好的市场环境。

除了上述措施外，我国版权产业管理机构积极探索通过设立奖项来提升作者创作、运用、保护和管理版权产品的能力。例如，国家版权局与WIPO设立的中国版权金奖，它是我国版权领域最高奖项。我国也在探索鼓励民间资金成立基金会来资助我国版权产业的发展。例如，成立于1989年10月27日的中国电影基金会（CFF），是一个全国性的公募基金会，它的主管部门是国家新闻出版广电总局，它的资金来源于社会捐赠。经过近30年的运作，CFF在促进我国电影事业的发展，提高我国电影制作技术水平，鼓励电影人才的艺术创作、加速电影的产业化进程中发挥了重要作用。

第四节　版权产业制度安排国际比较的评述

一、版权产业规制国际比较的评述

在产业规制方面，通过国际比较可以寻求一种最适合中国的规制模式，在此基础上借鉴发达国家的规制手段和方法解决中国的问题。版权产业与普通产业不同，由于其在追求企业经济利益的同时，又兼具传播文化知识、提高公众审美水平和道德水平、丰富公众文化娱乐生活、树立公众正确的人生观价值观、提高国家的科技创新水平等社会责任，具有很强的外部性。如果版权企业在生产过程中，不顾自己的社会责任，一味追求经济效益，生产的产品品质低俗，而消费者不理智消费，即产生了负外部效应。具体表现为严重破坏版权产业市场秩序，阻碍区域经济的发展，破坏传统文化的传播和民族文化资源的保护，不利于国民文化素质的提高。这种负外部效应很难通过市场自发调节来消除，必须依靠政府或行业协会、通过一定手段进行规制：消除市场失灵现象的不利影响，鼓励正外部性版权产品或服务发展，抑制负外部性版权产品或服务的发展，甚至促使其向正外部性产品转换。特别是我国市场经济发展起步相较于欧美发达国家比较晚，版权产业的市场运行机制不成熟，发展规模远不如发达国家，发展水平还比较低，企业适应市场机制的能力还比较弱。版权产业的特殊性加上我国国情的特殊性，使政府对版权产业进行产业规制是完全必须的。美国民间主导型产业规制模式不符合我国的国情。我国可以借鉴英国的模式，坚持政府民间平衡型产业规制模式，采用以政府规制为主，行业协会规制为辅的规制手段。在未来的产业规制过程中要重点解决版权产业产权不清、政府行政效率低、行业协会作用没有充分发挥等问题。

二、版权保护政策国际比较的评述

通过国际比较我们发现，知识产权保护是一个国家（地区）版权产业能够生产和发展下去的关键，各个国家（地区）都十分重视版权保护问题。越是知识产权保护做得好的国家（地区），其版权产业的发展越好。这里所说的"做得好"是指版权保护工作能够从本国（地区）的国情出发，同本国（地区）的版权产业发展阶段相适应，保护的措施有效，能够真正为本国（地区）版权产业的发展创造良好的内外部环境。欧美发达国家在其所处的不同发展阶段，也都采取了差异化的保护政策。当其本身的版权产业发展程度较低时，往往不过分追求过高的知识产权保护水平，比如美国就曾经在很长一段时间内奉行该原则，不仅内部不重视版权保护，外部也曾长期游离于国际主流版权保护体系之外。不过，欧美发达国家在其自身的版权产业发展程度较高时，为保护版权产业从业人员的经济利益以及作品创作的积极性，推动版权产业的持续发展壮大，都不约而同地加大了其对版权产品的知识产权保护力度。当前我国版权产业正处于由弱转强的转变过程中，针对我国版权产业发展现状，结合我国的国情，我们认为在未来的版权保护过程中应当历史辩证地看待知识产权保护的程度和范围，更多地关注版权相关法律的完善和版权保护执法能力的提高。

三、版权产业促进政策国际比较的评述

通过国际比较我们发现，与其他国家类似，我国同样设置了促进版权产业发

展的相关战略和规划，我国在版权促进的力度方面与发达国家大体相当。为了执行我国的文化强国战略，我国对版权产业扶持措施多样化，扶持力度巨大，促进产业发展效果明显。但不可否认的是，我国版权产业的起步较晚，新中国成立后到改革开放之前的很长一段时间，版权产业的发展基本上是停滞的，相应的产业促进政策也较少，从而使我国版权产业在改革开放之前长期处于蛰伏状态。伴随着改革开放以及中国加入世界贸易组织，我国政府相继出台了一系列建设"知识产权强国"的版权产业促进政策，不断提高版权意识，努力实现"版权强国"的建设目标；进入数字经济时代，网络版权产业方兴未艾，数字经济领域的版权产业蓬勃发展，我国政府又适时出台了促进"数字中国"建设的一系列政策措施，为版权产业在数字经济时代的发展提供了强大的内源性推动力。当前，政府对版权产业进行扶持和促进的实践还处于探索阶段，在版权产业扶持和促进政策措施方面还存在若干问题，比如对版权产业创新创意人才的扶持力度不足、扶持政策存在难执行的现象、扶持资金渠道比较单一等问题，在这些方面，可以借鉴版权产业较为发达的欧美国家的经验进行改进，提升版权产业促进政策的实施效果，推动我国版权产业行稳致远。

Chapter Five

第五章 版权产业发展影响因素的实证研究

　　前文通过中外版权产业发展历史的纵向国际比较，以及中外版权产业发展水平、制度安排的横向国际比较，总结了版权产业的发展规律，验证了理论基础部分构建的版权驱动机制的合理性。在版权产业驱动机制的各要素中，知识产权保护对版权产业的发展起最基础的支撑作用，据历史经验显示，各国（地区）知识产权保护制度存在差异性，因此用实证手段研究知识产权保护对版权产业的影响具有重要意义，本章以知识产权保护为核心解释变量，选取驱动机制的其他相关因素为控制变量，通过实证研究重点分析知识产权保护对版权产业发展的影响机理及作用大小，同时进一步验证前述驱动机制的合理性。

第一节　问题的提出

版权是作者所拥有的独创性智力成果在法律上的经济体现，历史经验和现实发展规律告诉我们，以知识产权保护为基础所搭建的法制环境，是版权产业成长所需的阳光、空气和土壤，是增强内源性创新能力、推动版权产业健康发展的重要保障。近年来，世界各国（地区）版权产业的迅速成长都是在与其发展水平相适宜的版权法保护下，通过不断提升自己的创新能力，将创意、资金、劳动与新技术充分结合，推动版权产业快速稳健发展。

各国（地区）近年来都注意到知识产权保护在推动经济增长和优化经济结构中的重要作用，出台相应的法律法规及其配套措施，努力提升本国（地区）的版权产业发展水平。各国（地区）的发展经验证实，如果一国版权产业的知识产权保护不足，单纯扩大对该产业的投资、片面强调自主创新能力，或者单纯地追加劳动投入等，都很难达到繁荣本国（地区）文化市场的目的。因此本书在实证分析部分，重点考核知识产权对版权产业发展的影响，将其设定为影响版权产业发展的最核心因素。

知识产权保护对于经济增长的基础性作用已经得到很多学者经验研究的验证，知识产权保护制度对于各国（地区）经济的发展支撑作用也得到理论界的认可。不过，当前争议的问题在于：对于不同经济发展阶段的国家（地区），究竟应该采取怎样的知识产权保护水平才最有利于其自身产业的发展，在这一问题上学术界还没有取得统一的认识①。一个国家（地区）在制定有关知识产权保护的法规或措施时，要思考如何设定自己的知识产权保护水平，才能使本国（地区）的产业发展和经济增长的利益最大化。这需要开展有关知识产权保护以及版权产业发展驱动机制中其他要素对版权产业发展影响的经验研究，也需通过实证检验才能得出结论。

此外，版权产业具有典型知识经济的特点，其发展壮大除知识产权保护外，还

---

① 詹映. 我国知识产权保护水平的实证研究——国际比较与适度性评判 [J]. 科学学研究, 2013, 31（9）: 1347 – 1354.

需要有配套的创新能力支持体系，即包括人才支持、研发资金投入、必备的网络基础设施等因素，这些都是版权产业健康发展不可或缺的要素，探索这些影响因素的作用同样具有重要意义。本书的目的就在于：探析创新、知识产权保护和教育发展等因素对版权产业竞争力的实际影响，检验是否存在推动其发展的作用机理。

从全球范围内的发展经验来看，知识产权保护及其他创新要素到底如何影响着版权产业的发展？这种影响在发达国家和发展中国家之间是否存在异质性？作为发展中国家，我国的版权保护水平与当前的社会发展阶段和现实发展需求是否相匹配？而这些问题的回答，都事关我国成功实现从劳动密集型向资金和技术密集型发展模式的转型。

由前文可知，在现有的研究中，还未发现有关知识产权保护推动版权产业发展驱动机制的经验研究，大多聚焦于版权产业或该产业中某一细分行业，而有关知识产权保护等变量如何影响版权产业的实证研究则并无统一结论。在前人研究的基础上，本书将以版权产业发展水平为研究对象，以世界各国（地区）的版权产业国际市场占有率为代理变量，采用跨国面板数据，在控制相关变量的条件下，考察作为创新基础的知识产权保护水平以及其他宏观影响因素是如何影响一国或地区版权产业的发展，以及在多大程度上影响了版权产业的发展。

本书对版权产业发展的影响因素进行实证检验的主要目的是指导我们分析中国版权产业发展问题，也就是在全方位的纵向和横向国际比较研究完成后，考察以知识产权保护为代表的各类解释变量对版权产业的影响，通过理论分析和实证研究，进一步验证版权产业发展驱动机制的合理性，以此来指导搭建版权产业发展的政策支撑体系。

第二节　理论模型

一、知识产权保护促进版权产业发展作用机制的实现途径

知识产权保护主要通过以下四个途径推动版权产业的发展：促进技术创新、保障研发经费、优化营商环境、吸引内外资流入。

第一，在促进技术创新方面，正是由于创新产品的知识产权受到了保护，创

新所有者就可以排他性地拥有对该产品的经济利益。知识产权保护可以保障版权企业所研发的新技术安全，推动知识产品的确权和商品化，避免其创新成果被恶意模仿，企业的技术研发活动有法律保障的支持，能够激发企业或个人开展创新活动的积极性，加快新技术的不断涌现。在健全的知识产权保护体系下，版权产业的生产者更有动力去追加投入，从事优质版权产品的创作生产，并不断推陈出新。

第二，在保障研发经费方面，不断完善的知识产权保护使企业有信心投入资金和精力开展暂时无确定回报的研发活动，这种经济预期也能吸引更多"天使投资"投入该行业。企业研发出知识产品的确权和评估，使版权企业的虚拟资产有了相对客观的评估价值，有利于版权企业以此为资产证明从商业银行、证券市场以及风投企业获得融资支持。知识产品在确权后可顺利实现商品化，企业通过市场交易及时获得回款资金，此后企业可将所获利润作为研发经费投入到后续研发活动，为扩大再生产提供经费保障。

第三，在优化营商环境方面，不断完善的知识产权保护体系和政策支持可以为版权企业的发展塑造良好的营商环境。现代知识产权制度的作用就在于保障版权所有者的经济利益在版权市场上顺利实现，当出现版权产品被盗版或恶意侵权时，作者和其授权的有关主体可以依据其对该版权产品的知识产权所有权，请求司法机关介入，其自身的合法权益得以保障，从而保障了各参与主体对版权市场交易的公平和信心。不断优化的营商环境，也有利于吸引更多高层次创新人才的流入，加之政府为版权企业配套的公共服务平台、中介服务机构和各类政策支持，必将能激发本地区的创新活力，促进版权产业的持续发展，并做大做强。

第四，在吸引内外资流入方面，由于存在对盗版侵权的各类打击活动或司法强制措施，对于盗版或恶意侵权者也构成了一定的心理震慑，版权企业经营者的经济利益实现得到保证，提升了内资及外资企业来本地投资的信心。此外，相关版权产品的用户，即使原来是盗版产品的用户，在知识产权保护水平提升的压力下，也会放弃盗版侵权产品，转而付费购买正版产品或增加对正版产品的消费量，正版市场的消费需求就会不断提升。受庞大市场需求的吸引，境内其他地区或本国（地区）之外的外商直接投资也会竞相流入，依托日臻完善的知识产权制度所塑造的营商环境，拥有较高知识产权或创新能力的内外资企业更愿意到本地区投资兴业。产业规模的扩大及上下游产业链的配套完善，又凝聚成产业集聚效应。此外，外资流入还会通过技术溢出带来正外部性，又会进一步推动版权产业的持续发展。

二、基于 KPF 模型的理论机制分析

知识生产函数（Knowledge Production Function，KPF）模型可以作为分析知识产权保护对版权产业发展影响的有力工具，该模型最早由 Griliches（1979）[①]在分析高等院校科研投入对地区创新能力的影响时提出，此后，经过众多学者的不断改进和发展，知识生产函数已经成为研究知识经济、区域创新能力和经济增长等各类问题的一个非常重要的分析框架。为探析知识产权保护对版权产业发展的影响机制，在原 KPF 模型的基础上，本书构建了扩展的 KPF 模型用以分析版权产业发展的驱动机制，其可以被解构为三个维度，即支撑机制（包括知识产权保护制度支撑、互联网基础设施等）、引导机制（包括国内需求引导、国外需求引导等）和推动机制（创新驱动、人才推动等），而其中知识产权保护处于支撑机制的核心地位。其原因在于版权产业发展需要一个核心的基础支撑，也就是必须有相对完备的知识产权保护，否则版权产业的发展就没有立足之地。无论从知识积累、知识扩散还是生产再循环的角度来看，知识产权保护对于版权产业的生存和发展起到基础性的保护作用。

为深入分析知识产权保护促进版权产业发展的作用机制，本书借鉴黄茂兴和林寿富（2013）[②] 将环境当作特殊生产要素引入到罗默经济增长模型（Romer，1986）[③] 的研究思路，并结合蔡兴（2016）[④] 在研究劳动力供给对出口结构影响时将研发投入代入柯布—道格拉斯函数的研究思路，把知识产权保护当作一类特殊的投入要素，将其引入到扩展的知识生产函数（KPF）模型，构建以版权产业发展水平为被解释变量的经济增长模型，以分析知识产权保护力度对版权产业发展的影响，并将构成版权产业发展驱动机制的互联网基础设施水平、劳动力投入、资金投入、信息技术发展水平以及对外开放等各类要素纳入模型，作为模型的控制变量，综合分析版权产业发展的各影响因素在驱动机制中所起到的作用，以及发挥相应作用大小的差异。

---

① Griliches Z. Issues in Assessing the Contribution of Research and Development to Productivity Growth [J]. Bell Journal of Economics，1979，10（1）：92–116.

② 黄茂兴，林寿富. 污染损害、环境管理与经济可持续增长——基于五部门内生经济增长模型的分析 [J]. 经济研究，2013，48（12）：30–41.

③ Romer P M. Increasing Returns and Long-run Growth [J]. Journal of Political Economy，1986，94（5）：1002–1037.

④ 蔡兴. 人口老龄化倒逼了中国出口结构的优化升级吗 [J]. 当代经济研究，2016（8）：81–91.

在研究版权产业发展水平的影响因素时，本书将知识产权保护、互联网发展水平、经济发展水平、对外开放水平以及信息技术发展水平等各要素引入知识生产函数（KPF）模型。本书的理论模型设定基于柯布—道格拉斯函数的基本形式，将版权产业发展水平 CPR 作为其产出，进一步将其扩展为包含知识产权保护等在内的理论模型，该模型的基本形式可表示为：

$$CPR = AL^{\alpha}K^{\beta}, \alpha > 0, \beta > 0 \qquad (5-1)$$

其中，CPR 表示版权产业的发展水平，L 表示投入版权产业的劳动，K 表示投入版权产业的资本，α 表示劳动的产出弹性，β 表示资本的产出弹性。A 表示版权产业的技术水平，它是一个随时间变化的变量，也是关于版权产业研发投入 RD 的函数，可表示为：

$$A = e^{ST}RD^{\lambda}, \delta > 0, \lambda > 0 \qquad (5-2)$$

其中，T 表示的是时间趋势，代表技术水平变化的不同时期。技术水平与研发投入成正比，同时和持续研发投入时间成正比，但不是简单的线性关系，持续研发投入时间越长，则研发技术体现为增长系数与研发时间成指数关系，表示研发投入研发时间越长，技术水平增长越快，在此设 e^{ST} 代表随时间变化的研发投入变动对技术水平产生影响的系数。RD 表示版权产业的研发投入，λ 代表研发投入的技术产出弹性。由于技术水平在一定时间间隔内是相对固定的，因此版权产业的研发投入将直接决定版权产业的技术水平。因此将式（5-2）代入式（5-1）可得：

$$CPR = e^{ST}RD^{\lambda}L^{\alpha}K^{\beta}, \alpha > 0, \beta > 0, \delta > 0, \lambda > 0 \qquad (5-3)$$

对式（5-3）求关于 RD 的偏导数可以得到：

$$\frac{\partial CPR}{\partial RD} = \lambda e^{ST}RD^{\lambda-1}L^{\alpha}K^{\beta}, \alpha > 0, \beta > 0, \delta > 0, \lambda > 0 \qquad (5-4)$$

其中，由于 $e^{ST}RD^{\lambda-1}L^{\alpha}K^{\beta} > 0$ 且 $\lambda > 0$ 恒成立，因此 $\frac{\partial CPR}{\partial RD} > 0$ 恒成立，所以由此可知，版权产业的发展水平 CPR 为研发投入的增函数，即研发投入对版权产业发展水平的提升起到正向促进作用。

此外，李平等（2007）[①] 研究发现知识产权保护能够加大科研的投入，这主要是因为知识产权保护给创作者、生产者和流通者带来免遭或少遭不法侵权的好处，版权产品的合法持有人可以顺利实现其作品版权的经济利益，使生产者和创作者有动力和能力加大对研发资金的投入和支持，这也佐证了知识产权保护能够加大

---

① 李平，崔喜君，刘建. 中国自主创新中研发资本投入产出绩效分析——兼论人力资本和知识产权保护的影响 [J]. 中国社会科学，2007（2）：32-42+204-205.

科研投入的观点。吴超鹏和唐菂（2016）用来自中国上市公司的证据所做的研究同样支持这一结论①。因此，假定知识产权保护为科研投入的一次增函数，即：

$$RD = f(P), \frac{\partial RD}{\partial IRP} > 0 \qquad (5-5)$$

其中，IRP 代表知识产权保护水平。

对 $\frac{\partial CPR}{\partial RD} > 0$ 和 $\frac{\partial RD}{\partial IRP} > 0$ 两式左右两边相乘，可以得到：

$$\frac{\partial CPR}{\partial RD} \times \frac{\partial RD}{\partial IRP} > 0 \qquad (5-6)$$

进一步整理之后，我们可以得到：

$$\frac{\partial CPR}{\partial IRP} > 0 \qquad (5-7)$$

从式（5-7）可知，版权产业发展水平 CPR 对知识产权保护水平 IRP 的一阶导数大于 0，可以得到知识产权保护水平为版权产业发展水平的增函数，随着知识产权保护水平 IRP 的增大，版权产业发展水平 CPR 也将同步增大。

因此本书得出以下核心命题，即：加强知识产权保护能够促进版权产业发展水平的提升，并能够通过生产规模的扩大获取规模经济的利益，进而提高其国际竞争力。

在此后的实证检验中，本文将以知识产权保护水平为核心解释变量，并在此基础上，纳入其他各项影响因素作为控制变量，实证检验各影响因素对版权产业发展水平的影响。

第三节　跨国面板数据模型分析

本书研究的目的在于验证本书之前提出版权产业发展的理论机理问题，也就是考察构成版权产业高质量发展的各类要素对版权产业产出水平的影响。基于本书研究目的和研究对象的特点，本书利用版权产业的发展水平作为被解释变量，构建版权产业跨国面板数据模型，通过静态跨国面板数据模型分析和动态跨国面板数据模型分析对上述研究假设进行实证检验。

一、计量模型与研究假设

（一）实证检验的基本框架

本书在知识生产函数的基础上，将知识产权保护作为一个投入要素，引入到扩展的 KPF 模型中，并将知识产权保护水平为核心解释变量，纳入其他各项影响因素作为控制变量，实证检验其对产业发展水平的影响，根据理论模型的分析和推导，在此将模型设定如下：

$$CPR_{it} = = \alpha + \beta IRP_{it} + \delta X_{it} + \mu_i + \varepsilon_{it} \qquad (5-8)$$

其中，CPR_{it} 表示在第 t 年 i 国版权产业的发展水平，作为被解释变量。α 为常数项，β、δ 为需要估计的系数，μ_i 反映个体效应，ε_{it} 为随机扰动项。IRP_{it} 表示在第 t 年 i 国的知识产权保护水平，由于在版权产业发展的驱动机制中知识产权保护起到基础性的支撑作用，是版权产业生存和发展的根本，也是支撑机制中的最关键要素，所以在本书的研究中将其作为核心解释变量。

此外，本书设定扩展的知识生产函数（KPF）模型将是一个包含知识产权保护水平（支撑机制中提供支撑力的关键要素）在内的多项投入要素的函数形式，模型构成中还包括版权产业发展驱动机制中的其他各项要素，所以用 X_{it} 表示除知识产权保护水平 IRP_{it} 之外的一组控制变量，主要涵盖支撑机制、驱动机制和引导机制三个方面的相关要素。由于现实中版权产业发展驱动机制中的构成要素是包罗万象的，但是在对其进行经济学分析时，必须进行合理抽象，基于各项因素在驱动机制中的地位及数据获取的现实考量，本书选取驱动机制中以下三个方面的因素纳入模型作为控制变量：

一是支撑机制中的互联网发展水平 NET_{it}，互联网基础设施的完善对于版权产业发展起到重要的支撑作用。依托互联网的发展，互联网与版权产业深度融合，在"互联网 + 版权产业"发展背景下，网络电影、网络音乐、网络文学和网络直播等版权产业的相关新业态不断涌现和发展，都离不开互联网基础设施的不断完善以及互联网普及率的不断提升。

二是引导机制中的国内外市场需求引导，主要包括国内市场需求引导和国外市场需求引导两个因素，共同发挥作用，形成合力，引导版权产业不断地发展壮大。首先，本书用对外贸易依存度 OPN_{it} 表征外向型经济发展所带来的国外市场需求，这主要是因为随着国外版权产品市场需求的扩大，一国必定会不断扩大其版权产品的出口，从而使出口部门在 GDP 中所占比重不断扩大。对外贸易依存度能够较好地说明国外市场对本国产品的需求情况。其次，用人均国内生产总值 GDP_{it} 代表国内市场的需求，很显然，人均国内生产总值越高的国家（地区），其居民的可支配收入就越高，该国或地区的国内市场需求也就越大。人均国内生产总值代表的经济发展水平，可以较好地反映一国或地区的市场需求情况。

三是推动机制中的创新驱动因素 INV_{it}，创新对经济增长和版权产业发展都有很大作用，版权产业是一个典型的以"精神劳动"为主的行业，特别强调创新对产业发展的推动作用，其成品也主要是脑力劳动产生的创造性智力成果，创新驱动对于版权产业发展的重要作用不言而喻。本书采用信息和通信技术产品出口占全部产品出口的百分比来表征创新驱动因素 INV_{it}，这是因为，作为最典型的高科技产品，一国或地区高科技含量产品的出口客观地反映了该国或该地区的创新能力，正是有强大的创新能力做保障，该国或该地区才得以向全球输出其计算机软件及通信技术产品等。

在模型的估计中，还需要考虑到影响版权产业发展水平却未进入本书模型中的其他因素以及其他难以被具体量化的因素，在此以 μ_i 反映这些随个体变化的遗漏变量和难以量化因素，e_{it} 为随机扰动项。

（二）相关研究假设

假设1：加强知识产权保护会有利于提升版权产业的发展水平。如前文所述，知识产权保护对于版权产业的发展而言具有基础性的保护作用。正是由于版权产品作者的知识产权受到了保护，这样作者就可以排他性地拥有他对该版权产品的经济利益。现代知识产权制度的作用就在于保障作者的权益得以顺利在版权市场上实现，当出现版权产品被盗版或恶意侵权时，作者和其授权的有关主体可以依据其对该版权产品的知识产权的所有权，请求司法机关介入，以保障自身的合法权益。在此过程中，作者的经济利益得以实现，版权产品的销量会得到进一步的提升。通常认为，知识产权保护会促进版权产业的发展，在健全的知识产权保护体系下，版权作品的生产者更有动力去从事优质作品的创作。因此，本书假定加强知识产权保护会有利于提高版权产业的发展。

假设2：完善互联网基础设施和提高互联网普及率能够推动版权产业的发展壮大。近年来，全球范围内互联网用户不断增长，表现为互联网普及率在各个国家（地区）均不同程度地上升。互联网普及率的提升大大带动了网络版权产业的发展，依托互联网为媒介的各类版权服务平台都获得了良好的发展契机。经济发展状况较好国家（地区）的国民消费能力一般也高于其他经济发展状况落后的国家（地区），其更有机会接触到本国（地区）提供的互联网信息服务，同时也更有能力购买互联网入网设备（如电脑、手机、平板电脑以及网络电视等）。在互联网接入设备的硬件具备，并且时刻能接触到各类版权产品或版权服务的情况下，理论上该国居民就会花费更多费用用以购买正版版权产品，这就给版权产业带来更多发展机会。因此，本书提出假设互联网普及率与版权产业发展水平两者之间为正相关关系。

假设3：以人均GDP衡量的国内市场需求与版权产业发展水平呈正相关。一般来说，人均GDP较高的国家（地区），人们的可支配收入水平也会比较高，相对应地，在精神文化层面的需求也会比较高，具备足够的支付能力去购买正版版权产品。从各国（地区）的发展经验做直觉性的经济判断可知，经济发展水平的提升会带来本国（地区）居民的购买能力上升，用户的收入水平和购买能力的提升又可以改善居民的消费结构。原有的食品和衣物类的消费减少，而文化、休闲、教育提升等方面的支出会明显增加，反映出一种消费升级的行为特征。如果以人均GDP来衡量一国经济发展水平，人均GDP越高，人均版权产品零售额就越高。学术界已有的研究成果也都曾证明：一国（地区）的经济发展水平越高，则整体对版权产品的需求就越旺盛，消费水平越高。故此，本书提出假设：以人均GDP衡量的国内市场需求与版权产业发展水平呈正相关。

假设4：对外开放带来的国外市场需求扩张能够推动版权产业发展水平的提升。在经济全球化的背景下，各个国家（地区）都在同一个"地球村"里，封闭只会带来落后和国内市场萎缩，积极拥抱全球版权消费市场才是版权产业做大做强的不二法宝。美国好莱坞的电影不但在美国本土上映，还在北美其他地区以及全球各国（地区）的院线上映。相比一国（地区）的内部市场需求，版权产业内的各类主体如果练好基本功，能够拿出国内外用户喜闻乐见的优秀版权产品，其国外市场需求潜力是无穷的。本国（地区）版权市场对外开放，短期内会使版权产业不发达国家（地区）的本土版权企业受到一定冲击，但是用长远的眼光看，开放本国（地区）版权市场可以引进更多优质的国外版权企业来本国（地区）投资设点，有利于刺激市场竞争，从而激励本国（地区）企业创新发展，增强其竞争能力。另外，版权市场对外开放也有利于一国（地区）版权企业走向国际市场，扩大海外市场对其产品的需求，争取更多的市场机会，参与全球资源配置。因此，本书假设一国（地区）对外开放程度与版权产业发展水平呈正相关。

假设 5：创新能力与版权产业发展水平呈正相关。创新是经济持续增长的关键动力，正是在创新驱动战略的指引下，各国（地区）版权产业的新业态层出不穷，创新也推动原来的版权产品不断地升级换代，不断地创造出新的需求，推动版权产业不断发展壮大。熊彼特曾指出创新就意味着创造性破坏，每次科技革命或者科学技术有了进一步的重大突破时，往往在诞生新产业或业态的同时也会对某些已有的产业或业态带来冲击，比如版权产业中网络新媒体的发展就会给传统的纸质媒体造成一定的冲击，存在相互替代的现象。但是这种冲击也可能是一种动力，正是因为传统产业受到了外部冲击，意识到了自身的不足，不断创新，寻找解决方法，从而推动版权产业在互联网时代加速实现升级发展。回顾过往版权产业的几次历史变革可以看出，伴随创新而来的新技术和新业态的发展，不仅不会使版权产业陷入困境，反而会促使其产业链进行适应性调整，从而推动版权产业发展水平不断提升。因此，本书在此假定创新驱动对版权产业发展有正向影响。

二、实证检验

（一）变量的数据说明

被解释变量的选定：本书用一国（地区）版权产业发展水平作为被解释变量，以（CPR）表示，数据来自 UNCTAD 数据库的创意经济数据库，参照 WIPO 的版权产业分类，对属于版权产业的各分项数据加总得到版权产业出口数据，进而分别计算出各自的国际市场占有率。在实证分析中，本书选取一国（地区）版权产业的国际市场占有率作为被解释变量，用来衡量一国（地区）版权产业的发展水平，选择这一指标的原因在于：相比单纯采用版权产业出口额等做法，使用国际市场占有率这一指标，更能客观地衡量各国（地区）版权产业在全球版权产业系统中的地位和发展水平，而且一国（地区）版权产业的国际市场占有率的波动恰好反映出各经济体版权产业发展水平的差异和变动。为了保持量纲的一致性，本书对其取自然对数，目的在于降低或消除模型的异方差性。

解释变量的选定：本书基于前文对驱动机制的理论推导、研究假设以及数据的可获得性，最终选取了知识产权保护水平（IRP）作为核心解释变量，并将互联网发展水平（NET）、国内市场需求（GDP）、国外市场需求（OPN）及创新驱动（INV）等因素作为控制变量引入模型中，增强模型的解释能力，同时也是为了验证本书驱动机制中的相关影响因素的作用。同样对所有解释变量均取自然对数，以降低或消除模型的异方差性。

各相关解释变量的数据来源如下：

核心解释变量知识产权保护水平（IRP）的数据来源于世界经济论坛（WEF）所发布的知识产权保护水平的统计数据。当前关于知识产权保护的测量还未有统一的方法，有调查法（专家评分法）、通过立法评分法测算 GP 指数、综合评分法等。要对其进行全面测量有较大的难度，所以本书直接采用世界经济论坛（WEF）的研究结果，该组织每年会发布《全球竞争力报告》，其中的相应指标为"知识产权保护水平"（IRP），取值范围为 1~7，数值越大表明知识产权保护力度越强，本书对这一指标采取自然对数形式。

解释变量中的其他几个控制变量：互联网发展水平（NET）以每百人中使用互联网的个人所占比重来衡量，数据来自世界银行的世界发展 WDI 数据库；国内市场需求（GDP）采用各国（地区）人均国内生产总值来衡量，数据来自世界银行的世界发展指标 WDI 数据库，并将人均国内生产总值取自然对数；国外市场需求（OPN）以对外贸易依存度来衡量，对外贸易依存度等于一国的进出口总额与其国内生产总值之比，一国的进口、出口的数据来自 WITS 数据库（世界综合贸易解决方案），国内生产总值来自世界银行，经测算而得，对其取自然对数纳入模型；创新驱动（INV）以创新活动的客观成果来衡量，具体采用高科技产品的典型代表——信息和通信技术产品出口占全部产品出口总量之百分比来衡量，数据来自世界银行的世界发展指标 WDI 数据库，同样对其取自然对数。

本书所用的原始数据主要来自 WORLD BANK、UNCTAD 和 WEF 等数据统计，经过数据的匹配和筛选后，总共确定了 66 个国家（地区）为研究对象，时间跨度为 2011~2015 年。进一步将这些国家按照国际货币基金组织（IMF）发布的"世界经济展望"报告分类，划分为发达国家（地区）和发展中国家（地区）两个分组①，目的在于考察发达国家（地区）与发展中国家（地区）是否存

---

① 根据 IMF "世界经济展望" 报告划分的 66 个国家（地区），涵盖了不同区域和不同收入水平阶段的国家和地区。其中，发展中国家（地区）组包括中国、印度、马来西亚、泰国、南非、保加利亚、克罗地亚、俄罗斯、危地马拉、巴西、阿根廷、约旦、毛里求斯、黑山、摩洛哥、塞尔维亚、斯里兰卡、土耳其、乌克兰、萨尔瓦多、哈萨克斯坦、巴基斯坦、秘鲁、菲律宾、罗马尼亚、马拉维、乌干达、乌拉圭、波兰、匈牙利、智利、沙特阿拉伯。发达国家（地区）组包括新加坡、中国香港、加拿大、美国、日本、奥地利、比利时、塞浦路斯、捷克、丹麦、法国、德国、爱尔兰、意大利、荷兰、挪威、西班牙、瑞典、瑞士、英国、澳大利亚、葡萄牙、希腊、爱沙尼亚、芬兰、以色列、拉脱维亚、立陶宛、马耳他、新西兰、斯洛伐克、斯洛文尼亚、冰岛、卢森堡。统计数据中的中国不包含港澳台，中国港澳台地区在 UNCTAD 的统计中是单独列出的。

在异质性。

为了了解所选样本的一些基本特征，本书对各个变量因素做了描述性统计分析。把数据代入 STATA 15 软件进行描述性分析，结果如表 5 – 1 所示。

表 5 – 1　描述性统计

变量	均值	标准差	最小值	最大值
CPR	– 2. 3897	3. 1938	– 13. 4914	2. 7513
IRP	1. 4402	0. 2595	0. 8478	1. 8425
NET	4. 0250	0. 5661	1. 2000	4. 5900
GDP	9. 6469	1. 2007	5. 8078	11. 6883
OPN	– 0. 4430	0. 5786	– 1. 6909	1. 4339
INV	0. 8046	1. 5897	– 2. 3026	3. 8836

需要特别说明的是，本书在实证检验中并未将投入版权产业中的劳动和资本两个变量纳入模型，主要原因在于各国（地区）投入版权产业中的劳动和资本两个变量的数据暂没有科学的统计，存在获取困难，今后在统计数据支持的情况下，再进行深入的分析，这也是本书今后扩展的方向。此外，在现实经济运行中版权产业发展水平的因素是庞大而复杂的，想要将全部的影响因素都纳入方程以消除遗漏变量的问题也是不太现实的，基于经济学对模型进行必要的抽象分析的方法，本书接下来将对以上计量模型进行实证检验。当然为了消除因为遗漏变量和逆向因果等所带来的内生性问题，本书也尝试采用多种方法进行稳健性检验。

（二）基准回归

首先，对整体样本进行静态面板数据模型实证分析，出于谨慎做法的考虑，在对跨国面板数据进行回归分析前先对其进行单位根检验①，综合 LLC 检验和 ADF 检验的结果，我们可以认定模型中所有变量都不存在单位根，均为平稳变量。由于模型中相关变量为原序列平稳，可以直接对此模型进行随后的相关回归分析。

其次，本书采取协方差矩阵和方差膨胀因子来检验各变量之间是否存在多重

① 在对模型进行回归分析前要考虑变量的平稳性问题，主要是为了避免出现伪回归问题，通常经验做法是当面板数据在 T < 10 的情况下，可以直接进行面板数据回归分析。为了避免出现这种问题，我们以此来分析变量的平稳性。如果模型中相关变量经过检验为原序列平稳的，我们可以直接对其进行回归分析，如果原序列经检验为非平稳的，则需要进行面板协整检验，以判断模型是否存在协整关系。

共线性。从协方差矩阵我们可以看出，CPR 与核心解释变量 IRP 相关系数为 0.489，GDP 与 IRP 相关系数较高，相关系数值达到 0.723。为检验其是否存在多重共线性，我们又在初步回归后进行了 VIF 检验，检验结果表明在模型中所有变量的 VIF 值最大值为 6.20，平均的 VIF 为 3.23，远远小于 10，1/VIF 均小于 1，根据研究经验判断，如果 VIF 值小于 10，1/VIF 均小于 1，我们通常认为不存在多重共线性。由本模型的检验结果可知，我们所选取的变量不存在多重共线性（见表5-2），因此可以保留所选变量，在此基础上开展后续的实证研究。

表 5-2 协方差矩阵

	CPR	IRP	NET	GDP	OPN	INV
CPR	1					
IRP	0.489	1				
NET	0.522	0.591	1			
GDP	0.599	0.723	0.873	1		
OPN	0.224	0.181	0.231	0.152	1	
INV	0.506	0.367	0.362	0.271	0.485	1

最后，为进一步考察跨国面板数据模型中各变量之间的相关性，我们首先构造统计量采用 F 检验确定固定效应是否比混合回归更为有效，对于原假设所有 $u_i = 0$，F 检验的 P 值为 0.0000，故此我们可以强烈拒绝原假设，也就是固定效应优于混合回归，应该允许每位个体拥有自己的截距项。此外，为考察应采用个体随机效应还是混合回归，我们采用检验个体随机效应的 LM 检验，LM 检验的结果强烈拒绝原假设，说明模型中应包含反映个体特性的随机扰动项，不应采用混合回归。最后，我们采用豪斯曼检验来确定究竟使用固定效应还是随机效应，该检验的 P 值为 0.0059，所以我们可以在 1% 的显著性水平下拒绝原假设，认为固定效应优于随机效应，应该使用固定效应而非随机效应。

如表 5-3 所示，模型（1）首先对影响版权产业发展水平的各变量进行估计，作为其他估计方法的参照，研究发现各变量的显著性并不理想。对比模型（2）随机效应估计和模型（3）固定效应估计可知，关键解释变量知识产权保护水平 IRP 分别在 10% 和 5% 的水平上显著，模型（3）的估计结果明显优于模型（2）和模型（1）。在模型（3）固定效应估计中，除知识产权保护水平 IRP 在 5% 的水平上显著外，互联网发展水平 NET、国内市场需求 GDP、国外市场需求 OPN 以及创新驱动 INV，均在 1% 的水平上显著，这说明在所提到的版权产业发展驱动机制的三个方面：支撑机制、引导机制以及推动机制均发挥了作用，形成合力推动了版权产业的发展壮大，这一结论与前面的研究假设一致。静态面板数据模型的回归结果表明，固定效应 FE 的回归结果相对优于 OLS 和 RE。因此，基于两种模型的估计结果，得出模型（3）（固定效应 FE）优于模型（1）（OLS）和模型（2）（随机效应 RE），因此最终选择固定效应模型 FE。

表 5 - 3　整体样本估计结果

估计方程	模型（1）	模型（2）	模型（3）	模型（4）	模型（5）
估计方法	OLS	RE	FE	FE	FE
IRP	- 0.594 (0.741)	1.269* (0.666)	1.855** (0.750)	1.402* (5.184)	- 1.574 (3.349)
NET	- 1.241** (0.484)	0.973*** (0.326)	1.554*** (0.371)	1.553*** (0.372)	0.321 (1.231)
GDP	1.903*** (0.261)	0.859*** (0.233)	1.715*** (0.497)	1.654* (0.851)	1.881*** (0.521)
OPN	- 0.169 (0.250)	0.491 (0.382)	2.051*** (0.635)	2.053*** (0.636)	2.119*** (0.638)
INV	0.852*** (0.0987)	0.552*** (0.112)	0.527*** (0.130)	0.526*** (0.130)	0.510*** (0.130)
IRP × GDP				- 0.0515* (0.582)	
IRP × NET					0.955 (0.909)
常数项	- 15.66*** (1.061)	- 16.64*** (2.090)	- 27.38*** (5.261)	- 26.86*** (7.905)	- 24.65*** (5.867)
控制时间	否	否	是	是	是
样本量	330	330	330	330	330
R^2	0.497		0.191	0.191	0.195

注：*、** 和 *** 分别代表在 10%、5% 和 1% 的水平上显著，括号内的数值为各解释变量对应的标准误。

　　进一步为了考察变量之间的交互效应，在模型（3）的基础上，模型（4）

引入了 IRP 与 GDP 的交互项，模型（5）引入 IRP 与 NET 的交互项，考察知识产权保护水平的交互效应。其中，模型（4）中 IRP 的系数为 1.402，GDP 的系数为 1.654，交互项 IRP × GDP 的系数为 -0.0515，且都在 10% 的水平上显著，说明知识产权保护和以人均 GDP 衡量的国内需求都能促进版权产业发展水平的提升，但是考虑到与 GDP 的交互效应，随着人均 GDP 的不断提高，知识产权保护对于版权产业发展水平提升的促进作用是边际递减的，这也从侧面印证了有"最优知识产权保护强度"的存在。模型（5）中交互项 IRP × NET 的系数为正，但是 IRP 和 NET 的回归结果都不显著，也就是互联网发展与知识产权保护 IRP 的交互效应是暂不确定的。

为进一步做深入的模型异质性分析，下面在回归方程中分别采用固定效应 FE 进行分类回归，区分发达国家（地区）和发展中国家（地区），分别考察两者在回归结果上是否存在差异。

（三）发达国家与发展中国家的异质性分析

从经济现实来看，对于处在不同经济发展阶段的国家（地区），影响版权产业发展水平的因素可能存在差异。为考察异质性，通过对发达国家和发展中国家分别进行模型估计，一方面可以找出不同发展阶段各影响因素的特点，还可以通过对比发现两者的相同之处或不同之处。

此外，Chen 和 Puttitanun（2004）[1] 研究发现知识产权保护与经济增长有 U 形关系，庄子银（2009）[2] 的研究也发现南方国家与北方国家的最优知识产权保护强度是不同的。考虑到模型中知识产权保护水平可能存在内生性，主要是因为各国（地区）都是在综合其自身产业发展状况、短期目标和长期发展规划后才确定其知识产权保护水平。参照王华（2011）[3] 的做法，本书下面尝试调整模型设置形式，在模型中加入知识产权保护水平的平方，以刻画这种非线性关系。

因此，进一步将模型的形式修改为：

$$CPR_{it} = = \alpha + \beta IRP_{it} + \gamma IRP_{it}^2 + \delta X_{it} + \mu_i + \varepsilon_{it} \tag{5-9}$$

与前文式（5-8）一致，CPR_{it} 表示在第 t 年 i 国版权产业的发展水平，作为被解释变量。α 为常数项，β、δ 为需要估计的系数，μ_i 反映个体效应，ε_{it} 为随

① Yongmin Chen, Thitima Puttitanun. Intellectual Property Rights and Innovation in Developing Countries [J]. Journal of Development Economics, 2004, 78 (2): 474-493.

② 庄子银. 知识产权、市场结构、模仿和创新 [J]. 经济研究, 2009, 44 (11): 95-104.

③ 王华. 更严厉的知识产权保护制度有利于技术创新吗? [J]. 经济研究, 2011, 46 (S2): 124-135.

机扰动项。其中核心解释变量 IRP 表示知识产权保护水平，用 X_{it} 表示除知识产权保护水平 IRP_{it} 之外的一组控制变量，包括互联网发展水平（NET）、国内市场需求（GDP）、国外市场需求（OPN）及创新驱动（INV）等因素。

本书考察加入平方项以后，前后两类不同国家（地区）的估计结果的情况，其回归结果如表 5 - 4 所示。

表 5 - 4　分样本的异质性估计结果

估计方程	模型（1）	模型（2）	模型（3）	模型（4）	模型（5）
估计方法	FE 全部样本	FE 发达	FE 发展中	FE 发达	FE 发展中
IRP	1.234* (4.009)	5.493** (5.908)	3.021* (8.883)	0.573 (0.698)	2.279* (1.183)
NET	1.559*** (0.373)	2.726*** (0.599)	1.567*** (0.553)	2.738*** (0.598)	1.581*** (0.551)
GDP	1.729*** (0.505)	1.262*** (0.353)	2.062** (0.889)	1.296*** (0.350)	2.059** (0.887)
OPN	2.059*** (0.638)	1.165*** (0.406)	2.820** (1.209)	1.236*** (0.396)	2.775** (1.204)
INV	0.526*** (0.130)	0.346** (0.158)	0.518*** (0.193)	0.371** (0.155)	0.526*** (0.193)
IRP×IRP	-0.250* (1.587)	-1.595** (1.902)	-2.292* (3.807)		
常数项	-27.17*** (5.443)	-30.90*** (6.498)	-25.98*** (9.578)	-27.58*** (5.148)	-28.99*** (8.148)
控制时间	是	是	是	是	是
样本量	330	170	160	170	160
R^2	0.191	0.230	0.201	0.226	0.198

注：*、** 和 *** 分别代表在 10%、5% 和 1% 的水平上显著，括号内的数值为各解释变量对应的标准误。

由回归结果可知，在加入平方项之后，模型（1）、模型（2）和模型（3）的解释能力比未加入平方项的模型（4）和模型（5）有所提升，而且加入平方项之后各变量与被解释变量之间均为正相关，这与我们之前的研究假设相符。同时可以发现，分样本回归模型中发达国家（地区）和发展中国家（地区）的知识产权保护水平 IRP 与版权产业的发展水平分别在 10% 和 5% 的水平上呈显著正相关，但发达国家（地区）和发展中国家（地区）知识产权保护水平 IRP 的平方项 IRP×IRP 则显著为负，这说明从总体来看，知识产权保护水平的提升会促进版权产业的发展，但是随着知识产权保护水平的提升，其对版权产业发展水平提升的促进效应有边际递减的特点，知识产权保护的力度超过最优保护水平后，反而会对知识在国际范围内的传播以及推动持续创新造成阻碍，不利于版权产业发展水平的继续提升，这一结果也与庄子银（2009）以及王华（2011）的发现相一致。模型中除知识产权保护以外的其他控制变量，也与版权产业发展水平呈正相关，与之前的研究假设相一致。

为进一步考察继续加入知识产权保护水平与 GDP 以及 NET 的交互项对被解释变量的影响，继续对其回归，得到如表 5-5 所示的回归结果。

表 5-5 考虑交互项的分样本估计结果

估计方程	模型（1）	模型（2）	模型（3）	模型（4）
估计方法	FE 发达	FE 发展中	FE 发达	FE 发展中
IRP	19.97* (11.07)	-9.479 (13.25)	16.49 (10.50)	-5.351 (9.191)
NET	2.718*** (0.596)	1.511*** (0.561)	8.681* (4.744)	-0.558 (2.219)
GDP	4.615** (2.201)	1.259 (1.511)	1.275*** (0.352)	2.334** (0.931)
OPN	1.197*** (0.404)	2.842** (1.213)	1.045** (0.416)	2.915** (1.213)
INV	0.347** (0.157)	0.506** (0.195)	0.333** (0.158)	0.490** (0.196)
IRP×IRP	0.693 (2.404)	2.413 (3.820)	0.440 (2.487)	0.907 (4.057)

续表

估计方程	模型（1）	模型（2）	模型（3）	模型（4）
估计方法	FE 发达	FE 发展中	FE 发达	FE 发展中
IRP × GDP	−2.080 (1.348)	0.732 (1.113)		
IRP × NET			−3.959 (3.129)	1.634 (1.652)
常数项	−60.06*** (19.97)	−18.89 (14.43)	−52.20*** (18.04)	−22.90** (10.07)
控制时间	是	是	是	是
样本量	170	160	170	160
R^2	0.244	0.204	0.240	0.207

注：*、**和***分别代表在10%、5%和1%水平上的显著，括号内的数值为各解释变量对应的标准误。

从回归结果中可知，关键解释变量 IRP 的回归结果并不理想，只有发达国家（地区）在将 IRP × GDP 引入模型中时，IRP 与 GDP 在 10% 和 5% 的水平上显著为正，而其交互项并不显著。引入 IRP × NET 到模型中时，其整体显著性也并不理想，在此不再过多讨论。给出此回归结果，仅供对照性参考。

（四）基于边际效应分析法的实证检验

为进一步刻画知识产权保护促进版权产业发展的边际效应变化，我们借助 Stata15 将边际分析（Margins）应用到该问题的实证研究中。研究的主要目的是考察人均 GDP 的变动能否调节知识产权保护与版权产业发展水平之间的影响关系，于是我们在回归模型中纳入知识产权保护水平 IRP 和人均国内生产总值 GDPP 这两个连续变量的交乘项，然后再测算经济发展水平取不同的数值时，知识产权保护促进版权产业发展的边际效应会呈现怎样的特点。

为此，我们将版权产业发展水平 CPR 作为被解释变量，IRP 与 GDPP 及两者的交互项作为解释变量引入全样本回归模型，IRP 与 GDPP 的估计结果分别为 11.900 和 2.806，且均在 5% 的水平上显著为正，交互项 IRP × GDPP 的估计结果为 −1.057，在 10% 的水平上显著为负，这与之前的估计结果一致。此后，使用 Stata15 边际分析（Margins）法，根据模型中人均 GDP 的取值范围（5.808，

11.688)，得到知识产权保护水平 IRP 在不同的人均 GDP 水平下的平均边际效应，为直观起见，将 95% 置信区间边际效应（dy/dx）的估计结果如图 5 - 1 所示。

IRP在95%置信区间的平均边际效应

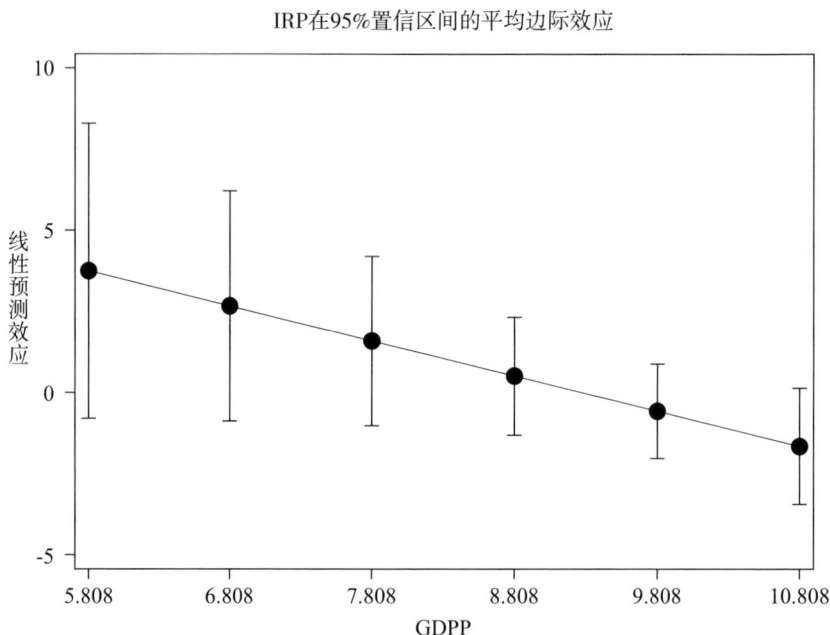

图 5 - 1   知识产权保护促进版权产业发展的平均边际效应

由边际效应分析法的估计结果可知，随着人均国内生产总值 GDPP 从最小值 5.808 向最大值 11.688 变动，知识产权保护促进版权产业发展的边际效应是递减的，其预测值连线是向右下方倾斜的，图 5 - 1 很直观地展示了此边际效应的变动趋势，也再次验证了知识产权保护水平要与其自身的经济发展水平相适应。

第四节   稳健性检验

知识产权保护水平是各国（地区）在权衡其产业发展的利益来综合考量的，所以它是内生于一国（地区）的经济发展水平的。本书引入知识产权保护水平进入模型作为关键解释变量，并通过引入其他几个构成版权产业发展驱动机制的影响因素作为控制变量，考虑了互联网发展水平、国内外市场需求以及创新能力等变量对版权产业发展的影响。另外，模型中可能存在因遗漏变量、反向因果等问题而造成估计结果的不一致性，可能存在内生性。对此本书考虑采用加入滞后期变量的方法控制联合内生性所带来的影响。计量经济学家的大量研究证明，在实证检验中，通过调整模型估计方法，采用 2SLS 估计方法可以控制待研究模型中可能存在的内生性问题。

解决内生性的方法主要是寻找恰当的工具变量（IV），而工具变量的选择主要是寻找与模型中所研究的内生解释变量高度相关，但却不与随机误差项相关的 IV。

根据 Bloom 等（2003）选择工具变量（IV）的经验，可以考虑使用纬度、距海岸线或主要水路 100 公里以内面积占总面积的比重、位于热带区域的面积占总面积的比重等地理因素作为工具变量。

本书在研究中也依据这一思路，尝试采用各国（地区）的地理位置（首都的维度）、是否拥有海岸线、每万人医疗构床位数作为工具变量，两阶段回归的估计结果却显示以上变量都是弱工具变量。鉴于此，本书的研究只能尝试利用 GMM 方法来克服以上提及的内生性问题。

本书以系统 GMM 方法的估计结果作为对基准回归的稳健性检验，一般认为，通过更换核心被解释变量或者更换估计方法，可以作为回归结果是否稳健的验证标准。静态面板数据模型只能描述短期内知识产权保护等要素与版权产业发展变化之间的关系，然而现实中知识产权保护等要素与版权产业发展的影响是长期性的，为此在模型中我们引入被解释变量 CPR 的滞后值，同时为克服内生性问题，检验静态面板数据模型估计结果的稳健性，我们采用 GMM 估计方法研究变量之间的动态关联。

GMM 估计方法分为差分 GMM 方法和系统 GMM 方法。GMM 估计方法可以进行一步和两步 GMM 估计，系统 GMM 相比差分 GMM 又能更充分地利用样本所提供的有效信息，通常认为比差分 GMM 更为有效。在此，我们采用系统 GMM 两步法进行动态面板数据模型回归，回归结果如表 5-6 所示。

表 5-6　系统 GMM 两步法回归结果

估计方程国家类别	模型（1）全样本	模型（2）发达	模型（3）发展中
L. CPR	0.591 ** (0.153)	0.832 ** (0.118)	0.733 *** (0.145)
IRP	2.418 ** (1.310)	1.543 *** (0.783)	4.996 *** (1.851)

续表

估计方程国家类别	模型（1）全样本	模型（2）发达	模型（3）发展中
NET	0.920 ** (0.842)	0.155 ** (0.654)	0.408 * (0.826)
GDP	0.848 ** (0.555)	0.524 ** (0.303)	1.140 *** (1.378)
OPN	0.804 * (0.828)	0.555 (0.419)	2.042 * (1.378)
INV	0.535 *** (0.156)	0.191 ** (0.123)	0.621 *** (0.125)
Constant	− 9.542 *** (4.846)	− 5.362 *** (3.266)	− 9.636 *** (3.27)
样本量	264	136	128
Wald	199.46	489.03	113.28
AR（2）	0.3865	0.5628	0.2635
Sargan	4.141	12.92	8.030

注：*、** 和 *** 分别代表在10%、5%和1%水平上的显著，括号内的数值为各解释变量对应的标准误。

在上述模型中，我们采用系统 GMM 两步法进行动态面板数据模型回归，以验证结论是否可靠，并考察其动态关联，回归结果表明在控制了互联网发展水平、国内外市场需求及创新驱动等因素的影响后，模型的回归结果依然是稳健的。

由表5-6可知，GMM 模型系数联合显著性的 Wald 检验在1%的水平上显著，模型整体上非常显著；AR（2）检验结果均明确拒绝原假设，说明一阶差分后的残差不存在二阶自相关，这也说明我们在本书中所设定的动态面板数据模型是合理的；Sargan 检验所对应的 P 值均在5%的显著性水平下拒绝原假设，说明我们在模型中选取的工具变量是合理的。系统 GMM 两步法的回归结果验证了前述静态面板数据模型回归结果的稳健性，从回归结果的显著性来看，面板固定效应模型优于系统 GMM 两步法，表5-6中模型（2）发达国家（地区）以 OPN 对外开放度表征的国外市场需求，在回归中呈现正相关，不过其结果并不显著，总体上不影响回归结果稳健性的验证，其他变量均在5%或1%的水平上显著为正，符合原假设；模型（1）和模型（3）各变量均达到了显著水平，通过了稳健性检验。

第五节　计量模型的结论分析

一、模型回归结果分析

（一）知识产权保护对版权产业发展水平有正向影响

从上述系统 GMM 两步法所做的模型估计结果来看，在控制了互联网发展水平等因素的影响后，在5%的显著性水平下，知识产权保护力度对版权产业发展水平的影响是显著的。结论与静态面板数据模型分析的结果是基本一致的，也与本书在理论机制部分的假设一致，验证了加强知识产权保护有利于版权产业发展水平的提升。这一现象也验证了知识产权保护与版权产业发展水平存在正相关关系。但是从细分来看，知识产权保护存在一个阈值，越过该阈值，则知识产权保护对版权产业发展水平的促进作用会呈现边际递减的特点。

（二）人均 GDP 表征的国内市场需求对版权产业发展水平有正向影响

人均 GDP 对版权产业的发展水平有十分显著的正向影响，即说明经济发展水平的提高有利于促进版权产业发展水平的提升，这一结果符合假设预期。经济学家通过对模型的研究发现，经济发展水平对文化消费有促进作用。理论研究表明一国的经济发展水平越高，则整体的文化消费水平越高。从宏观方面上来说，经济发展水平越高，收入水平就越高，人们的消费能力也会提高，其会更注重精神消费，而且伴随着收入水平的提高，对生活质量的需求也会相对应地增加，人们通常会选择文化娱乐方面（如购买书籍、看电影、购买正版唱片、购买工艺品等）来丰富假期生活。此外，在表 5-6 中，模型（3）中 GDP 变量的系数 1.14 大于模型（2）的对应系数0.524，说明发展中国家（地区）人均 GDP 增加的空间大于高收入国家（地区），这也意味着发展水平处于中上游的中等收入国家（地区）版权产业消费增长空间也大于高收入国家（地区），由此可得，对于中等收入国家（地区）来说，经济发展水平提升对版权产业发展水平的促进作用可能会比高收入国家（地区）还要显著。

（三）互联网发展水平的提升对版权产业发展水平有正向影响

从实证结果分析得出，互联网普及率对版权产业的出口额的影响是显著为正的，而且这一个结论无论对于发达国家（地区）还是对于发展中国家（地区）都是适用的。虽然互联网可能为盗版产品提供了更便捷的传播渠道，但正是因为这更便捷的渠道有可能逐步培养人们选择付费购买正版的习惯。互联网时代的各类业态创新，也赋予版权产业更多新的内容，推动了版权产业的业态创新和盈利模式创新，进一步带来盈利水平的提升，推动版权产业更快更好地发展。系统GMM 两步法回归结果得出的影响同样为正向的，不过其结论部分的显著性并不高，但可以作为对照使用。

（四）发展外向型经济带来的国际大市场给版权产业发展带来新机遇

模型回归的结果显示，对外开放程度对版权产业发展水平有正向影响。实证结果表明，对外贸易依存度与版权产业的发展水平具有正向影响，也就是说加大对外开放力度可以获得更为广阔的国际市场，可以提高版权产业的发展水平。这一结论符合前面的理论假设，对外贸易依存度每增加1%，发达国家（地区）版权产业的发展水平在平均意义上增加 0.555 个百分点，而发展中国家（地区）版权产业的发展水平在平均意义上增加 2.042 个百分点，对外开放以及融入国际市场对于发展中国家（地区）的影响要高于对发达国家（地区）的影响，说明发展中国家（地区）采取"开放"的姿态融入全球版权产业体系是大有可为的。

（五）创新能力对版权产业发展水平有正向影响

通过实证结果分析，以高科技产品出口占总出口量比重来衡量的创新能力对版权产业的出口额有十分显著的正向影响。如表 5 – 6 所示，模型中发达国家（地区）创新能力的系数为 0.191，而发展中国家（地区）该变量的系数值为 0.621（系统GMM 两步法估计结果），这就意味着发展中国家（地区）在创新能力建设方面多投入一个百分点，版权产业的产出将在平均意义上增加 0.621 个百分点。

二、模型的研究结论评述

（一）相关研究结论

本书基于版权产业发展的理论分析和研究假设探讨了版权产业发展的影响因

素，利用 66 个国家（地区）的跨国面板数据进行了实证检验，得出以下结论：

知识产权保护对版权产业发展水平具有显著的正向影响。基于模型中的相关估计结果来看，在控制了经济发展水平等因素的影响后，知识产权保护力度对版权产业国际市场占有率具有显著的正向影响，即知识产权保护对版权产业发展水平有促进作用，这一结论与上述的研究假设一致，验证了加强知识产权保护有利于版权产业发展水平的提升。从经济发展阶段来看，知识产权保护力度对发展中国家（地区）版权产业发展水平具有显著的正向影响，但对发展中国家（地区）版权产业发展水平的影响系数（4.996）大于对发达国家（地区）版权产业发展水平的影响系数（1.543）。说明知识产权保护与版权产业发展水平存在着显著的经济发展区别，发展中国家（地区）人均 GDP 增长的空间大于发达国家（地区），且相较于发达国家（地区），发展中国家（地区）的知识产权保护体系需完善的地方还很多，这意味着发展中国家（地区）版权产业发展的空间也大于发达国家（地区），换而言之，对于发展中国家（地区）来说，经济发展水平的提升对版权产业发展水平的促进作用可能会比发达国家（地区）大。对知识产权保护力度较弱的发展中国家（地区）来说，完善的知识产权保护有利于提高版权产品的出口额，从而提高版权产业的国际竞争优势，降低其创作成果被他人未经授权就擅自使用的风险，打击盗版市场，因此在未达到最大知识产权保护强度之前，知识产权保护程度越强，越有利于提升版权产业发展水平。在接近和达到阈值时，则注意可能出现的该促进作用的边际递减，而发达国家（地区）的阈值与发展中国家（地区）又各不相同，这也说明各国（地区）应该灵活务实地采取与本国（地区）经济社会发展水平相适应的知识产权保护水平。

基于异质性的边际分析发现，虽然知识产权保护对版权产业发展的促进作用显著为正，但随着保护程度的提升和人均 GDP 的提高该促进作用的边际效应是递减的。从分样本的回归可以发现，知识产权保护对发展中国家（地区）版权产业发展水平的估计系数大于对发达国家（地区）版权产业发展水平的估计系数。说明知识产权保护对版权产业发展的促进作用存在着显著的个体差异，随着经济发展水平的提高，知识产权保护对版权产业发展的促进作用会边际递减，也就是说，知识产权保护水平并非越高越好，根据各国（地区）不同的经济发展阶段，存在着与其经济发展水平相适应的最优保护强度。

同时发现，其他控制变量对版权产业发展水平的提升也产生了显著的正向影响。其中包括以人均 GDP 衡量的经济发展水平的提高有利于促进版权产业发展水平的提升，提高互联网普及率对版权产业发展水平的提升具有很大的促进作用，对外贸易依存度的提高以及坚持外向型发展的经济政策有利于版权产业国际市场占有率的增长，也就是说加大对外开放程度可以通过扩大国际市场，来提高版权产业发展水平。对创新能力来说，发展中国家（地区）创新能力的提升空间更大，对版权产业发展水平的促进作用也大有可为。

（二）相关政策建议

综上所述，经过实证检验可知，作为模型分析的核心解释变量，版权产业发展驱动机制中的知识产权保护水平的提升有利于版权产业的发展，这种促进作用的边际效应在发展中国家（地区）和发达国家（地区）出现分化，各国（地区）应选择最适合自己发展水平的知识产权保护水平，这对我们当前正面临的各类有关知识产权问题的国际谈判，尤其是当前的中美贸易摩擦，有一定的启示和借鉴。此外，从版权产业发展的驱动机制构成中的其他各要素来看，经济发展水平的提高、互联网普及率的提升、对外开放水平的提升以及创新能力的提高，都会构成对发展中国家（地区）版权产业发展的正向激励，有利于提高版权产业发展水平。这一结论可以应用于分析中国的版权产业发展情况，进而探讨提升我国版权产业参与国际竞争的策略选择。

据此我们提出如下政策建议：

第一，中国应该继续加强对版权产业的知识产权保护，不断优化知识产权保护的制度安排，并通过执法方式和手段的创新，打击侵权盗版行为，提升知识产权保护执法水平，维护正常市场秩序，确保版权产业内的各经营主体都能顺利地实现其版权利益，推动版权产业不断发展壮大。对于发展中国家（地区）而言，在未达到最优知识产权保护强度之前，知识产权保护程度越高，越有利于促进本国（地区）版权产业发展。对知识产权保护力度较弱的发展中国家（地区）来说，完善的知识产权保护有利于保护本国（地区）版权产业生产者的积极性，增加版权产业的产出，提升其版权产业发展水平，从而提高版权产业的国际竞争优势。知识产权保护能够确保版权企业实现其版权利益，降低其创作成果被他人未经授权就擅自使用的风险，打击盗版维护市场秩序，有利于版权产业的良性健康发展。

第二，要呼应互联网时代对知识产权保护的新需求，完善新业态新领域保护制度，不断提升互联网时代政府在知识产权保护方面的监管能力和水平，针对互联网时代版权企业在版权保护方面所面临的新问题，加大对网络侵权行为的惩戒力度，形成公平有序的良好营商环境，进一步释放互联网时代我国版权产业的发展潜力。

第三，在有关知识产权保护的国际谈判中要从中国的现实国情出发，坚持采取与本国经济社会发展水平相适应的知识产权保护水平。自 2018 年以来，中美贸易摩擦问题一直悬而未决。在本轮中美贸易摩擦的谈判过程中，美国以中国知识产权保护问题为借口，依据其所谓的"301 调查"报告对从中国进口的商品加征关税。这既是对发展中国家与发达国家经济发展阶段差异性的选择性忽视，也是对中国入世之后在保护知识产权方面做出巨大努力的刻意无视，对此我国要据理力争，积极捍卫我国的核心立场，为我国版权产业高质量发展创造良好的国际环境。同时，要结合我国经济社会发展实际，灵活务实地采取与当前经济社会发展水平相适应的知识产权保护水平。

Chapter Six

第六章 中国版权产业发展的机遇、态势及问题

前文总结和验证了版权产业发展的驱动机制，本章将研究的重点着眼于中国的现实分析。结合"互联网 +"和供给侧结构性改革等新的时代背景，分析我国版权产业发展面临的新机遇，明确我国版权产业发展的新态势，最后基于版权产业的驱动机制，总结我国版权产业发展存在的问题。

第一节　当前我国版权产业发展的机遇

一、版权产业的利好政策不断出台

近年来，党中央和国务院越来越重视版权保护对经济发展的促进作用，出台了一系列利好版权产业发展的政策和措施，从宏观层面给予版权产业指导与呵护。习近平总书记在党的十九大报告中指出，要"倡导创新文化，强化知识产权创造、保护、运用"，确立了新时代包括版权在内的知识产权工作的总基调，版权产业发展有了方向性指引，整体发展形势持续向好。

早在十几年前，我国就出台了指导版权产业发展的《国家知识产权战略纲要》（2008 年）和《文化产业振兴规划》（2009 年），从其执行效果来看，十几年来我国版权产业的发展可以用"一日千里"来形容，传统版权产业稳步前进，版权产业各类新业态蓬勃发展，版权产业取得的成就有目共睹。此后，《关于支持民间资本参与出版经营活动的实施细则》《关于延续宣传文化增值税和营业税优惠政策的通知》《文化部关于推动数字文化产业创新发展的指导意见》《新闻出版业数字出版"十三五"时期发展规划》以及《"十三五"国家重点图书、音像、电子出版物出版规划》陆续出台，从各个层面支持和呵护版权产业。

"十三五"开年之初，2016 年国务院发布了《"十三五"国家战略性新兴产业发展规划》，提出推动文化创意与创新设计等产业加快发展，促进文化科技深度融合，形成数字创意产业发展格局，为"十三五"期间我国版权产业的发展指明了总体发展方向。为落实国家"十三五"规划所提出的目标，国家版权局结合版权产业发展实际，于 2017 年出台了《版权工作"十三五"规划》，将版权严格保护、推动版权产业发展、健全版权工作体系三项内容作为版权工作的基本原则。版权作为知识产权的重要部分，被提上建设版权强国的重要日程。此后，2018 年中央审议通过了《关于加强知识产权审判领域改革创新若干问题的意见》，特别强调加强知识产权审判领域改革创新，要充分发挥知识产权司法保护对版权产业发展的推动作用，不断提高知识产权审判质量效率，优化版权产业发展所需的科技创新法治环境。2020 年是《中华人民共和国著作权法》颁布 30

周年，全国人大常委会于 2020 年 11 月 11 日表决通过关于修改《中华人民共和国著作权法》的决定，加大了对侵权行为的惩治力度。

为激发全社会创新活力，推动构建新发展格局，依据《中华人民共和国国民经济和社会发展第十四个五年规划和 2035 年远景目标纲要》和《知识产权强国建设纲要（2021 - 2035 年）》，我国政府又制定《"十四五"国家知识产权保护和运用规划》。此外，还有一系列有关版权产业发展的政策支持文件出台，在此不再一一赘述。

这一系列宏观政策相继出台为我国版权事业发展注入了强劲动力，为建设版权强国和创新型国家提供了保障。根据国家的战略规划，"十四五"时期将是我国版权产业发展的战略机遇期，版权产业在各类利好政策的推动下，练好内功，多出公众喜闻乐见的优质作品，提高版权产品的供给质量，必将获得更大的发展机遇。

二、经济增长方式及居民消费结构转型带来红利

当前我国经济增长正处于转型期，原有的以制造业为经济发展主要动力的增长方式正在发生改变，服务业在经济增长中的重要作用日益凸显，事实上，中国经济增长的原有格局已经悄然发生改变。根据国家统计局公布的统计数据，2015年的三次产业构成中，第三产业增加值占 GDP 的比重首次超过 50%，达到了50.8%，此后第三产业在三次产业构成中的比重逐步增加，2019 年和 2020 年分别为54.3%和 54.5%（见表 6 - 1），这说明第三产业对于经济发展的贡献已经超过第一产业和第二产业的总和，第三产业已经稳稳占据经济增长的半壁江山。版权产业作为典型的第三产业，必将继续受益于经济增长方式的结构变化，在不断扩大内需的大背景下，未来的发展空间是巨大的。

表 6 - 1　国内生产总值中三次产业构成

单位：%

年份	第一产业增加值	第二产业增加值	第三产业增加值
2011	9.2	46.5	44.3
2012	9.1	45.4	45.5
2013	8.9	44.2	46.9
2014	8.6	43.1	48.3

续表

年份	第一产业增加值	第二产业增加值	第三产业增加值
2015	8.4	40.8	50.8
2016	8.1	39.6	52.4
2017	7.5	39.9	52.7
2018	7.0	39.7	53.3
2019	7.1	38.6	54.3
2020	7.7	37.8	54.5

资料来源：根据历年《中国统计年鉴》整理。

　　另外，随着中国经济的不断增长，近年来居民可支配收入不断提高，普通民众的消费能力不断增强，居民的消费结构正处于转型升级阶段。如表 6-2 所示，据国家统计局的统计数据显示，从居民消费水平的增长情况来看，2001~2020年，我国居民消费水平增长明显，居民消费水平从 3968 元增长到 27438 元；其中，城镇居民消费水平从 7272 元增长到 34033 元，农村居民消费水平从 2032 元增长到 16063 元，城镇居民和农村居民的消费水平也都同步有了比较显著的增长。

表 6-2　2001~2020 年中国居民消费水平变动情况

单位：元

年份	居民消费水平	城镇居民消费水平	农村居民消费水平
2001	3968	7272	2032
2002	4270	7662	2157
2003	4555	7977	2292
2004	5071	8718	2521
2005	5688	9637	2784
2006	6319	10516	3066
2007	7454	12217	3538
2008	8505	13722	3981
2009	9249	14687	4295
2010	10575	16570	4782
2011	12668	19219	5880

续表

年份	居民消费水平	城镇居民消费水平	农村居民消费水平
2012	14074	20869	6573
2013	15586	22620	7397
2014	17220	24430	8365
2015	18857	26119	9409
2016	20801	28154	10609
2017	22969	30323	12145
2018	25245	32483	13985
2019	27504	34900	15382
2020	27438	34033	16063

资料来源：根据历年《中国统计年鉴》整理。

随着收入提高以及消费能力的提升，我国居民的消费结构也在不断改善，在衣食方面的消费占比下降，同时在文化娱乐和教育培训方面的消费占比增加，根据国家统计局的统计数据，2015 年在文教方面的人均消费支出占总支出的比重为 11.2%，到了 2017 年该比重进一步增加到 11.4%。从具体支出来看，我国居民人均教育文化娱乐消费支出从 2015 年的 1723 元增加到 2019 年的 2513 元，中国居民比以往任何时候都有意愿，也有能力增加对版权产品的消费，这也成为我国版权产业未来持续蓬勃发展的原动力。

三、中国版权产业发展已经具备坚实的软硬件基础

版权产业产出的最终产品虽然多是无形的，但其发展却离不开对应的软硬件作为基础。近年来，随着"互联网＋"以及"数字中国"等一系列重大举措的出台，中国政府在网络基础设施建设、通信技术开发、物联网、云计算、大数据以及"提速降费"等方面狠下功夫，为中国互联网时代中国版权产业的发展插上技术的翅膀。从表 6－3 中国互联网发展水平的核心指标来看，互联网上网人数从 2007 年的 21000 万人增长到 2020 年的 98899 万人，增长超过了 4 倍；互联网宽带接入用户更是从 2007 年的 6641.4 万户增长到 2020 年的 48354.95 万户，接入用户数量增长了 41713.55 万户，增长了 6.3 倍，年平均增长率高达 16.5%。

表6-3 中国互联网上网人数及宽带接入情况

年份	互联网上网人数（万人）	互联网国际出口带宽（Mbps）	互联网宽带接入端口（万个）	互联网宽带接入用户（万户）
2007	21000	368927	8539.3	6641.4
2008	29800	640287	10890.4	8287.9
2009	38400	866367.2	13835.7	10397.8
2010	45730	1098956.82	18781.1	12629.1
2011	51310	1389529	23239.4	15000.1
2012	56400	1899792	32108.45	17518.3
2013	61758	3406824	35945.3	18890.9
2014	64875	4118663	40546.13	20048.34
2015	68826	5392116	57709.38	25946.57
2016	73125	6640291	71276.86	29720.65
2017	77198	7320180	77599.09	34854.01
2018	82851	8946570	86752.3	40738.15
2019	90359	8827751	91577.98	44927.86
2020	98899	11511397	94604.68	48354.95

资料来源：根据历年《中国统计年鉴》整理。

进入数字经济时代，技术和相应的软硬件基础，对于一个国家版权产业持续稳定发展至关重要。根据中国互联网协会《中国互联网发展报告（2021）》的统计数据表明，截至2020年底，中国网民规模为9.89亿人，互联网普及率达到70.4%，特别是移动互联网用户总数超过16亿；5G网络用户数超过1.6亿，约占全球5G总用户数的89%；基础电信企业移动网络设施，特别是5G网络建设步伐加快，2020年新增移动通信基站90万个，总数达931万个；工业互联网产业规模达到9164.8亿元；数字经济持续快速增长，信息技术与实体经济加速融合，规模达到39.2万亿元，总量跃居世界第二。总体来看，2020年，我国互联网行业实现快速发展，网民规模稳定增长，网络基础设施日益完备，产业数字化转型效果明显，创新能力不断提升，信息化发展环境持续优化，数字经济蓬勃发展，网络治理逐步完善，为网络强国建设和版权强国建设提供了有力支撑。

信息技术的发展为我国版权产业带来诸多机遇，依托互联网平台、计算机以及手机客户端为基础，数字网络以及新媒体等技术应运而生，对传统的版权产业带来了较大的影响，使版权产业从业人员理念发生了改变。高新技术和科学手段使版权产业的发展空间更为广阔，传播渠道更加丰富，版权产业的内容质量和数量都有了较大提升。同时，技术的发展也推动了文化创意、数字出版等新兴版权产业的发展，并拓宽了文化传播的渠道，使版权产业呈现出开放性和多元化的发展格局，我国网络版权产业近年来突飞猛进，版权产业在信息时代表现出较强的生命力，今后将拥有广阔的成长空间。

四、"一带一路"为版权产业发展营造了良好的国际环境

"一带一路"倡议的实施为我国版权产业"走出去"创造了新的契机，在世界范围内，为我国版权产业的外向型国际化发展开辟广阔的活动空间。古代"丝绸之路"和海上丝绸之路源远流长，在历史上除了承担起中外经贸往来的重任，还曾经为中外文化交流做出了不可磨灭的贡献。张骞出使西域、玄奘西行、郑和下西洋等都是中外文明互动交流的佳话。进入21世纪后，"一带一路"成为我国版权企业拓展沿线国家市场的桥梁和纽带。习近平总书记谈到"一带一路"倡议时曾提到过"五通"，他说"国之交在于民相亲，民相亲在于心相通。"而将中国创作的优秀文化作品与"一带一路"沿线国家（地区）的居民共享，就是践行"文化相通"。"一带一路"文明圈是一个独特的跨文化文明体系，需要具有包容性和合作性的文化意识形态支撑①。在版权产业"走出去"的过程中，可以实现中外文化交流、文明互鉴，既可增进了解，又是凝聚"一带一路"文明圈向心力的有力举措。

习近平总书记在出访非洲时，就曾将电视剧《媳妇的美好时代》版权输出到坦桑尼亚作为"文化相通"的例证，该剧在坦桑尼亚热播，让坦桑尼亚人民了解到中国百姓的真实生活情景。影视作品《潜伏》在韩国大受欢迎、部分宫廷剧走俏越南、《金太郎的幸福生活》在埃及以及《父母爱情》在缅甸热播，也同样是中国版权产业得益于"一带一路"所带来的机遇的明证。作为互联网时代版权产业的典型代表，数字出版产业正面临"一带一路"所带来的绝佳契机，积极向沿线国家输出，或将沿线国家的优秀文化成果输入国内，承担起"文化相通"的任务。"一带一路"数字文化工程于2016年启动，侧重于推动中国作品的版权输出，以及版权交流平台的搭建工作。据统计，仅2017年上半年就已经

---

① 徐丽娜. 一带一路建设中的文化产业创新路径 [N]. 中国社会科学报, 2018 – 11 – 14.

有 3.7 亿册数字出版物输出到"一带一路"沿线各国（地区）。"中国书架"项目已于 2018 年落地海外，起点国际（隶属阅文集团）已经将超过 150 部的网络文学作品翻译成英文，掌阅科技的"掌阅 APP"海外版已上线英语、韩语、俄语等 14 个语种版本①。面向"一带一路"沿线国家和地区的中华优秀文化云演播项目、数字文化产业及 H. 629.1 国际标准创新示范应用推广项目、中外合作音乐剧《丝路之声》以及文化尚品海外文化贸易中心成为"一带一路"文化产业和旅游产业国际合作的典范，被文化和旅游部认定为 2021 年"一带一路"文化产业和旅游产业国际合作重点项目。

历史上，中华文化曾经输出到日本、韩国、越南以及其他东南亚各国（地区），但当前中华文化海外传播，因多种因素影响面临瓶颈，一直难有新的突破，而"一带一路"倡议的实施，又为我们再一次提供了一个绝佳的契机②。中国创作的优秀文化作品输出到"一带一路"沿线国家，既可以获得版权贸易带来的经济利益，又可以将中国优秀文化作品传播到沿线国家，也有助于中华文化海外传播以及文化软实力的提升。

第二节　我国版权产业发展的态势

一、中国版权产业的总体市场规模不断壮大

近年来，随着党中央和国务院对版权工作以及版权产业发展的重视，我国版权产业的发展环境持续改善，版权产业的总体市场规模不断扩大，无论是传统的版权产业还是作为新业态的网络版权产业，均交出了漂亮的答卷，发展态势喜人，但不同的细分行业又略有分化。如图 6 - 1 所示，2016 年版权产业增加值占我国 GDP 的比重已达 7.33%，其中核心版权产业对国民经济的贡献度已高达 4.58%，年均增长速度为 13.4%③。2017 年总体版权产业增加值为 60810.92 亿

---

① 孙宇．"十三五"数字出版产业发展状况及趋势 ［J］. 新闻战线，2019（3）：90 - 93.
② 董宇．中国文化产业发展的新机遇 ［J］. 人民论坛，2017（31）：228 - 229.
③ 中国信息通信研究院．2017 年中国网络版权保护年度报告（摘要版）［J］. 中国出版，2018（9）：14 - 18.

元，占 GDP 的比重进一步提升到 7.35%。新闻出版、广播影视、动漫游戏和软件设计等行业，在"互联网＋"战略的引导下，出现加速融合现象，也进一步推动我国核心版权产业持续平稳快速增长。2017 年，核心版权产业增加值占全部版权产业的比重已经达到 62.7%，核心版权产业经济增长的贡献近年来一直持续增加。核心版权产业的迅猛发展，对促进我国经济、文化发展起到了重要的支撑作用。

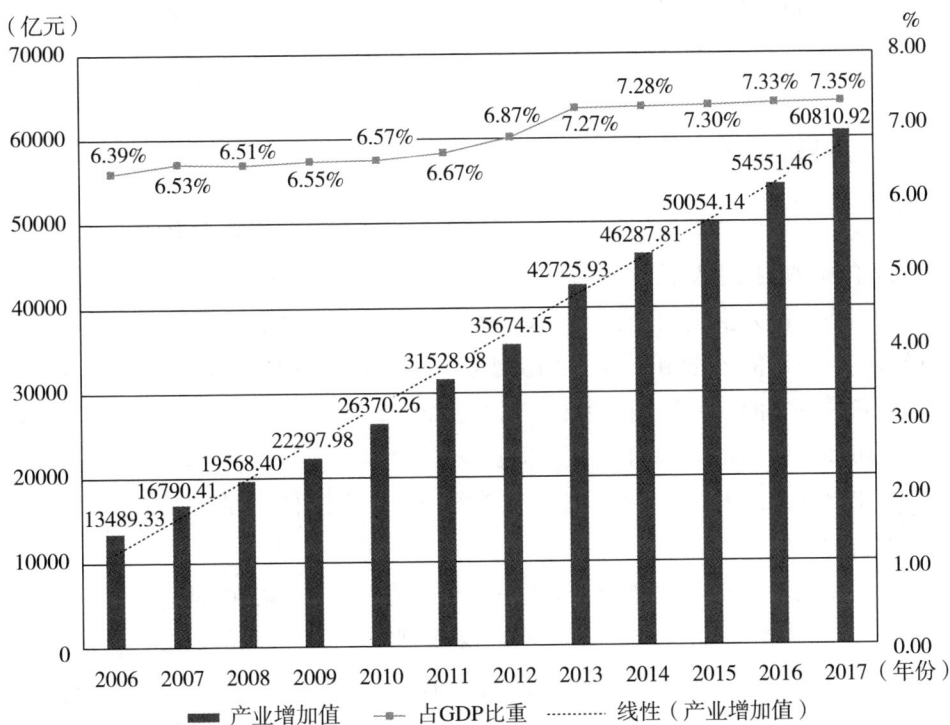

图 6 - 1　2006～2017 年我国版权产业增加值及占全国比重

资料来源：根据历年《中国版权产业的经济贡献报告》的数据整理。

国家统计局的统计数据表明，我国电影票房持续增长，2017 年我国国内电影票房收入 301.04 亿元，全国电影综合收入 559.11 亿元（其中《战狼 2》以 56.8 亿元独占鳌头）。电视剧播出数也不断增加，2017 年播放数达到 698.74 万集。音像、电子出版物出口金额 163.34 万美元，录音出版物出口金额 30.49 万美元，电子出版物出版数量 28132.93 万张，全年输出版权总数 13816 项。

部分行业受技术革新以及消费习惯改变的影响，出现了信息技术发展推动网络版权产业对传统版权产业的互相替代。2017 年除了图书出版情况（出版种数

512487 种，新出版种数 255106 种）继续保持增长之外，期刊和报纸的总印数出现了不同程度的下滑，期刊出版总印数 24.90 亿册（峰值为 2012 年 33.50 亿册），报纸出版总印数 362.50 亿份，比 2013 年最高值 482.40 亿份有略下滑。同样的情况也出现在录像制品和录音制品的出版数量上，2017 年录像制品出版数量 6915.15 万盒（峰值为 2011 年 21788.20 万盒），录音制品出版数量 18676.73 万盒（峰值 2011 年 24642.75 万盒）。这说明自 2011 年以来，互联网信息技术与版权产业的深度融合，已经给版权产业的发展带来了显著的结构变化，数字媒体形态的网络版权产业对传统媒体正发挥着替代作用。

二、网络版权产业发展势头强劲

当前以互联网技术为依托的网络版权产业正深刻地改变着人类的生产和生活方式，中国政府抓住互联网领域可能"弯道超车"的契机，在"互联网＋"理念的指引下，深入推进创新驱动发展战略，以网络版权产业为代表的数字经济作为经济增长新动能的作用凸显。我国网络版权产业在 2017 年取得骄人成绩，据国家版权局发布的《中国网络版权产业发展报告（2018）》表明，2017 年网络版权产业市场规模已高达 6364.5 亿，同比增长 27%；此外，网络版权知识产权使用费进出口总额已由 2007 年的 85.3 亿美元，增长到 2017 年的 333.3 亿美元，十年间增长约 4 倍。

中国在互联网领域的数字经济已是"全球先驱"，正实现从模仿者向引领者的转变。与此同时，版权产业的产业融合特征明显，依托互联网技术融合发展的版权产业新业态层出不穷，中国政府对于版权产业的各类业态创新也持支持和鼓励的态度，并采取了"包容审慎监管"的做法。得益于近年来版权执法的持续推进，我国居民的版权理念和版权法制观不断增强，网络版权产业迅猛发展，网络游戏、网络文学、网络视频和网络音乐等产业均取得了跨越性的飞速发展，以阿里巴巴、腾讯和百度为代表的互联网版权企业迅速崛起并发展壮大，在移动支付、网络社群等方面创新性地推出各类业态创新，我国网络版权产业正迎来新的技术窗口以及颠覆性的机遇（田小军、张钦坤，2017）①。中国互联网广告的营收已经数倍于传统广告媒体，腾讯公司推出的《王者荣耀》成为全球用户数量最多的一款手游。中国的网络文学深受国外用户的喜爱，助力中国文化"走出

---

① 田小军，张钦坤. 我国网络版权产业发展态势与挑战应对 [J]. 出版发行研究，2017（11）：31－33.

去"，在不到两年的时间里便征服了百万级的英文读者。我国网络文学已成功走出国门登陆欧美二次元阵地，Wuxiaworld（武侠世界）、Gravity Tales等翻译网站上，可见众多外国读者"追更"仙侠、玄幻等小说的盛况，甚至有外国读者为阅读中国网络小说而努力学习中文。当前，以网络文学、影视剧、游戏电竞、在线直播等为代表的中国网络版权产品在国内茁壮成长的同时也注重国际化发展，日益走向世界，在全球互联互通的今天"圈粉"无数，中国网络版权产业在产业融合和业态创新方面取得的成就有目共睹，并日渐成为经济增长的新亮点。

三、版权保护水平提升助力版权产业良性发展

自21世纪以来，中国版权产业的营商环境持续改善。与十几年前相比，国家各级版权执法部门通力合作，对盗版侵权现象进行重点打击。国家版权局牵头有关部门开展"剑网行动"就效果明显，每年采取收缴盗版印刷制品、删除盗版链接、关闭侵权盗版网站等多种手段进行版权执法，部分案件还进行立案调查，对盗版侵权活动起到了极好的震慑作用，版权产业的盗版现象得到了有效遏制。2017年最高法院又在各地批准了11个知识产权专门法庭，专门审判知识产权相关案件，为版权保护提供更好的法律支持。行业层面也在积极行动，2018年中国财经媒体版权保护联盟的成立就是极好的例证，该联盟共同抵制盗版侵权行为，将区块链技术应用在版权保护上，支持版权的市场化交易，带动新闻版权市场良性发展，为其他行业的版权保护提供了一个可参考的范例。

近年来，我国版权产业的发展速度几乎是一日千里，其中版权保护的作用功不可没。正是有了版权保护的保驾护航，我国版权产业，尤其是网络版权产业，正在实现向正版化运营的转变。版权市场已经被激活，一系列网络文学作品经作者授权后改编成影视剧，各类IP在版权市场大放异彩。

四、经营模式向正版化运营转变

随着我国基础教育的改善，国民受教育程度大幅度提升，在"终身学习"理念的感召下，全民阅读和接受继续教育的习惯正在逐步形成，对版权产品的需求不断上升。此外，随着我国对知识产权侵权的严厉打击，我国版权保护水平不断提升，盗版产品的生存空间正逐渐消失，越来越多的中国居民开始转向电影院、书店或网络视频播放平台，付费购买正版授权的高质量版权产品已经成为一

种新的消费习惯。

伴随着我国居民人均可支配收入的提升，居民用于文化教育娱乐方面的消费支出也不断上升，根据国家统计局的统计，2017 年该项支出在人均消费支出当中的比重已经提升到11.4%。与之相伴而生的是，我国居民在文化娱乐方面的消费习惯正在转变，正逐渐向付费消费转变。版权产业也同时处于经营模式转变的过程中，在线视频、在线音乐以及网络文学领域表现得最为明显。各类网络播放平台曾经采取的，以抓取其他正版网站内容实现获利的经营模式在历次版权执法中被重点整治，在线视频行业也再次洗牌，"盗链"类视频聚合平台的经营乱象被有效遏制。2018 年爱奇艺发布的财报显示，其会员付费收入已经超过广告营收，成为最大的收入来源。在版权行业中，不止爱奇艺一家正处于这种转变过程中，腾讯音乐和网易云音乐都采取正版付费的经营模式，其付费会员和收入逐年增长；阅文集团的网络文学版权运营业务收入增长迅速；网络直播打赏模式在 2017 年异军突起，其行业规模不断快速壮大，并由此衍生出直播带货行业的飞速发展。2020 年无疑是网络直播平台爆发的一年，直播带货的业态创新不但带活了电商新零售，也使版权产业在数字经济时代的发展有了新的延伸价值。

当下，整个版权产业原有的"盗版聚合播放"以及"免费内容 + 强制广告"的经营模式正在悄然转变。其原因可以从用户和版权经营主体两个方面来看，在用户层面，由于盗版影视内容往往观赏效果较差，很多用户在可支配收入提升之后，消费升级，也开始转向付费观看正版作品；在版权经营主体层面，各类平台购买版权的成本需要通过会员付费来分摊，加之平台运营还需要盈利的目标，于是用户可免费观看的高质量作品逐渐减少。当前，用户对于精品热播剧观赏时效性的追求、付费会员与免费观赏之间存在的欣赏体验方面的巨大差异，都促使更多的用户开始接受付费欣赏正版高画质作品。在这些因素的共同推动下，版权产业的正版化和付费习惯基本已经养成①。当前不仅网络游戏和网络直播的用户付费意愿较高，在网络音乐、网络文学、网络视频等领域，也看到付费消费明显提升的现象。在历次版权执法行动的有效震慑下，曾经一度频繁出现的靠盗版来"短平快"获利的各类行业乱象正逐渐"退烧"，版权产业的经营模式正在向正版化运营转变。

---

① 张钦坤. 网络版权产业缘何高速增长［N］. 中国新闻出版广电报，2018 - 05 - 03（007）.

第三节　我国版权产业发展所面临的问题

要实现党的十九大报告中提出的健全现代文化产业体系和市场体系的目标，就需要进一步地提升我国版权产业的发展水平，增强中华文化的吸引力，提升中国文化软实力。我国版权产业发展的目标是从版权大国向版权强国迈进，但是这个目标的实现绝非易事。如上文所述，版权产业的驱动机制包括推动机制、支撑机制和引导机制。其中，推动机制包括资金推动、人才推动和创新推动；支撑机制包括知识产权保护、现代企业管理机制、上下游配套产业和互联网基础设施等因素；引导机制包括政府管理和国内外市场需求因素。通过大量的现场调研和文献阅读对这些因素进行考察，本书梳理出现阶段我国版权产业发展亟待解决的若干现实问题。

一、版权产业面临的管理困境

（一）版权行政管理体系分散

我国版权行政管理机构应避免政出多门、机构冗杂、体系混乱，如果部门之间缺乏统一的协调性，管理权力归属不明确，就容易发生推诿扯皮的现象，导致管理效率比较低。目前我国版权行政管理独立性差，地方版权机构设置常常和文物、旅游、体育、教育等部门糅合。行政管理人员的专业性有待提高，对版权产业的有关专业知识的掌握应加强。另外，在一些偏远的地方，版权管理机构应进一步强化管理牌的摆设，避免实际功能缺失。① 版权产业发展涉及的机构多，在其企业注册、经营管理、获取批号、收费汇回等环节通常要多次才能办结，虽然我国政府正在力推简政放权、优化营商环境，客观上已经取得了一定的成绩，但是还存在一定的调整空间。

---

① 谢玮.“互联网＋”时代的版权产业发展模式与政策研究［D］. 合肥：中国科学技术大学，2017.

（二）版权产业扶持政策落地不理想

对企业来说，争取某些政策扶持的操作并不容易。在扶持政策制定时，往往对企业享受待遇认定所要提供的资格材料进行规定。在实际操作过程中，可能会出现政策与现实脱离的现象，使企业难以取得相应的优惠资格。例如，在实地调研时与部分版权企业交流发现，我国财政部给予动漫企业在增值税和营业税上优惠待遇，但是一些新技术型的原创动漫企业，其大部分成本是人工薪资，无税务进项，也无法抵扣，另外此类型企业的中高端人才比例比较高，个人所得税缴纳金额比较高，再加上企业的所得税，企业总体税负水平还是比较高的。一些地方政府为了扶持当地的动画企业，给予原创动画产品直接的补助，这些补助给予的标准仅根据播放时长和播放渠道，对产品的质量没有认定标准，导致国内粗制滥造的动画泛滥，只求数量拿补贴不求质量出精品，而一些消费者喜欢的动漫产品，因其采用了网络渠道或者手机 APP 等方式来传播，不符合财政支持中一定要在电视台播出的要求，反而拿不到政府的补贴。

（三）知识产权保护工作的难度大

版权产业属于典型的智力密集型产业，一国知识产权保护水平的高低在很大程度上影响了该国文化创意企业在研发方面的投资意愿和利润实现。如果缺少必要的知识产权保护，其投资收益就无法确保收回，这极大地限制了版权企业经营资本的后续投入，企业也不愿深耕这片市场。近年来，为呼应知识经济时代来临的现实要求，我国知识产权保护的力度已经在不断增强，有关知识产权保护的法律法规也日臻完善。2007 年《世界经济论坛》（World Economic Forum）测算的中国知识产权保护指数为 3.24（该指数的分数分布为 1～7 分），全球排第 70 名；到 2016 年中国知识产权保护指数上升为 3.97，全球排名也提升到第 63 名，2018 年又进一步提升到 4.499，全球排名也不断提高。但是我们清醒地看到，我国知识产权保护工作依然任重而道远，中国近年来知识产权保护指数的全球排名不但落后于主要发达国家，还落后于部分发展中国家。部分地区和个别领域知识产权侵权仍时有发生，根据国家知识产权局公布的侵权假冒违法案件查处情况统计，2020 年全国共查处商标违法案件 3.13 万件，假冒专利违法案件 0.71 万件，移送司法机关案件 841 件。鉴于版权产业发展的独有特性，知识产权保护是其赖以生存的根本，当前中国正大力实施"互联网＋"国家战略行动计划，互联网领域中版权产业新业态的知识产权具有更深层次的"无形性"，导致在互联网环境中知识产权的侵权事件更为高发，知识产权保护工作的难度进一步增加。

（四）版权产业相关行业组织服务水平落后

目前，无论是在美国还是在英国，行业组织对版权产业的发展都发挥了极大的促进作用。行业组织在版权产业发展过程中履行着重要的社会管理职能。我国已经建立了相关的行业组织，但这些行业组织的作用并没有充分发挥出来。另外，行业组织的组织和管理技术水平还比较落后，与发达国家相比还有较大的差距。例如，美国第一家非营利性的表演权管理组织 ASCAP 仅 2014 年收取的版税就超过 10 亿美元，当年分配给权益人的版税高达 88300 多万美元，管理成本仅为 12.6%。这个成绩得益于其先进的管理系统。ASCAP 使用的 ACE 数据检索系统、音乐使用次数监控技术都是规范版权产业内容管理和版税分配的有效手段，使版税的授权、分配环节更加便捷，信息更加透明，既提高了工作效率，又增强了行业组织的公信力。相比之下，由于我国版权产业相关的行业组织普遍存在着数据库不完善、版权维护技术手段落后、版税收取和分配制度不透明等问题，会员对其服务的效果不满意。

二、版权产业在供给侧存在结构性问题

（一）行业整体创新能力不足

我国版权产业的创新能力不足，首先导致核心版权产业在版权产业中的比重不高。核心版权产业是与创新联系最为密切的产业。在核心版权产业占 GDP 的比重统计中，我国在所列国家中排名第十五位，处于中等水平，这说明了我国版权产业的创新能力不足，核心版权产业的发展水平与世界其他国家相比还不具有竞争优势。其次，我国在版权服务业领域的创新能力不足，版权服务业发展水平相对于其他发达国家还处于弱势地位，容易造成版权产业持续发展的动力不足。最后，会导致我国版权企业在国际市场上缺乏竞争力。以 2019 年中美贸易摩擦为例，中美贸易摩擦中美国对中国知识产权保护问题大加指责。例如，美国将华为列为实体名单，禁止华为使用谷歌的 Android 系统，同时微软公司禁止华为使用 Windows 系统，英国的芯片设计公司 ARM 也因为要遵守美国的贸易禁令，暂停与华为的业务，这些都对中国的版权产业发展造成巨大的阻碍。本次的中美贸易摩擦却也折射出我国的原创性创新严重不足，我国的手机生产和消费量巨大，但是底层的操作系统却都属于美国企业所有。我国现有的创新多是二次创新，缺

乏底层的基础性创新，一旦出现美国对中国企业大肆打击报复的情形，中国版权企业往往非常被动。

（二）产业支持体系有待改进

我国版权产业的价值链还不够完善，产业链条还需延伸，版权的产业支持体系还不能完全提供全部的配套支持，有待改进。从国内角度来说，尚未能打造出与版权产业相匹配的全产业链，优秀创意版权资源的商业转化、周边产品的深度开发、富有创意的版权产品的全球推广以及产业资本的支撑与流通等方面还存在一系列制约因素有待破解，版权产业的产业集群效应还有待进一步提升。相对而言，美国版权产业的创意资源转化能力优于中国，我们耳熟能详的熊猫和花木兰等文化资源被美国迪士尼电影公司转化为《功夫熊猫》和《花木兰》等影视作品，并广受观众好评。我国国内电影的顶级特效还要找国外特效团队完成，张艺谋执导的电影《长城》的影视特效制作就是由好莱坞制作团队完成的。我国版权产业出口结构不够合理，未形成合理的跨国价值链，产业链延伸的国际空间有限。随着知识经济时代的到来，版权产业将成为中国赶超西方发达国家必不可少的重要一环，因此版权产业发展及国际竞争力的提升需要破解产业体系不完善的制约。

（三）版权企业管理不健全导致生产率水平较低

我国版权企业缺乏高效的生产过程的组织和管理，主要包括生产过程中劳动者的分工、协作和劳动组合，以及与此相适应的工艺规程和经济管理方式。我国许多版权企业脱胎于事业体制，具有行政型公司治理模式。许多企业还保留原有的工作作风，表现为资源配置的行政化，企业经营目标行政化，企业负责人任免行政化，工作人员劳动纪律散漫。企业奖惩不明，缺乏对从业人员创造性的激励措施，工作效率低下。除了这类从业体制转制的企业外，其他的一些私营企业呈现数量多、规模小、层次低的特点。大多数企业还没有建立现代企业制度，劳动生产率水平低下。

三、版权产业高素质人才缺乏

相对于发达国家，我国版权产业劳动生产率水平比较低。这说明我国版权产业人员创造出来的价值相比国际上其他国家来说比较低，造成这一现象的原因主要是版权产业缺乏高素质、高效率的人才。

版权产业是公认的智力密集型的产业，其发展的核心驱动力是创新人才的创造力。相比于制造业，版权产业的生产力水平对人才的要求尤其高。人才意味着效率，人才意味着产出。我国版权产业劳动生产率比较低的根本原因在于我国缺乏大量极富创造力的创新人才、高质量文化产品制作人才、深谙国内国际竞争之道的企业经营管理人才和营销人才。

我国目前的教育机制不利于创新人才的培养，人才成长的大环境不利于创新思维和批判性思维的成长。"钱学森之问"也从一个侧面反映了我国创意人才的缺乏，尤其是杰出创新人才匮乏的事实。该问题所带来的直接后果就是我国版权产业生产力水平落后，人才创造力和执行力水平低下，劳动生产率低。另外，在人才培养实践层面，大学是培养版权产业人才的摇篮，很多大学都成立了知识产权学院，在专业人才培养方面进行了积极的探索。不过，目前无论从师资知识储备还是从课程设置，目标都集中于知识产权法律制度的掌握，对于版权产业理论与实践重视不够，造成培养者与被培养者知识结构单一，很难满足版权产业对专业人才的刚性需求。

当然，从该产业发展的现实需求来看，除了大学外，版权产业相关部门与企业在人才培养方面也有许多不足之处。但是，由于重视程度不够或资金不足，各部门或单位在组织职工集中学习或短期培训方面并不积极，严重影响了版权产业中人才素养的提高。另外，我国政府对版权产业进行扶持政策时，对人才扶持的力度不够，远不及发达国家对版权创新创意人才的扶持力度。以减免税收政策为例，我国近几年的税收减免政策主要针对国家与各地的文化产业园区或者示范基地，以及版权文化企业与文化项目，很少有专门针对版权文化创意人才的税收减免政策。这在一定程度上不利于吸引版权产业人才流入，不利于现有从业人员发挥创作积极性，也不利于劳动生产率的提高。

四、版权产业发展面临资金瓶颈

版权产业的做大做强离不开资金的支持。版权企业的资金主要来自企业自筹、政府和社会资助、金融融资，但我国版权产业存在融资困难的问题，严重影响版权企业竞争力的提高。

（一）我国版权产业资助资金来源单一

总体来说相对于发达国家，目前我国对版权产业的资助资金来源还比较单一，主要是靠政府的资金，没有充分调动民间资本支持版权产业的积极性。政府的资金受财政预算的制约是有限的，所以一直以来产业资金支持的力度相对于企业需求来说严重不足。这个现象在欧美发达国家也是普遍存在的。所以，单纯依靠政府的支持来发展版权产业这一模式是难以为继的，必须充分调动民间资本投资版权产业的积极性。

（二）我国版权企业金融融资困难

从金融融资渠道来看，版权产业的绝大多数企业都属于中小型企业，很大一部分企业在初创期固定资产较少，手中所持有的无形资产又存在资产价格难以科学评估，财务制度不够健全，缺少金融机构贷款所要求的融资抵押物，难以满足银行等金融机构的信贷投放标准。银行等金融机构往往更偏爱于将信贷资金投放到国有企业和各类大型企业，加之其未来业绩不好预估，很难获得其他关联企业的担保，对各类金融机构的吸引力并不大，因此版权产业的发展难以获得足够的资金支持。还有部分文化创意企业在资金困难时，将目光投向民间借贷等融资渠道，这又造成融资成本过高、各类风险频发等问题。此外，我国资本市场建设还不够完善和成熟，版权产业的有关企业进入资本市场的难度明显高于其他产业，想要进入主板市场融资很难达到净资产及连续盈利率等硬性指标的要求；进入新三板市场进行股权融资虽然相对容易，但是新三板的流动性不高，交易活跃度比较低，难以解决中小型版权企业在发展初期的燃眉之急。这都导致大量版权企业无法在证券市场上获得足够的融资，这种情况体现在初创期的版权企业。融资困难以及资金匮乏等约束条件极大阻碍了我国版权产业的发展壮大。

五、版权产业国际竞争力有待进一步提升

如前文所述，经过改革开放40多年的大力发展，我国版权产品国际市场占有率指数排名位于全球首位，是版权产品出口规模最大的国家，比美国、英国和德国等发达国家的出口规模还大。在客观上，我国版权出口很多依附于制造品出口，即部分版权产业和版权关联产业出口规模比较大。得益于我国货物贸易出口大国的背景，我国版权产品出口数量居世界首位，但脱离商品出口而存在的核心版权产品出口和发行类版权产品出口竞争力比较弱。另外，我国进口规模也很大，两者抵消后我国版权贸易逆差巨大。总体而言，我国版权产业的国际竞争力有待进一步提高。为了提高版权产业的国际竞争力，重点应关注和解决以下问题：

（一）出口扶持政策的执行力不足

版权国际贸易水平是衡量一个国家软实力的重要标志，有利于我国的文化输出，也有利于企业的发展壮大。于是从国家层面到地方政府都对版权产品出口采取了一系列的补贴或者扶持政策，鼓励企业拓展海外业务，但是在落实扶持政策的过程中，有一些规定常常使企业觉得难以执行。以动漫产业为例，海外播放平台都是以标准化的官网说明来进行合同确认的，没有传统的版权文本协议，比如YouTube 就是在官网上放置框架合同的方式来进行，内容提供商在后台可以看到播放带来的收益。我国政府在对动漫进行出口补贴时要求企业提供"每个月的交易合同"，这就给这种类型的企业申请补贴带来了实际困难。

（二）我国版权产业缺少大型的跨国公司

与发达国家相比，我国大部分版权企业的规模小、层次低、竞争力弱，很难与发达国家的跨国公司对抗。例如，美国在图书出版企业、影视业、音乐制作和发行业出现了许多企业巨头，建成和控制了全世界多数国家的版权产品销售网络。这些跨国公司运用全球化战略吸引国际上大量的资金、技术、人才等，获取高额垄断利润。美国电影业以全球 8% 左右的产业规模，控制了全球近 80% 的市场。我国已经有部分企业在尝试走出去，到国外设立分公司，力求占领更多的国际市场，但最终成功的案例较少。同时我国的版权交易平台建设比较滞后，缺乏类似美国 Youtube 享有国际知名度的版权交易平台。在论文写作的前期调研中发现，中国版权企业，尤其是类似宝宝巴士之类的动漫企业，绝大多数的国际版权交易都发生在美国 Youtube 一家平台，一旦这家位于美国且是全球最大的版权贸易平台突然对中国封闭，对中国的此类版权企业以及版权出口都是较大的打击。

（三）政府出口促进措施的内容有待扩展

首先，我国的政府积极推广中国文化，通过国际交流大力宣传我国的版权企业，力图为版权产业出口创造良好的国际环境。现阶段国际社会对中国文化逐步接受认同并喜爱。但是在这个过程中"送文化"的现象盛行，政府在这个过程中更多的是进行中国文化输出和形象展示，对版权产业本身的推广和介绍有限，社会效益大于经济效益。在未来，政府在开展各项工作促进中国文化输出时，可以把推广版权产业和版权产品项目作为重点，兼顾经济效益和社会效益。

其次，政府可以增加企业海外知识产权保护的支持政策。随着越来越多的版权企业致力于版权产品的出口，不可避免的知识产权海外纠纷会越来越多。我国的版权企业大多规模小，本身对抗海外知识产权侵权的能力比较弱。政府应当在制定促进版权产业出口政策时未雨绸缪，将这构建海外知识产权援助体制加入扶持政策中。

Chapter Seven

第七章 数字经济时代的版权产业

第一节 数字经济时代我国版权产业发展的新动能

一、"互联网＋"行动计划促进版权产业升级转型

自国务院印发《国务院关于积极推进"互联网＋"行动的指导意见》以来，利用信息和互联网平台，我国版权产业与互联网充分融合，对版权产业的传统业态进行优化升级转型，利用互联网具备的优势特点，创造新的发展机会，以创新推动版权产业发展。李克强在 2020 年 5 月 22 日发布的 2020 年国务院政府工作报告中又再次提出，要全面推进"互联网＋"行动，打造我国数字经济新优势。"互联网＋"行动计划在很大程度上推动了版权产业的产品和服务模式从"线下实体为主"向"网络虚拟化"的转变。"互联网＋"行动计划倡导互联网信息技术与图书、音像等版权产业各传统业态的深度融合，能够直接创造出一系列新兴产业，对版权产业的传统业态进行优化升级转型，使用户在足不出户的情况下就可以满足对文化消费的需求，从而促进版权产业传统业态的持续发展。例如，在传统图书、音乐、影视和游戏的基础上，通过与互联网信息技术的融合进行业态创新，催生了网络文学、网络音乐、网络视频和网络游戏等新兴产业。

此外，"互联网＋"行动计划还推动了版权产业经营管理模式的变革，"互联网＋"令版权产业的内容生产者和经营者更加及时地获得消费者的具体需求，可以及时调整版权产品的内容，在个别场景下甚至可以实时获得消费者对版权产品的反馈，以互联网信息服务算法推荐，动态调整推送内容。这就使数字经济时代版权产业的经营管理更加柔性化，更能提供个性化和差异化的服务，与用户需求的匹配度也更高，更能满足市场需求。"互联网＋"行动计划促进版权产业实现升级转型，注重提供个性化服务，注重"客户力量"和"小利润大市场"，在每位用户身上不需要赚太多的钱，但是在互联网用户数量极为庞大的情况下，收入就颇为可观了。"互联网＋"行动计划推动了版权产业盈利模式的改变，在满足互联网用户个性化需求的同时也创造出规模经济效益。

二、"数字中国"建设推动版权产业加速发展

自党的十八大以来，以习近平同志为核心的党中央高度重视数字信息技术的应用与发展，并高瞻远瞩地作出建设"数字中国"的战略决策。党的十九大报告中明确提出建设"数字中国"，"数字中国"建设也进入了快车道。此后，《中华人民共和国国民经济和社会发展第十四个五年规划和 2035 年远景目标纲要》也明确提出加快数字化发展，建设数字中国。以习近平同志为核心的党中央对"数字中国"建设的重视为中国在数字经济时代的发展抢占了先机，在版权产业各行业都结出了累累硕果。为加快"数字中国"建设，党中央和国务院开展了一系列卓有成效的工作，积极实施"宽带中国"战略和国家大数据战略，加强关键数字技术创新应用，加快推动数字产业化和产业数字化转型，构筑全民畅享的数字生活。"数字中国"建设及后续政策的出台，促进版权产业提质生效，激发了广大互联网用户的消费潜力，为我国版权产业高质量发展装上了加速器。

以互联网为核心的数字技术，彻底革新了我国版权产业的发展生态，切实提升了我国文化的原创能力，给我国版权产业带来了数字经济时代弯道超车的机遇。"数字中国"建设推动了数字技术的飞速发展，数字技术的发展又改变了消费者的文化消费方式。几乎所有的日常文化消费，无论是资讯获取、买书买票、视频会员、游戏点卡等都早已数字化、网络化了，便捷的渠道极大地繁荣了文化消费。互联网极大地降低了创意活动的知识积累、产业组织和传播成本，在前所未有的广度和深度上激发了大众创意活力，扩展了创意素材来源，推动了越来越多创意者进入版权作品的创作行列。这一方面极大地拓展了我国的创意来源，使我国在版权经济领域首次出现了如网络文学、直播等我国原创、发达国家模仿跟进的版权产业新业态；另一方面，在创意者和消费者相互激发的过程，也有助于创意者更好地迭代创意、把握创作规律。大基数和快迭代也无疑增加了版权精品产生的可能性①。"数字中国"建设及后续政策的出台，对版权产业和文化创作的社会协作机制产生了一系列深刻影响，互联网具备便捷的实时沟通能力，大大降低了版权产品的交易成本，畅通了版权交易的流通渠道，推动版权产业行稳致远。受益于"数字中国"建设所带来的数字赋能效应，我国的版权工作者积极

---

① 黄斌. 数字中国建设中的文化发展新路径：数字创意产业、公共文化服务和文创生态系统的可持续发展 [J]. 文化月刊，2018（4）：105 – 108.

地将最新的数字信息技术应用于作品创作中，有力地促进了版权产业与数字经济的深度融合，着力扩大优秀版权产品的创作与流通，以"数字中国"建设下的数字技术发展为支撑，多渠道挖掘中国传统文化资源，以创新的演绎方式讲好中国故事，提升中华文化的软实力，借力数字信息技术产业的科技创新成果，促进版权产业的创作内容、经营模式和业态创新。

三、数字经济时代"新基建"为网络版权产业发展夯实基础

"新基建"这一概念自诞生以来，备受关注，学术界和社会各界对其概念及内涵的认识经历了一个逐步深化的过程。自 2018 年底，中央经济工作会议提出"新型基础设施建设"（"新基建"）以来，关于什么是"新基建"，社会和学术界一直有不同的理解。为统一对该问题的认识，2020 年 4 月 20 日，国家发展改革委对新型基础设施的范围正式作出解读，指出新型基础设施是以新发展理念为引领，以技术创新为驱动，以信息网络为基础，面向高质量发展需要，提供数字转型、智能升级、融合创新等服务的基础设施体系，其包括信息基础设施、融合基础设施、创新基础设施三个方面。国家发展改革委强调，伴随着技术革命和产业变革，新型基础设施的内涵、外延也不是一成不变的。郭朝先等（2020）认为数字化是新型基础设施的核心要素，"数字基建"是"新基建"的内核。"新基建"具有新技术、新高度、新领域、新模式、新业态、新治理"六新"特征，是"新基建"为中国经济"赋能"的条件，也是"新基建"为网络版权产业发展夯实基础的先决条件。与传统基础设施建设相比，"新基建"可以更好地发挥乘数效应，通过技术创新和业态创新，更能促进经济"包容性"增长；作为现代基础设施，尤其是数字化基础设施，可以为版权经济数字化转型提供底层支撑；作为数字化平台，"新基建"为中国版权经济发展提供了新动能，推动版权产业融合发展，形成版权产业新生态，为构建版权产业现代产业体系和经济体系服务①。数字经济时代版权产业的高质量发展更离不开"新基建"的深入实施，尤其是 5G 网络、人工智能和数据中心等新型基础设施的建设和完善，使网络版权产业的发展获得了基础性的硬件支撑，能以更快的速度、更新颖的方式、更便捷的渠道向消费者提供优秀的版权产品和服务。

---

① 郭朝先，王嘉琪，刘浩荣．"新基建"赋能中国经济高质量发展的路径研究［J］．北京工业大学学报（社会科学版），2020，20（6）：13 – 21.

"新基建"范围有广义和狭义之分，狭义的"新基建"包括 5G 网络、人工智能、工业互联网、物联网、数据中心、充电桩这六个领域，广义的"新基建"范围除了狭义的"新基建"外，还包括利用新一代信息技术对传统基础设施的改造升级，即传统基础设施的数字化改造。当前，在新冠疫情冲击和中美贸易摩擦等复杂因素的影响下，中国经济下行态势明显，此时全社会对"新基建"给予厚望，期待"新基建"拉动中国经济增长、助推中国数字经济发展、赋能中国经济转型升级（刘艳红等，2020）[①]。在此背景下，以 5G 网络、人工智能、数据中心为代表的"新基建"的开展，充分发挥了新一代信息技术对版权产业发展的促进作用，以新技术、新载体、新业态和新模式助力版权产业转型和创新，更好地推动数字经济时代版权产业完成"弯道超车"以及实现高质量发展。

第二节　相关概念及内涵

一、数字经济时代版权产业的有关概念

技术进步一直被认为是经济增长的重要动能，并对人类社会的繁荣发展起着举足轻重的作用，历次科技革命都对当时的产业布局带来了全面、根本性的变革，对经济和社会发展产生了深远影响。进入 21 世纪以来，随着云计算、大数据、区块链、人工智能等信息技术的日益成熟，新一轮科技革命和产业变革正在重构全球经济结构。数字经济时代的版权产业，充分运用互联网信息技术，通过业态创新不断重塑版权产业的具体组成部分，形成了与以往传统版权产业大相径庭的新业态和新组合。

（一）数字经济与数字经济时代

自"数字经济"这一概念被正式提出以来，全球主要经济体都极为重视数字技术、互联网在经济增长中的重要作用，自提出"数字经济"以来，它就被

---

① 刘艳红，黄雪涛，石博涵. 中国"新基建"：概念、现状与问题 [J]. 北京工业大学学报（社会科学版），2020，20（6）：1 - 12.

公认为是基于互联网的经济活动。20 世纪 90 年代后期，美国、日本等国家对数字经济的界定多聚焦于电子商务领域。随后，世界各国开始相继布局数字经济战略。《数字英国》（2009 年）、《数字德国》（2010 年）、《意大利数字战略日程表 2014－2020》（2014 年）、《数字法国计划》（2015 年）等国家数字经济发展规划相继出台，数字经济自此迎来了快速发展期，全球有近 30 个国家制定了数字经济战略，以信息通信领域为重点的狭义数字经济成为了这一时期各国数字经济战略的核心。尽管数字经济尚无公认的明确定义，但通过相关文献梳理及国家战略描述，可以看出数字经济是主要以数字技术方式进行生产的经济形态。从技术角度来看，这一概念在信息技术的基础上产生，数字技术是数字经济的生产核心，也将贯穿于生产、传播、消费等各个环节，具有较强的外部性特征，生产要素与数字技术的结合使数字经济区别于传统的社会生产模式，并且呈现出数字化、虚拟化、网络化、分子化的特征（范周，2020）[①]。数字经济时代是不同于以往传统农业社会和工业社会的一个新的经济社会发展阶段，这一阶段更强调数字技术的应用，注重通过互联网实现相互连接，从海量数据链接中寻求经营业态创新和盈利模式创新。

（二）网络版权产业

学术界对数字经济时代的版权产业有不同的表达方式，有"网络版权产业""数字文化产业""数字内容产业"等不同的称谓。这些概念大多发端于世界知识产权组织等国家组织的界定，或者有关政府部门政策文件中的具体表述。国家版权局网络版权产业研究基地、中国信息通信研究院和前瞻产业研究院等研究机构也高度关注数字经济时代版权产业的发展态势，并发布了一系列相关的年度研究报告。

"网络版权产业"这一概念主要来源于国家版权局基于 WIPO 的指导所开展的一系列研究，是对"版权产业"这一概念在数字经济时代的发展和推进。国家版权局网络版权产业研究基地依托 WIPO 对版权产业的概念界定及产业分类，发布了 2017 年、2018 年、2019 年、2020 年等一系列测度中国网络版权产业发展水平的年度报告，截至当前已发布了 4 份年度报告。在国家版权局网络版权产业研究基地首份发布的《中国网络版权产业发展报告（2017）》中，参照世界知识

---

① 范周. 数字经济变革中的文化产业创新与发展 [J]. 深圳大学学报（人文社会科学版），2020，37（1）：50－56.

产权组织（WIPO）2015 年修订的《版权相关产业经济贡献调查指南》，将网络版权产业定义为：以版权制度为存在基础，与版权保护息息相关的网络经济活动和产业部门的集合；这些网络经济活动与产业部门的基本活力植根于其主要网络产品、网络应用与网络服务所获得的版权与相关权利的法律保护[①]。田小军和张钦坤（2017）在其研究中也认为网络版权产业主要是指以版权制度为存在基础，与版权保护息息相关的网络经济活动和产业部门的集合，并据此测算和分析了我国网络版权产业发展的态势[②]。此后，国家版权局网络版权产业研究基地在《中国网络版权产业发展报告（2019）》中，结合国家统计局于 2018 年修订《文化及相关产业分类（2018）》，将以"互联网＋"为依托的文化新业态纳入统计范围，准确反映文化产业新的增长点。国家版权局网络版权产业研究基地在《中国网络版权产业发展报告（2019）》中继续沿袭了 WIPO 对版权产业的界定思路，还实现了与国家统计局公布的"文化及相关产业"定义分类有效衔接。国家版权局网络版权产业研究基地在《中国网络版权产业发展报告（2019）》中将网络版权产业定义为：以版权制度为存在基础，与版权保护息息相关的网络经济活动和产业部门的集合；这些网络经济活动与产业部门的基本活力植根于其主要网络产品、网络应用与网络服务所获得的版权与相关权利的法律保护[③]。毕秋灵（2019）在其研究中对网络版权产业也做了类似的概念界定，认为网络版权产业是指依托互联网信息技术，从事创作、生产、销售、传播内容产品的行业，其生存和发展受到与版权相关的国家法律保护。内容是版权产业的核心资源，内容资源如何适应和利用技术的变革实现产业革新是当前网络版权产业发展面临的重要问题[④]。从最新的研究动态来看，国家版权局网络版权产业研究基地（2021）又在其发布的《中国网络版权产业发展报告（2020）》中将网络版权产业定义为：网络核心版权产业是指通过网络技术和应用，完全地从事创造、生产与制造、表演、传播与展出、发行与销售依赖网络和版权保护的内容作品的产业[⑤]。国家版

① 国家版权局网络版权产业研究基地．中国网络版权产业发展报告（2017）[EB/OL]．http：//www.ncac.gov.cn/chinacopyright/upload/files/2021/2/ac3cbb7c7209c461.pdf.
② 田小军，张钦坤．我国网络版权产业发展态势与挑战应对 [J]．出版发行研究，2017（11）：31-33.
③ 国家版权局网络版权产业研究基地．中国网络版权产业发展报告（2019）[EB/OL]．http：//www.ncac.gov.cn/chinacopyright/upload/files/2021/6/9205f5df4b67ed4.pdf.
④ 毕秋灵．网络版权产业的技术驱动与内容生态嬗变 [J]．传播与版权，2019（5）：92-94.
⑤ 国家版权局网络版权产业研究基地．中国网络版权产业发展报告（2020）[EB/OL]．http：//www.ncac.gov.cn/chinacopyright/upload/files/2021/6/9205f5df4b67ed4.pdf.

权局网络版权产业研究基地修订后的概念界定较为准确地诠释了网络版权产业的含义，同时又能体现出与 WIPO 对"版权产业"概念界定、国家统计局对"文化及相关产业"概念界定的一致性联系。

（三）数字文化产业

除网络版权产业之外，类似的概念表述还包括"数字文化产业"和"数字内容产业"等。文化和旅游部在讨论数字文化产业时将其看作是文化创意产业体系的一个重要模块，在分析中国数字文化产业未来发展趋势时指出，数字文化产业是以文化创意内容为核心，依托数字技术进行创作、生产、传播和服务的新兴产业，具备传输便捷、绿色低碳、需求旺盛、互动融合等特点，当下正在成为引领新供给、新消费，规模高速成长的数字创意产业的重要组成部分①。数字文化产业是"互联网＋"及其数字化技术在文化领域的广泛应用，其在本性上是技术思维，而文化产业的核心是创意和文化价值（包括版权），其在本性上是文化思维，是文化与技术的时代性融合（范玉刚，2019）②。为推动中国数字文化产业的发展，文化和旅游部（2020）还出台了《文化和旅游部关于推动数字文化产业高质量发展的意见》文旅产业发〔2020〕78 号③，推动线上线下融合，扩大优质数字文化产品供给，促进消费升级，积极融入以国内大循环为主体、国内国际双循环相互促进的新发展格局，促进满足人民文化需求和增强人民精神力量，推动数字文化产业高质量发展。

（四）数字内容产业

"数字内容产业"是在"内容产业"的基础上提出的，可以认为是产业名称的不同表达方式，数字内容产业近年来发展迅速，但在概念界定上仍众说纷纭。数字内容产业的兴起和发展为信息的生产和传播方式带来了范式转换，促进了媒体、广告、娱乐、教育、出版等多个领域的革新。因其覆盖的领域范围广，发展快，且常常在不同的语境中被赋予不同的含义，在概念界定上尚未统一。国内外已有不少官方机构、产业机构、学者对"数字内容产业"及其相关概念进行了

---

① 文化和旅游部. 中国数字文化产业未来发展面临三大趋势（2017）[EB/OL]. [2017－07－24]. https：//www. mct. gov. cn/whzx/bnsj/whcys/201707/t20170724_ 760376. htm.

② 范玉刚. 新时代数字文化产业的发展趋势、问题与未来瞩望 [J]. 中原文化研究，2019，7（1）：69－76.

③ http：//www. gov. cn/zhengce/zhengceku/2020－11/27/content_ 5565316. htm.

界定和研究，这些相关概念包括内容产业、创意产业、信息内容产业，以及版权产业、信息产业、信息服务业等，虽然叫法不同，但表达的理念很相似，由此也体现出数字内容产业概念的模糊性。总体来看，国内外政府机构、学界、产业界对数字内容产业概念的认识逐渐丰富、深刻，基于不同的产业环境和界定视角，对概念形成了各自独特的理解，同时在产业属性、技术基础等方面达成了共识。数字内容产业本身具有多元化的特点，可以将其总结为以下五个方面的特点：①数字内容产业是以信息通信和数字技术的应用为基础的；②数字内容产业是由内容与技术融合而成的新经济领域；③数字内容产业涉及多个细分领域并与多个产业存在从属或交叉关系；④产业链形成了新的分工和组合；⑤具备多重产业属性并对相关产业有带动效应（张立等，2021）①。数字内容产业的概念范畴较为宽泛，并非是统一固定的产业划分，今后随着信息技术的发展其概念界定可能还会有进一步的变迁或改变。

从以上数字经济时代版权产业的有关概念辨析可知，网络版权产业更为强调数字经济时代版权在法律和经济意义上的价值体现，并据此构建起数字经济时代版权产业的核心组成部分。数字文化产业和数字内容产业类似，都更多地依托文化产品或文化内容的生产、交换、消费的全过程展开讨论。三个不同产业名称的核心内容存在高度相关性，具体产业体系的细分构成也大体一致，为了与版权产业这一概念范畴保持一致，同样基于数字经济时代版权产业统计数据的可获得性，在此采用"网络版权产业"这一概念来表征数字经济时代版权产业的核心内容。

二、中国网络版权产业的主要类别

互联网技术已经打破了传统的版权所有者、传播者和使用者之间的利益格局，互联网已经走进了我们的日常生活中，正在改变我们每一个人的生活方式。吴汉东（2009）在讨论网络时代的版权产业和版权保护问题时指出：传统的电影业、音像业和出版业与互联网信息技术相互融合，通过业态创新产生了互联网影音业和网络出版业；基于网络视频、网络音乐、网络新闻、网络购物、BBS、网络博客以及网络直播这些新业态也均涉及版权问题，成为网络版权产业的重要组

---

① 张立，吴素平，周丹. 国内外数字内容产业概念追踪与辨析［J］. 出版发行研究，2021（4）：43-47.

成部分①。

由于网络版权产业这一概念脱胎于世界知识产权组织（WIPO）对于版权产业的概念界定，所以在讨论网络版权产业的类别构成时也可以参照世界知识产权组织（WIPO）对版权产业分类的划分。世界知识产权组织（WIPO）根据版权在各类产业当中所发挥的作用大小，把版权产业分为四类：核心版权产业、相互依存的版权产业、部分版权产业、非专业支持产业，这四类产业对于版权保护的依赖程度逐渐递减。各国依据世界知识产权组织（WIPO）的调查和分析框架所做的研究都将重点放在了核心版权产业，版权产业中最具代表性的产业就是核心版权产业，这一点也得到了学术界和有关政策制定者的普遍认同。依据这一思路，我们参照国家版权局网络版权产业研究基地对网络版权产业进行分类的做法，同样将研究的重点放在数字经济时代的核心版权产业，也就是核心网络版权产业。国家版权局网络版权产业研究基地②在其研究报告中认为，核心类版权产业是最为重要的版权产业门类，是衡量整体版权产业对国民经济贡献的主要参照，各国有关调查均将其作为重中之重。同理，网络核心版权产业也是网络版权产业的重心。因此，国家版权局网络版权产业研究基地在其研究中将研究的关注点放在中国网络核心版权产业上，没有将"相互依赖的网络版权产业"（如硬件制造业），以及"部分网络版权产业"（如周边商品工程设计）等纳入其分析框架。所以，我们在分析网络版权产业时，同样也采用此方法，以"网络版权产业"代指"网络核心版权产业"，重点考察对版权保护依赖度高的产业类别。国家版权局网络版权产业研究基地将中国网络版权产业划分为十个子类，分别是：网络文学、网络长视频、网络动漫、网络游戏、网络音乐、网络新闻、网络直播、网络短视频、VR和AR③。这些产业类别均涉及进入数字经济时代后，互联网信息技术与传统版权产业之内容载体的深度融合，通过业态创新所产生的具体类别。可以预见，随着互联网信息技术的不断发展，网络版权产业领域的业态创新将不断持续进行，各细分类别的外延和边界划分也将不断变动。

---

① 吴汉东. 网络时代的版权产业和版权保护问题 [J]. 法人杂志, 2009 (1): 54 – 57 +96.

② 国家版权局网络版权产业研究基地. 中国网络版权产业发展报告 (2020) [EB/OL]. http://www.ncac.gov.cn/chinacopyright/upload/files/2021/6/9205f5df4b67ed4.pdf.

③ 国家版权局网络版权产业研究基地在其发布的历次《中国网络版权产业发展报告》中基本都沿用该分类方法，目的在于比较直观地分析和研究那些通过网络技术和应用，从事版权内容创造、生产与制造、表演、传播与展出、发行与销售行为，并依赖网络和版权保护内容的产业。我们在下文中对于中国网络版权产业各具体子类发展状况的分析均依据国家版权局网络版权产业研究基地发布的历次《中国网络版权产业发展报告》，数据来源和测算方法也基于2017～2020年的《中国网络版权产业发展报告》。

第三节　中国网络版权产业的发展概况

一、中国网络版权产业规模不断壮大

近年来，随着"互联网＋"和"数字中国"建设的深入实施，中国网络版权产业的总体规模不断扩大，网络版权产业的市场规模呈不断攀升的态势。中国网络版权产业的市场规模从 2019 年的 9584.2 亿元增加到 2020 年的 11847.3 亿元，网络版权产业 2020 年的市场规模首次突破 10000 亿元大关，同比增长 23.6%（见表 7－1），相当于 2020 年 GDP（1013567 亿元）的 1.17%。相比 2016 年的 5003.9 亿元，"十三五"期间（2016～2020 年）我国网络版权产业市场规模增长超过 1 倍，年复合增长率为 24%。

表 7－1　2013～2020 年中国网络版权产业市场规模

年份	市场规模（亿元）	同比增长率（%）
2013	2157.8	39.1
2014	2905.3	34.6
2015	3847.0	32.4
2016	5003.9	30.5
2017	6364.5	27.2
2018	7423.0	16.6
2019	9584.2	29.1
2020	11847.3	23.6

资料来源：国家版权局网络版权产业研究基地：《中国网络版权产业发展报告（2020）》，下同。

近年来，在"互联网＋"国家行动计划和加快"数字中国"建设的推动下，我国网络版权产业把握历史机遇，注重互联网信息技术与版权产业两者深度融合，积极推进业态创新、不断提升版权内容质量，市场规模稳步增长。2013～2020 年，我国网络版权产业市场规模持续保持较快增长，2020 年总规模相较 2013 年的 2157.8 亿元增长超过 5 倍。

二、中国网络版权产业的市场结构逐渐多元化

从市场结构来看，近年来中国网络版权产业的核心业态主要是网络新闻媒体和网络游戏，根据国家版权局的数据统计，2017～2020年，两者市场规模合计占比均超过六成。2020年中国网络版权产业核心业态趋于稳定，新业态展示出巨大潜力，产业结构更加多元。根据《中国网络版权产业发展报告（2020）》的数据统计，从细分结构来看，2020年网络新闻媒体市场规模4648亿元，规模占比39.23%，在所有细分业态中居于首位。网络游戏市场规模占比23.52%，相比2019年（市场规模占比24.1%）略有下降，但其市场规模总体占比依然超过1/5。随着版权保护意识和用户付费意愿的持续提高，短视频、直播、网文、动漫、VR/AR等新业态占比显著提升。其中网络短视频市场普及率大幅提升，2020年市场规模占比为12.71%，居于第三位，较2019年提高2.19%；VR/AR受益于技术进步与消费级应用增长，市场规模占比达到1.08%，较2019年提高超过1倍。此外，长视频面临转型挑战，市场规模占比9.13%，较2019年下降2.4%，网络游戏市场规模占比23.52%，较2019年略有下降（见表7-2）。从总体趋势来看，网络新闻媒体和网络游戏仍然是中国网络版权产业市场规模最大的两个类别，而网络短视频的市场规模日渐增长，在技术的推动下我国网络版权产业的各细分产业类别均有较好的发展。

表7-2 2020年中国网络版权细分产业市场规模及占比

细分网络版权产业	市场规模（亿元）	规模占比（%）
网络新闻媒体	4648.0	39.23
网络游戏	2786.9	23.52
网络短视频	1506.0	12.71
网络长视频（不含动画）	1081.9	9.13
网络直播	856.3	7.23
网络音乐	333.0	2.81
网络文学	268.1	2.26
网络动漫（含漫画动画）	238.7	2.01
虚拟现实与增强现实（VR/AR）	128.4	1.08

纵观刚刚过去的"十三五"期间，网络游戏在网络版权产业中所占比重不

断降低，而网络短视频、网络直播、网络新闻媒体在网络版权产业中所占比重则大幅提升。网络短视频、网络直播发展迅速，深刻影响社会娱乐方式，并搭建线上消费场景，同时信息资讯、知识文化等非娱乐性内容传播成为新潮流，网络版权内容整体呈现"视频化"与"价值向"的发展趋势。进入"十四五"之后，网络版权产业这一结构变动的特征依然存在，这同时也是网络版权产业在经济效益和社会效益之间不断动态平衡的结果。

三、中国网络版权产业营收结构向用户付费倾斜

网络版权产业是互联网信息技术、文化内容以及版权深度融合的产业，是数字经济时代业态创新的代表。数字经济时代的经营模式出现了与以往各阶段大相径庭的变化，网络版权内容的价值实现更多地依靠广告、版权运营和用户付费，而且广告与用户付费两者之间呈此消彼长的特点。根据《中国网络版权产业发展报告（2020）》的数据统计，2020 年中国网络版权产业盈利模式主要包括用户付费、版权运营和广告收入三类。其中，广告及其他收入为 6079.0 亿元，占比 51.3%。2020 年用户付费收入为 5659 亿元，占比 47.8%（见表 7 – 3）。版权运营收入为 109.1 亿元，占比 0.9%。受疫情影响，广告投放有所减速，网络版权产业营收结构呈现用户付费占比提升、广告占比下降的趋势。

表 7 – 3 　中国网络版权产业用户付费规模及其营收结构占比变动

年份	用户付费规模（亿元）	营收结构占比（%）
2016	2229	44.5
2017	3184	50.1
2018	3686	49.7
2019	4444	46.4
2020	5659	47.8

近年来，随着社会各界版权保护意识的提高，用户付费意愿普遍提升，版权产业的多元化付费新模式不断发展壮大。"十三五"期间，网络文学、网络音乐、网络视频、动漫等业态构建起较为成熟的付费订阅会员模式，用户付费规模连年增长。2020 年，除付费订阅之外，知识付费、超前点播等多元化的付费新模式也得到较快发展，用户不仅为优质内容本身付费，同时也更愿意为视听的高

质量和时效性等消费体验买单①。在用户付费意愿不断攀升的同时，我们也要客观地注意到一些版权产业过度追求经济效益，从而忽视了用户的实际需求，个别情况甚至违背了契约精神，这些问题也引起了我们足够的重视。

四、中国网络版权产业融合发展的成效明显

网络版权产业所承载的内容更注重社会正能量的传播，成为中华优秀传统文化的新载体。近年来，网络版权产业注重将数字新技术与传统文化进行有机结合。行业内出现多款技术与传统文化有机结合的产品，将新型的传播技术与中华精品文物的保护和优秀文化的传承结合起来。例如，故宫博物院在展示国宝《千里江山图》的同时，运用 AR 技术将其在网络中进行传播，真真正正做到了让文物"活起来"。未来随着技术的不断完善，新型传播技术与传统文化融合的优秀产品还将持续涌现。此外，网络版权产业还有力地拉动了线下配套产业发展，积极引导传统产业实现转型升级，推动版权产业线上线下融合。例如，在数字阅读领域，数字阅读平台培育了大量的粉丝群体，相应地推动了改变影视作品和相关手办等周边产品的繁荣发展；在体育赛事领域，移动电竞的飞速发展，催生了一大批优质赛事的举办，相应地带动起赛事推广、票务、比赛场地、俱乐部建设、赛事经纪等线下版权业务。而且，还可以将网络游戏中的世界观和玩法，通过真人综艺节目得以再现，网游 IP 同名的网络综艺节目，更是直接带动了作为拍摄实景的线下特色小镇和主题公园的旅游热度，同时节目中的 Cosplay 也带动了演出服装生产；在音乐娱乐市场，移动 K 歌模式不仅满足用户线上实时 K 歌的需求，还向线下延伸，推出了同品牌同 IP 的线下移动 K 歌房，与线上内容实时同步②。2020 年短视频平台"直播带货"爆发，短视频和直播融合并打通电商，使直播电商成为助力经济增长的新动力，对未来消费市场的发展方向产生深刻影响。根据快手 2020 年财报，2020 年快手电商 GMV 达 3812 亿元，同比增长 539.5%；另据《晚点 LatePost》报道，抖音电商 2020 年全年 GMV 超过 5000 亿元；微信视频号也于 2020 年完善直播功能，使个人创作者可以入驻视频号进行

① 国家版权局网络版权产业研究基地. 中国网络版权产业发展报告（2020）［EB/OL］. http：//www. ncac. gov. cn/chinacopyright/upload/files/2021/6/9205f5df4b67ed4. pdf.

② 国家版权局网络版权产业研究基地. 中国网络版权产业发展报告（2017）［EB/OL］. http：//www. ncac. gov. cn/chinacopyright/upload/files/2021/2/785cc3aa6bf5947b. pdf.

直播带货，为创作者提供了能够平等参与的低成本创业机会①。由此可见，伴随网络版权产业的蓬勃发展，抖音和快手等短视频平台与移动互联用户之间的纽带日益紧密，"短视频＋直播"成为品牌和消费者之间最为便捷的连接渠道，直播带货为消费市场提供了新的增长动能，也使国内外市场的消费潜力得以进一步释放。

互联网信息技术的发展为优秀传统文化的保护和传播开拓了新渠道，打开了新思路，以崭新的面貌和便利的获取方式呈现在公众面前。优秀版权作品的涌现又为线下产业的发展注入了源源不断的动力，在持续不断的版权融合和业态创新过程中，新技术与优秀文化内容深度融合，线上线下两种不同方式交替互动，业态创新刺激消费市场潜力的充分释放，数字经济时代的网络版权产业以创新促发展，不断助推我国向版权强国的目标迈进。

第四节　中国网络版权产业重点行业的发展状况

数字经济时代版权产业的关注重点在于核心网络版权产业，沿袭世界知识产权组织（WIPO）的调查和分析框架，结合国家版权局网络版权产业研究基地、中国网络视听节目服务协会和头豹研究院等机构发布的研究报告，我们将网络文学、网络长视频、网络动漫、网络游戏、网络音乐、网络新闻和网络直播等作为中国网络版权产业重点行业②，重点分析和讨论其在数字经济时代的发展状况。

一、网络文学

纵观网络文学产业的发展历程，第一个中文原创网站"榕树下"成立通常

① 国家版权局网络版权产业研究基地．中国网络版权产业发展报告（2020）［EB/OL］．http：//www.ncac.gov.cn/chinacopyright/upload/files/2021/6/9205f5df4b67ed4.pdf.
② 按照国家版权局网络版权产业研究基地在其发布的《中国网络版权产业发展报告》中的产业分类方法，中国网络版权产业可以划分为十个类别，分别是：网络文学、网络长视频、网络动漫、网络游戏、网络音乐、网络新闻、网络直播、网络短视频、VR和AR。其中，网络短视频与网络直播的融合度较高，VR和AR内容当前还处于发展的起步阶段，总体来看体量和规模相对较小。所以，在此主要对网络文学、网络长视频、网络动漫、网络游戏、网络音乐、网络新闻和网络直播等几项做重点介绍。

被认定为网络文学发端的标志性事件，蔡智恒的《第一次亲密接触》被认定为中国第一本网络小说。由此，网络文学在中国正式发展起来。网络文学发展起步时期，互联网并未全面普及，商业运营模式并未形成，对网络文学的运营还正在探索，所以这一阶段的作家几乎不受利益限制，其输出的内容有着明确且强烈的个人风格。此后，互联网革新技术开始逐步向大众群体靠近。面对市场与技术的变革，2003 年，起点中文网首创性地开启了"网络文学 VIP 付费阅读模式"，读者通过注册会员，试读作品的免费章节，继而确定是否为后面的"VIP 章节"消费。随后，这种运营模式被国内各大网站所采用，成为基本的盈利模式。这个阶段的"VIP 付费模式"标志着网络文学产业商业模式正式开拓，从而进一步刺激作者进行创作，扩大市场的文本量，使读者继续为此消费。随着移动互联网时代的到来，网络文学的经营模式出现新的变化，网文阅读从 PC 端向移动端转移，使读者阅读不再受时空和场景的约束，网络文学读者的数量迅速攀升，网络文学市场进一步扩大①。

近年来，随着中国宏观经济的发展以及中国用户对内容消费和精神消费的需求升级，文学阅读市场的消费需求迅猛增长。在互联网的普及率不断提高以及移动端技术快速发展的同时，网络文学市场也获得了蓬勃发展。根据《中国网络版权产业发展报告（2020）》的数据统计，中国网络文学用户数从 2016 年的 3.33 亿人增长到 2020 年的 4.60 亿人，年均增长率为 8.41%；网络文学市场规模也从 2016 年的 95.6 亿元增长到 2020 年的 268.1 亿元，2020 年中国网络文学市场规模相比 2016 年增长 180%，年均增长率高达 29.41%（见表 7－4），整个网络文学产业呈现出网络文学用户数和网络文学市场规模双增长的可喜势头，且人均消费量也随之同步迅猛增长。

表 7－4　中国网络文学用户规模及市场规模

年份	网络文学用户（亿人）	市场规模（亿元）	市场规模同比增速（%）
2016	3.33	95.6	44.2
2017	3.78	129.2	35.1
2018	4.32	159.3	23.3
2019	4.55	215.5	35.3
2020	4.60	268.1	24.5

资料来源：国家版权局网络版权产业研究基地：《中国网络版权产业发展报告（2020）》。

---

① 吴丹. 受众视阈下我国网络文学产业链分析 [J]. 新媒体研究，2021，7（19）：49－52＋92.

伴随着互联网用户规模的扩大和互联网渗透率的上升，用户的阅读方式逐步从传统的纸质阅读转换成手机阅读软件在线阅读。根据《中国网络版权产业发展报告（2020）》的数据统计，2016 年手机文学用户数为 3.04 亿人，到 2020 年已经增长到 4.59 亿人，年均增长率为 10.85%。手机在线阅读比传统阅读方式更快捷和简便，用户可更高效地利用碎片时间来阅读文学作品；同时，手机在线阅读也推动了网络文学的发展，随着手机在线阅读人数增多，网络文学逐步形成自己的商业盈利模式，在盈利的驱动下，网络文学市场规模进一步扩大。文学内容的改编与科技的融合，建立起动漫、影视剧、游戏多领域的合作。网络文学 IP 的价值，在于作品的影响力、作家的品牌和渲染力。阅文集团试水动画片《择天记》，打通 IP 泛娱乐全产业链，阿里文学与黑岩网络推首个"IP 联合开发"大战略的实践产品《阴阳代理人之逆天者》，中文在线牵手荣信达。作为 IP 源头，网络文学将加速深耕泛娱乐领域，提高全产业链的商业化价值。

得益于"互联网＋"国际行动计划和提速降费等一系列举措的实施，我国移动互联网得以飞速发展，移动终端用户数量猛增，移动互联网渗透率不断提升，网络文学市场也随之飞速发展。目前，中国网络文学作品涵盖了超过 200 种类别，远远超过了传统文学作品的类别。随着移动端阅读软件的便利性，不断提升的产品特性以及互动性，在移动阅读时代网络文学用户参与度和粘性不断提升。中国网络文学总用户规模由 2016 年的 3.3 亿增长至 2020 年的 4.6 亿人，中国网络文学用户规模已经占中国网民整体的 46.5%。预计到 2025 年，中国网络文学作品总用户规模将增长至 6.2 亿人[①]。这为网络文学下一步的稳健发展，奠定了雄厚的用户基础，网络文学的发展前景十分广阔。

从网络文学的商业模式来看，付费阅读用户依然是整个产业的基石，根据《中国网络版权产业发展报告（2020）》的数据统计，2020 年中国网络文学付费阅读月活用户规模已达 2.19 亿人，对网络文学产业的发展构成了有力的支撑。与此同时，网络文学免费阅读的月活用户规模大幅增长，且近年来免费阅读的月活用户增速高于付费阅读月活用户的增长速度，页面广告加免费阅读的商业模式正成为很多资讯浏览和阅读平台的商业模式。

近年来，网络文学作品的粉丝效应非常明显，较为优秀的网络文学作品和

---

① 黄颐，头豹研究院．2021 年中国网络文学行业概览［EB/OL］．http://pg.jrj.com.cn/acc/Res/CN_RES/INDUS/2021/3/31/ce202c2e－2008－4700－83ab－a6a20b3e9e91.pdf.

网文作家都已经有相对固定的粉丝群体。基于网络文学的二次创作、衍生品和周边产品也大受市场的欢迎，网络文学"跨界"成功案例不胜枚举。根据中国音像与数字出版协会《2019 中国网络文学发展报告》统计数据，仅在 2019 年，网络文学被改编为影视剧、动漫或网络游戏等版权产品的数量将近 1 万部之多。近年来，网络版权产业的从业者基于粉丝效应对网络文学作品进行拓展和改编，取得了一系列可喜的成绩，《庆余年》《从前有座灵剑山》《择天记》等广为称道的优秀作品被改编为影视剧、动漫和网络游戏，获得了市场和口碑的双重肯定。

二、网络长视频

网络长视频在"十三五"期间获得了长足的发展，无论是在内容质量还是经济效益方面都有了一定的提升。进入"十四五"以来，由于受到短视频和直播等"短、平、快"内容的影响，在一定程度上产生了消费替代效应，爱奇艺、优酷和腾讯视频等网络长视频平台受到一定的冲击，在用户增长、融资和盈利模式等方面遇到一些困难，未来发展存在较大的不确定性。竞争压力的存在也是发展的动力，网络长视频行业的各主要平台都不断思考转型发展的道路，并卓有成效地开展了若干探索和实践，围绕着短剧、互动剧和竖屏剧等作品形式进行业态创新。

得益于我国知识产权保护水平的不断提升，网络长视频的版权保护措施不断升级，在精品网剧、综艺和网络电影等一系列优质网络长视频的吸引下，用户的付费意愿不断提升，行业用户规模不断壮大。根据中国网络视听节目服务协会《2021 中国网络视听发展研究报告》的统计数据，截至 2020 年 12 月，网络视听用户规模达到 9.44 亿户，占网民整体的 95.4%。IPTV 总用户数超过 3.15 亿户，互联网电视终端激活规模达 2.55 亿台，同比增长 16.4%。短视频、综合视频、网络直播、网络音频用户规模分别为 8.73 亿户、7.04 亿户、6.17 亿户和 2.82 亿户，日均使用时长分别为 120 分钟、97 分钟、60 分钟、59 分钟，各个细分领域实现较均衡的发展。近年来，随着知识版权及用户付费意识的增加，付费内容逐渐被网民接受，主流视频网站的付费用户数迅速提升。根据中国网络视听节目服务协会的调查，在网络视频用户中，45.5% 的人在过去半年内购买过会员或使用过单片付费，其中 29 岁及以下用户的付费比例接近 60%。网络电影、电视台热播剧、热门综艺是吸引用户付费的主要类型。云合数据显示，2020 年，主要网络视频平台共上线网络电影 784 部，与 2019 年数量一致。现实题材创作明显活跃，影响力显著提升，一批反映现实生活、时代精神的作品获得好评。网络电影部均有效播放量突破 1000 万，爱奇艺依然是最主要的网络电影播放平台。头部影片正片有效播放爆发式增长，2020 年正片有效播放量在 5000 万的影片共 30 部，同比增长 19 部。在 2020 年上新网络电影中，有 79 部票房分账破千万元，同比增加 41 部；千万级影片票房规模达 13.9 亿元，同比增长 125%①。在广电总局"提质减量"的政策指引下，网络长视频行业特别重视打造精品内容，各主要平台均致力于推出匠心独具的"爆品"以占领市场。

在精品内容"超前点播"等付费模式被市场和用户所诟病后，行业内各大平台正不断探索可带来持续利润增长的新模式，通过优质影视内容，尤其是精品短剧和独播内容，吸引存量用户续费和增量用户付费，商业模式倾向于采用精细化运营的方式，不断探索新的利润增长点。

三、网络动漫

近年来，在内容创新与技术进步的推动下，中国网络动漫产业实现"爆发式"增长。在"十三五"期间，网络动漫市场总规模在五年间扩大了近 3.2 倍，用户规模增长 160%。其中，网络漫画市场规模在"十三五"期间体量扩大了 10 倍，网络动画市场规模在"十三五"期间增长了将近 3 倍。2020 年中国网络动漫（包括网络漫画和网络动画）用户规模达到 2.97 亿户，同比增长 11.7%，网民使用率达 30%，保持稳健增长。中国网络动漫市场 2020 年总规模已经高达 238.7 亿元。其中网络动画为主要构成，占比 86.0%，市场规模达 205.2 亿元，同比增长 24.7%；网络漫画占比 14%，市场规模达 33.5 亿元，同比增长 25%②。中国网络动漫产业的用户群体对于网络动画的付费意愿较强，网络漫画的付费用户尚在培育和成长期，其总体市场规模和所占网络动漫市场结构的比重都不是太大，明显小于网络动画（见表 7-5）。

自新冠肺炎疫情发生以来，线下影院的播放不同程度地受到各种限制，影视

---

① 中国网络视听节目服务协会. 2021 中国网络视听发展研究报告［EB/OL］. http：//www.cnsa.cn/attach/0/2112271351275360.pdf.

② 国家版权局网络版权产业研究基地. 中国网络版权产业发展报告（2020）［EB/OL］. http：//www.ncac.gov.cn/chinacopyright/upload/files/2021/6/9205f5df4b67ed4.pdf.

表 7－5　2016～2020 年中国网络动漫市场规模

年份	网络动画市场规模（亿元）	同比增速（%）	网络漫画市场规模（亿元）	同比增速（%）
2016	54.1	68.5	3.0	328.6
2017	85.7	58.4	6.8	126.7
2018	127.9	49.2	13.7	101.5
2019	164.6	28.7	26.8	95.6
2020	205.2	24.7	33.5	25.0

资料来源：国家版权局网络版权产业研究基地：《中国网络版权产业发展报告（2020）》。

作品的拍摄和上映普遍放缓，个别地域在疫情严重的特定时期甚至暂停放映，广大用户的观影需求需要找到相应的满足方式，而网络动漫的创作和播放均可以通过远程在线实现，这在一定程度上弥补了线下影视作品断档的缺口。近年来，我国动漫作品的内容创意和制作水平均有了较大提升，尤其是将动漫艺术与中国传统文化的精华部分相互结合，通过高水准的制作将传统文化变成"国潮"。《西游记之大圣归来》《哪吒之魔童降世》《姜子牙》等动漫作品的推出本身就是传统文化与现代动漫艺术的有机融合，且取得了较为理想的口碑和颇为不错的市场反响。当下，此类"国潮"作品正向游戏、图书、盲盒等周边开发进军，国产网络动漫 IP 开发的触角正不断向外延伸，网络动漫产业 IP 开发的产业链正日渐成熟。

四、网络游戏

中国的网络游戏起步相对较晚，武侠题材的 MUD 游戏（Multiple User Domain，多用户虚拟空间游戏）是最初出现的网络游戏业态，《侠客行》和《笑傲江湖之精忠报国》就是起步时期 MUD 游戏时代的典型代表。21 世纪之初，盛大引进的《传奇》风靡中国，也让盛大赚得盆满钵满，2003 年《传奇》一款游戏就占据了中国网络游戏将近 7 成的市场份额。2004 年，第九城市拿下了暴雪公司《魔兽世界》在中国的独家代理权，加之此前拿下的韩国游戏《奇迹 MU》的代理权，第九城市发展成为少数能与盛大分庭抗礼的一线网游公司。此后，随着更多网络游戏公司踏入市场，网易、腾讯等互联网企业也在网游市场粉墨登场。

时至今日，网络游戏市场的多元化特征明显，端游、页游、手游在不同的赛道大放异彩，各网络直播平台的游戏直播不但培养了一批稳定的粉丝群体，也为《英雄联盟》《绝地求生：大逃杀》《王者荣耀》等网络游戏的推广发挥了巨大作用。2020 年中国游戏市场规模已高达 2786.9 亿元，用户规模达 5.18 亿，其中移动游戏用户规模为 5.16 亿。整体来看，"十三五"期间，中国游戏市场规模增长 68.3%，用户规模增长 24.2%，呈现蓬勃发展态势。同时，在国家政策的扶持和指导下，游戏企业社会责任意识显著增强，强化未成年人保护，积极弘扬传统文化，不断探索科技赋能，推动了用户和市场规模稳步攀升。国产游戏持续加大技术研发投入，提升工业化制作能力，将 AI、云计算等前沿技术深度应用，提供更大体量、更沉浸、更丰富的数字娱乐体验；拓展多样化题材，注重玩法融合创新；强化艺术探索，发力游戏图像、音乐、故事叙事，探索当代"国潮"表达，力争为用户带来优质、本土化的综合影音体验。同时，国产游戏重视 IP 长线建设，不仅尝试在同一 IP 下构筑多样化的游戏类型，也着力加强与动漫、文学、影视的转换和联动。当前 IP 改编游戏已成为支撑中国网络游戏市场增长的重要动力。以移动游戏为例，2020 年 IP 改编移动游戏市场收入已达 1243.2 亿元，同比增长 25.9%。

在国家"文化走出去"政策和全球发行平台的多重支持下，大中型游戏企业、创意团队和开发者纷纷瞄准海外，从转型试水到战略发展，在与国际领先企业的竞争和交流中提升研发技术、管理能力和创意水准。同时，着力将中国节庆民俗、风物人情、建筑服饰等文化要素融入游戏内容，让全球玩家领略"美美与共"。2020 年国产游戏的海外市场规模达 154.5 亿美元，同比增长 33.3%，"十三五"期间实现规模翻一番。其中，国产移动游戏竞争优势凸显，在海外移动游戏市场中约占 1/5 份额。部分精品游戏名列海外游戏收入排行榜前茅。目前，国产移动游戏不仅在北美、日韩、西欧等成熟游戏市场持续保持竞争力，实现营收持续高速增长；在新兴市场如中东、拉美、东欧等加快发展步伐，向全球化布局深化发展①。网络游戏作为推动我国文化娱乐行业发展的重要引擎，其发展状况和发展态势一直备受关注。近几年，我国网游企业在顺应国内游戏生态环境的同时，加快探索、开发国际市场的步伐，网络游戏国际化发展已势不可当②。中国的优秀网游产品不但在国内大受欢迎，在海外市场的发展也颇有声色。

---

① 国家版权局网络版权产业研究基地. 中国网络版权产业发展报告（2020）[EB/OL]. http://www.ncac.gov.cn/chinacopyright/upload/files/2021/6/9205f5df4b67ed4.pdf.

② 张树森，金永成. 国际化浪潮下网络游戏"出海"现状与策略研究——以腾讯游戏为例 [J]. 新媒体研究，2021，7（16）：101-106.

五、网络音乐

网络音乐市场的动能主要来自用户付费业务，移动平台的规模快速增长，这表明移动音乐碎片化消费更贴近用户，且得到便捷移动支付的有力支持。当前，中国网络音乐付费习惯日趋成熟，付费类型主要是购买会员、专辑/单曲和音乐流量包，而19~30岁年轻群体在网络音乐消费潜力上比30岁以上的群体更突出。用户对版权内容的价值认可持续提升，内容付费与原创打赏已成为普遍习惯，前向用户付费规模不断提升，推动中国网络音乐产业迈向重视内容原创的新时代①。随着版权保护意识逐渐深入人心，消费者的付费意愿不断提升，也催生了庞大的网络音乐消费市场。进入数字经济时代，随着互联网信息技术的飞速发展，音乐的创作方式、发行模式、传播渠道、宣传方式以及购买途径都发生了根本性的变革。

随着知识产权保护水平的提升，在数字技术的支持下，网络音乐产业的版权生态不断向好，网络音乐产业得到较好发展机遇，实现了较为稳定的持续增长。2020年中国网络音乐市场规模达到333亿元，同比2019年的281亿元增长18.5%，相比2016年的143亿元增长133%；网络音乐用户达6.58亿人，较2019年增长0.23亿，手机网络音乐用户达6.57亿人，较2019年增长0.24亿万人（见表7-6）。网络音乐平台用户规模逐步稳定，2020年网络音乐用户规模同比增速仅为3.6%，相比2019年10.3%的增速回落明显，标志着行业从增量红利时代转入存量竞争阶段。2020年网络音乐新增用户主要来自"00后"和"70后"群体。由于疫情对学业和工作的影响，居家时间延长，以往学业繁重的年轻用户和工作繁忙的中年用户对网络音乐的使用率有所提高②。各大网络音乐平台都高度重视音乐版权的重要作用，纷纷斥巨资购入各种版权，并尽可能地争取获得独家版权。在此情况下，也在一定程度上造成网络音乐平台竞争的无序性，一度出现为了听音乐要装腾讯音乐、网易云音乐、酷狗音乐等若干个手机APP的情形。这种情形对消费者造成极大困扰，也引起了政府和相关主管部门的重视，并相继出台了有关的网络音乐创作、发行、相互授权和监管等各方面的细节。

---

① 国家版权局网络版权产业研究基地. 中国网络版权产业发展报告（2017）[EB/OL]. http://www.ncac.gov.cn/chinacopyright/upload/files/2021/2/785cc3aa6bf5947b.pdf.

② 国家版权局网络版权产业研究基地. 中国网络版权产业发展报告（2020）[EB/OL]. http://www.ncac.gov.cn/chinacopyright/upload/files/2021/6/9205f5df4b67ed4.pdf.

表 7 - 6　2016~2020 年中国网络音乐市场规模及用户规模

年份	网络音乐市场规模（亿元）	同比增速（%）	网络音乐用户（亿人）	手机音乐用户（亿人）
2016	143	43.9	5.03	4.68
2017	175	21.1	5.48	5.12
2018	226	29.1	5.76	5.53
2019	281	24.3	6.35	6.33
2020	333	18.5	6.58	6.57

资料来源：国家版权局网络版权产业研究基地：《中国网络版权产业发展报告（2020）》。

近年来，在"提速降费"及一系列鼓励正版消费政策举措的影响下，随着网络音乐用户数量的不断增长，版权用户的消费意愿也不断攀升，互联网用户的付费率不断提升。根据《中国网络版权产业发展报告（2020）》的统计数据，近年来网络音乐付费用户规模不断上升，2020 年网络音乐付费用户规模已高达7192 万人，与 2019 年相比增长了 6.1%，付费用户渗透率达 10.9%，较 2019 年增长 0.2 个百分点，较 2016 年增长 5.9 个百分点。目前，我国网络音乐市场空前繁荣，互联网用户付费享受高品质的正版产品的消费习惯已经基本形成，网络音乐用户月均消费金额相比以往，也呈不断攀升的态势，有力地推动了网络音乐的市场规模不断壮大。

六、网络新闻媒体

我国网络新闻媒体起源于 20 世纪末在互联网上创办的电子报刊，国家教委投资的《神州学人》和《中国贸易报》电子版通过互联网发行是其标志性开端。此后，经过网络新闻媒体从业者的不懈努力，经过二十几年的发展壮大，尤其是进入移动互联时代，我国网络新闻媒体已经不仅是转发自身纸质媒体及其他媒体信息，还具备了独立策划选题、独立采编新闻的能力，一些官方网络新闻媒体的时效性和权威性较高，广受关注，订阅量和影响力都较大[①]。近年来，网络新闻媒体市场规模不断攀升，其在网络版权产业市场结构中的地位最高、份额最大，

---

① 曾方霖. 新媒体环境下网络新闻传播走向及影响力提升路径 [J]. 新闻文化建设, 2021 (15): 147 - 148.

当前我国网络新闻媒体市场规模已经突破 4000 亿元大关，在网络版权产业总体市场规模中占比将近四成。

在"互联网 +"以及媒体融合发展的政策鼓舞下，近年来，网络新闻媒体与传统媒体的融合更为紧密，视频展现形式更为丰富、线上互动效果更有黏性，信息流广告、展示类广告和富媒体广告等共同推动整体网络媒体市场攀升，营销模式和变现能力显著增强。2020 年中国网络新闻用户规模达 7.43 亿，占网民整体规模的 75.1%，手机新闻用户规模达 7.41 亿，占手机网民的 75.2%。"十三五"期间，在手机新闻应用快速发展的带动下，网络新闻用户规模增长 1.29 亿；手机新闻用户规模增长 1.7 亿。在市场规模方面，2020 年中国网络媒体广告市场规模达 4648 亿元，同比增长 22.5%，相较 2016 年的 1745 亿元增长 166%，"十三五"期间复合增长率近 30%。其中，中国网络新闻资讯市场规模达 645.7 亿元，同比增长 11.3%，相当于 2016 年 220.9 亿元的近 3 倍①。新冠肺炎疫情暴发后，用户通过手机等移动终端获取疫情防控信息的需求猛增，网络新闻媒体可以通过网站平台和移动客户端提供零延迟的实时资讯，大量权威机构也通过官方微博或官方微信公众号发布疫情相关信息，使网络新闻媒体对用户的粘性不断增强，用户对主流网络新闻媒体权威发布的信息愈加重视。

七、网络直播

进入数字经济时代，技术赋能效应明显，随着互联网信息技术的快速发展，手机等便携式终端的普及率大大提升，使通过互联网移动终端上网的网民数量不断扩大。用户消费内容已从文字、图片过渡到视频，人们对碎片化时间的利用和消费，无不推动着交互式直播平台的发展，越来越多的人开始进行网络直播，如今已进入"全民直播、万物皆可播"时代。网络直播凭借其交互性、实时性、娱乐性等特点，一出现就备受关注。近几年，直播又发生了许多变化：快手、抖音正式入驻直播带货行业；京东、拼多多正式宣布大力扶持商家直播；由于受疫情的影响，许多线下商家也开始转战线上，探索各类直播与电商融合的新模式②。自媒体时代，由于网络直播传播主体的多样化、平民化和普泛化，直播的形式越来越新颖，内容越来越丰富，已经渗透到人们生活的方方面面。网络直播

---

① 国家版权局网络版权产业研究基地. 中国网络版权产业发展报告（2020）［EB/OL］. http：//www. ncac. gov. cn/chinacopyright/upload/files/2021/6/9205f5df4b67ed4. pdf.

② 徐舒蕊. 网络直播现状与发展趋势概述［J］. 经济研究导刊，2021（34）：118 – 120.

平台从萌芽到现在主要有两种类型：第一种综合类网络直播，发展较早，可以说是直播的起源，包括游戏直播、秀场直播等；第二种是近几年兴起的垂直类网络直播，有别于综合类平台，它是专做某一领域的直播，比如财经直播、教育直播、赛事直播等，这些直播专业性比较强，用户群体有针对性，主播的门槛也较高①。网络直播不但可以丰富用户的日常生活，便利地获取自己感兴趣的有用信息，更是以一种更加直观的第一视角开阔了人们的视野，较好地满足了人民群众多样性的精神生活需求，不但颇受年轻网民群体的青睐，在中老年群体中也颇受欢迎②。当前网络直播平台的社交属性不断增强，成为众多商家开展社交媒体营销的重要载体。

作为一种方兴未艾的传播方式和营销手段，网络直播获得了大众的青睐，并得到快速的推广③。在 2018 年因短视频等生态分流影响而出现用户规模和市场规模短暂波动后，网络直播产业在 2019 年和 2020 年迎来了连续两年的高峰增长期。2020 年，中国网络直播用户规模达 6.17 亿，同比增长 10.2%；中国网络直播市场规模达 865.3 亿元，同比增长 31%，相比 2016 年接近翻两番。在刚刚过去的"十三五"期间，游戏直播、秀场直播和电商直播等主要网络直播业态获得极好的发展机遇，在"平民造富"效应的影响下，网络直播市场空前繁荣。中国游戏直播市场通过付费打赏、广告、游戏联运等方式保持了较强的盈利能力，同时也与游戏开发公司进行了从版权采买到游戏宣发的双向互动，实现了互利共赢。2020 年底中国游戏直播市场规模达 300.3 亿元，同比增长 44.3%。秀场直播主要通过主播表演才艺、与观众互动吸引用户关注，以获取用户打赏为主要盈利方式。中国秀场直播用户规模为 2.39 亿人，同比增长 15.5%；市场规模达到 565.0 亿元，同比增长 17%。电商直播产业发端于 2016 年，蘑菇街、淘宝、京东在同年上线了直播购物功能。此后，快手、抖音等短视频平台入局电商直播④。自新冠疫情暴发以来，网络直播带货成为广告营销行业新常态。当前，网络直播带货成为中小型企业解决库存积压问题的"救命稻草"，但是该市场分化明显，头部主播占据了"食物链"顶端，各主流媒体、企业家、明星等多元角

① 秦丽娟. 自媒体时代网络直播现状分析与展望 [J]. 无线互联科技，2021，18（24）：27 - 28.
② 赵玉宏. 我国网络直播打赏的现状、问题及治理对策 [J]. 文化月刊，2021（8）：176 - 177.
③ 高海涛，段京池. 中国出版企业的网络直播营销：现状、问题与对策——基于淘宝直播的实证分析 [J]. 中国编辑，2021（5）：54 - 57 + 61.
④ 国家版权局网络版权产业研究基地. 中国网络版权产业发展报告（2020）[EB/OL]. http：//www.ncac.gov.cn/chinacopyright/upload/files/2021/6/9205f5df4b67ed4.pdf.

色开始入局直播带货①。

网络直播在与文化、教育、商务、演艺等其他活动深度融合后，形成了"网络直播+"的新模式，整个行业呈现出多元化发展的鲜明特征。今后，在不断业态创新后，也将继续融合更多新内容和新元素，保持蓬勃的生命力。

第五节　数字经济时代版权产业高质量发展面临的新挑战

作为数字经济时代版权产业的典型代表，网络版权产业在我国数字经济体系中的重要性与日俱增，现已成为助推数字经济发展的核心力量。随着传统媒体与互联网信息技术持续深度融合，版权产业的新业态不断涌现，数字版权生产、版权确权、版权保护和版权交易构成的版权运营成为数字经济时代版权产业发展的关键环节。近年来，得益于"互联网+"和加快数字中国建设等一系列利好政策的推出，数字经济时代的版权产业获得了千载难逢的发展机遇。网络版权产业在经历了一个快速扩张阶段之后，当前步入高质量发展的新阶段。发展阶段和发展方式的转变要求版权产业适应新的变革、迎接新的挑战，数字经济时代的版权产业要应对一系列问题和挑战。

一、数字版权领域盗版侵权更为复杂隐蔽

随着5G、大数据以及互联网信息技术的飞速发展和广泛应用，版权产业的内容数字化转型趋势明显，文学、音乐、视频、游戏、漫画和新闻报道等版权内容不断"上网"，现已基本实现数字化和网络化转型。互联网信息技术的广泛应用带来了网络版权新业态的蓬勃发展，也使互联网领域的版权侵权呈现出隐秘性、复杂性和多变性的特点，未经作者授权的影音作品、游戏动漫和图书产品等资源在网上大量传播。由于网络空间自身的虚拟性和较强的技术性，"去中心化"的侵权盗版频发更是增加了版权保护的难度，导致保障作者著作权的难度增

① 魏琳，张翔. 后疫情时代网络直播带货营销的现状、问题与反思［J］. 传媒，2021（22）：85-87.

加，认定网络盗版行为、追究网络盗版人员责任的过程较为烦琐，当前的版权制度已经无法满足社会需求。网络盗版侵权行为频繁出现，如百度文库侵权门、今日头条被诉案、快播"天价罚单"等，正版内容得不到保护，盗版内容肆无忌惮、横行霸道、鸠占鹊巢①。互联网版权内容被盗版侵权的乱象频生，中伤了内容创作者的创作热情，导致高质量内容生产的激励机制失灵，数字经济时代的版权保护手段亟须与时俱进地变革与调适。

当前，版权内容的创作主体日趋多元化，互联网领域的版权作品呈海量化和碎片化，各版权平台每天都产生无数需要版权保护的原创内容，大量未经授权就被转发、翻唱、改编、二次剪辑的内容充斥互联网，由此引发的版权纠纷也大幅增加。但是，由于个体维权需要花费大量的时间和精力，而且维权结果具有一定的不确定性，挫伤了内容创作者的维权积极性，也影响了优质内容的持续产出。

传统的版权维权通常作为数字版权保护的最后一道屏障，为数字版权保护提供切实的行政支持与法律保障，面对互联网技术的迭代更新和传播渠道的拓展，出现了越来越多新形式的侵权手段和行为，常表现为侵权信息隐蔽、侵权主体庞杂、侵权形式多样等特点，也包括更为复杂的盗版侵权利益分配体系。因此，数字版权的兴起和发展为数字版权维护提出了更高的诉求。随着数字版权侵权纠纷的频发，在海量的互联网信息数据中寻找有关相似作品的存在及确认未经授权使用的作品如同大海捞针。对于在互联网中处于弱势的内容创作者和版权所有者而言难以在具有数据壁垒的各大平台中及时有效地搜寻和发现侵权作品的存在，在举证证明和侵权比对中也存在一定的难度②。数字经济时代的版权保护有其鲜明的时代烙印，随着互联网信息技术的飞速发展，数字基础设施日渐完备，数字化信息终端广泛普及，加之科学技术与文化内容深度交融，网络版权产业发展的潜力无穷，越来越多的互联网版权产品需要各类新型版权保护手段来防止其版权利益受到侵害。

二、数字版权内容低质量与封闭化问题突出

在数字经济时代，促进版权产业高质量发展必须平衡版权产业的经济效率与社会文化价值。效率是数字经济发展的优先价值，无论是颠覆性创新涌现、平台

---

① 程新晓. 网络盗版侵权新动向及其应对思路 [J]. 新闻爱好者，2019（10）：56-59.
② 张佳倩. 基于区块链的数字版权产业生态系统构建与应用研究 [D]. 北京：北京印刷学院，2021.

经济成长，还是网络效应的彰显，无不以效率为先导。版权产业涵盖了文化、艺术和科学领域，更承载着文化传承、艺术普及、高质量作品供给等社会职责。新兴网络版权产业借助自身技术先进性，迅速占领市场，形成垄断优势。创作分散化导致创作走向碎片化、流量化。越来越多的自媒体投入到拼接式的创作模式中，导致大量标题党、洗稿"作品"等低质雷同内容产生，给自媒体用户带来困扰，更破坏了自媒体行业的良性竞争和发展生态。数字化使创新的边界性不明，作品创作突破了介质和时空的限制，使作品类型边界融合、作品利用方式非标准化、作品创作主体大众化，而版权的强保护并不必然带来作品创作的高质量，反而可能诱发投机者的寻租行为。由于缺乏有效监管，技术黑洞导致"数字鸿沟"，使消费大众被困于"算法偏见"而不自知，个人隐私信息安全受到威胁。以大数据分析、人工智能算法推荐为基础技术的互动式内容消费方式，迎合了内容消费者个性化需求，也导致同质化内容对消费者的冲击①。这一现象在进入数字经济时代后尤为明显，以智能算法为代表的数字技术渗透着利益先行、追求极致流量价值、最大化资本回报等多层价值观，往往会造成一些低质量、噱头十足的同质化内容充斥着各大数字平台。

当前，互联网版权领域的内容消费呈现出"算法为王"的明显特征，在默认情况下，用户大量接收的是数字平台用智能算法筛选后的信息。数字平台企业所垄断的算法系统为用户选择呈现和过滤的信息，是算法自身也是数字平台企业的价值观体现，技术因此开始能够代替人类思考问题。当前，算法系统进行文化产品和内容推送时，并不是基于用户真实、全面的需求，只是基于暂时、片面的需求特点进行相似内容的长期高频推送。在数字技术支持下的互联网连接逐渐由随机性转为指向性，熟人及信任关系的范围扩大，加剧了圈层内部的同质性和圈层间的极端化②。数字平台企业的算法推送在本质上是为经济利益服务的，通过尽可能地提升推送内容的粘性，用尽一切手段将用户留在数字平台，过度追求经济利益往往就造成了对社会利益的忽视，难以平衡经济利益与社会利益这一现象在数字经济时代的版权产业身上体现得淋漓尽致。

---

① 张颖，毛昊. 中国版权产业数字化转型：机遇、挑战与对策 [J]. 中国软科学，2022（1）：20 - 30.
② 杨秀云，李敏，李扬子. 数字文化产业生态系统优化研究 [J]. 西安交通大学学报（社会科学版），2021，41（5）：127 - 135.

三、数字经济时代的版权规制方式与手段亟待革新

伴随着数字经济时代的到来，在互联网信息技术的加持下，版权产业通过业态创新衍化出各种各样的数字媒体形式、版权服务体系和技术应用模式，这既给数字经济时代的版权产业打开了极为广阔的发展空间，也为新形势下如何更科学地对其进行产业规制带来了挑战。在互联网信息技术高速发展的时代，互联网传播已经成为了重要的传播方式，甚至已经超越了传统的图书、报刊、电视等媒介，成为人们对外交流交往的重要渠道。如今，以直播媒体为代表的自媒体平台，在信息生活中不断蓬勃发展，在信息传播活动中承担着越来越关键的作用，网络直播在信息社会中所产生的影响，已经不能被忽略。然而，网络直播媒体除具有新鲜感与娱乐感之外，直播平台行业爆发式增长、行业秩序混乱的这一状态更不能被忽略[1]。此外，近年来网络自媒体"洗稿"和视频"二次剪辑"引发的著作权侵权纠纷案例也大量出现。一些自媒体在未经原创者同意的情况下将新闻报道"改头换面"进行传播，使阅读者认为该篇新闻报道为"洗稿"媒体的原创成果。但基于网络"洗稿"行为的隐蔽化、多样化、复杂化，"洗稿"行为是否构成著作权侵权存在争议[2]。在网络直播领域，突破道德底线、破坏社会风气的网红直播事件时有发生；受经济利益的诱惑和驱使，在缺乏有效监管的情况下，直播电商中主播对产品功能和品质的过分夸大，不仅严重误导消费者，而且在发生纠纷后消费者维权困难。目前，我国尚未针对数字化版权内容建立专项管控法律体系，现存与数字经济时代版权保护相关的法律法规在层面上还较低，相关规制手段难以匹配数字经济时代的现实需求。

通过改革开放以来的不懈努力，我国已经建立起相对完备的知识产权保护体系，2020年底完成了《著作权法》第三次修改，增加了不少新的规定，部分地反映了数字经济时代的版权规制诉求。但总体来看，已有的版权规制方式和手段还是以传统手段为主，大多侧重于强化对传统版权内容的管理与规范，虽然已经推出了一部分对数字化版权内容的保护举措，但是这些版权规制的针对性还不够强。当前数字化版权内容监管体系尚未完全理顺，监管权责重叠和监管缺位的现象在版权产业部分新业态上依然存在，各有关管理部门的职责划分有待进一步明

①　富耀影. 新媒体视角下我国网络直播的法律问题研究 [D]. 沈阳：沈阳工业大学，2019.
②　锁福涛，张岚霄. 论"洗稿"行为的著作权侵权判定与治理路径 [J]. 中国出版，2021（15）：56－60.

确。此外，互联网版权产业的行业内部自律机制失灵，已经建立起来的行业组织大多比较松散，既难以推动行业内部各经营主体充分自律，也难以引导各经营主体实现从"经济利益导向"向"社会利益导向"的转变。以上这些问题的出现都要求对版权产业的规制方式与规制手段进行调整和创新，以应对数字经济时代版权规制的新问题。

四、具备较高数字素养的复合型版权人才还存在缺口

数字经济时代版权产业的发展离不开高素质创新性专业人才的引领，由于科技含量和智能化水平明显高于以往，网络版权产业要实现高质量发展必须依靠源源不断的创新来驱动，这就需要大量具备较高数字素养和技能的复合型人才储备为支撑。人才是推动版权产业高质量发展的第一资源，在互联网信息技术的推动下，我国版权产业正深入推进数字化转型，随着基数庞大的移动互联用户对优质版权内容的消费需求与日俱增，高端复合型专业人才储备不足的问题越发凸显①。由于科技含量较高，加之产业链涉及的环节较多，数字经济时代版权产业高质量发展对人才的综合素养要求相对较高，该领域的高端复合型人才其实还比较匮乏，这一现象在游戏和动漫行业尤为明显。以网络游戏的研发和推广为例，网络游戏产业链的复杂程度较高，涉及游戏策划、技术开发、设计合成、美术、网络维护、营销、售后服务、在线管理等方方面面，而成熟的团队是稀缺资源②。此外，网络直播和直播购物也不再是单打独斗的时代，成功的网红主播背后往往需要一个强大的运营团队的支撑，其分别负责孵化、培训、融资、粉丝经营、选品、售后等环节。

进入新时代，数字经济对版权产业的人才和人力资本提出了新的要求，培养具备数字素养的高端新型人才将成为支撑数字经济时代版权产业高质量发展的持续性动力。从高端人才的培育方面来看，由于数字经济发展处于起步阶段，因此目前全国范围内都比较缺乏具有较高数字素养的版权专业人才。相关高等院校、知名科研机构等在培养数字经济时代版权专业人才方面的储备和积累还比较欠缺，这显著不利于我国目前甚至未来的网络版权产业的发展。同时，由于数字经

---

① 孟轶，李景玉. 基于创新视角的高质量出版人才能力体系建设——以数字经济和数字素养为视角 [J]. 出版广角，2022（2）：11–16.

② 张晓欢. 数字文化产业发展的趋势、问题与对策建议 [J]. 重庆理工大学学报（社会科学版），2021，35（2）：1–7.

济时代版权产业的发展有其特别之处，数字经济与新技术、新产业深度融合，数字技术更新迭代较快、专业性较强，使数字经济时代版权产业发展对人力资本的需求从"量"向"质"转变，对高素质人力资本的专业性、复合性和实用性水平的要求较高，同时还需具备全局视角、战略思维、深度分析能力以及敏锐的市场洞察力，由此导致我国数字人才特别是高端数字人才明显供应不足①。中共中央、国务院印发的《知识产权强国建设纲要（2021－2035 年）》中提出明确目标，到 2025 年，版权产业增加值占 GDP 比重达到 7.5%，知识产权使用费年进出口总额达到 3500 亿元。知识产权强国建设目标的实现需要强大的科技和智力支撑，要培育有利于创新涌现的要素市场。为此，需要思考数字经济时代版权产业高质量发展对高素质复合型专业人才的需求特点，并在此基础上结合新时代版权产业人才培养的现状，找到问题的症结所在，采取有针对性的举措，以满足和服务知识产权强国建设的需要。

五、数字版权贸易国际规则难以协调制约高质量发展

当前正值全球数字治理规则建立的关键时期，数字经济较为发达的国家通常也是版权贸易大国，跨境数据流动规制成为事关主导未来全球版权贸易格局的重要议题，各国竞相投身到全球数字治理规则博弈和数字版权贸易规则协调的探索中。现阶段全球主要有三种价值取向的跨境数据流动规制模式，分别是主张数据自由流动，以"自由贸易"为核心的美国规制模式；倡导人权保护，以"人权保障"为理念的欧盟规制模式；维护国家安全，以"主权保护"为重点的中国规制模式②。从全球各国间战略博弈及数字版权贸易国际规则协调的情况来看：一方面，存在跨境数据治理的统一国际规制缺失，各国均是基于自身的规制需求、数据理念和利益诉求行事，短时间内恐难以达成全球性共识，跨境数据治理领域治理碎片化现象较为明显；另一方面，版权产业数字化国际规则难以协调一致，政策制定的出发点各不相同，表现为有关版权产业数字化国际规则的各国际协定的标准不同，客观上也给我国版权产业对接高标准贸易国际规则造成现实困难，制约了版权产业的国际化发展。

---

① 河南省社会科学院课题组，刘昱洋. 我国数字经济发展中的问题探讨及对策研究［J］. 区域经济评论，2022（1）：99－106.
② 张光，宋歌. 数字经济下的全球规则博弈与中国路径选择——基于跨境数据流动规制视角［J］. 学术交流，2022（1）：96－113＋192.

全球数字版权贸易大国近几年调整了全球性规则制定的重心，将精力主要放在区域贸易规则的谈判上，推出了《跨太平洋伙伴关系协定》（TPP）、《欧加全面经济与贸易协定》（CETA）、《美国—墨西哥—加拿大协定》（USMCA）等协定。欧美国家牵头制定的这些数字版权贸易规则有其鲜明特点：针对数字内容的规则兼容了货物和服务在内的开放规则；试图打破数据流通壁垒；联合抵制数字贸易风险。中国在数字版权贸易国际规则协调方面所面临的主要问题是：国内数字版权贸易法律法规不统一且滞后，在进行多边谈判中话语权较弱；在数字版权贸易风险监管方面，针对数字贸易本土化措施、数据隐私保护措施、知识产权保护措施等数字版权贸易中的突出问题，我国相应的支持性要素供给不足、数字贸易规制发展还相对滞后①。在"双循环"新格局下，数字版权贸易的健康发展是数字经济时代版权产业高质量发展的重要一环，是版权产业成功"走出去"和国际竞争力提升的显示性指标，对此我们应予重视。

近年来，党和国家对于数字经济时代版权产业的发展问题颇为重视，先后出台了一系列支持版权产业繁荣发展的政策措施。自《国家知识产权战略纲要》颁布实施以来，我国版权政策在制度供给、司法机制以及执法措施上都有了较大提升，但以《全面与进步跨太平洋伙伴关系协定》（CPTPP）和《区域全面经济伙伴关系协定》（RCEP）为代表的自由贸易协定均对我国版权保护提出了更高要求。我国参与国际版权条约制定的主导性仍有待加强，在已经签署并实施的自由贸易协定中，仅有部分协定设有知识产权章节，其中涉及具体的版权条款就更少了，且多数自由贸易协定的版权条款实质约束力较弱，难以构建标准化、体系化的版权战略。尽管近年来我国版权服务市场在人口规模、经济体量、网络技术创新和移动终端普及层面都具备规模优势和竞争优势，版权产业商品进出口额也实现了逐年递增，但核心版权产业商品出口占比依然偏低，且版权占服务贸易比重较小②。此外，我国网络版权产业的发展还面临颇多外部挑战，部分国家和地区基于狭隘的意识理念，各种各样的贸易保护主义措施层出不穷，对我国数字版权产品和服务的出口各种打压。字节跳动的 TikTok 就曾遭到美国政府的多次围剿，最终字节跳动只能同意剥离 TikTok 的美国子公司，失去了对 TikTok 美国公司的控制权。印度政府也屡屡以各种借口封禁中国 APP，自 2020 年以来，先后禁用了多款印度人常用的两百多款中国 APP，这其中就包括微信、TikTok（抖音

---

① 崔波．"双循环"新格局下中国数字版权贸易若干问题研究［J］．出版广角，2021（23）：25 – 30.

② 张颖，毛昊．中国版权产业数字化转型：机遇、挑战与对策［J］．中国软科学，2022（1）：20 – 30.

海外版)、UC 浏览器海外版等，涉及版权企业包括腾讯、阿里巴巴、网易等。在部分国家和地区，中国网游发行商在海外难以获得东道国政府的游戏发行许可，中国出品的动漫影视很难在海外出版、发行或放映，此类版权产业出海受阻现象近年来屡见不鲜。

Chapter Eight

第八章 推动版权产业高质量发展的对策及建议

第一节　我国版权产业发展的总体战略选择

一、守正创新、双效合一的发展原则

我国是社会主义国家，美国的完全市场化产业规制模式不符合中国的国情。我国版权产业在发展过程中要坚持党的领导，注重社会效益和经济效益相统一，这是推动社会主义版权产业发展、实现支柱性产业目标的前提和底线。我国有着五千年的悠久历史，有着丰富的文化底蕴，这是我国版权产业发展的先天优势，必须予以充分利用。因此，我国版权产业的发展应坚持"守正创新、双效合一"的发展原则。坚持正确的价值取向，保持版权产业的健康有序发展，这要求政府在版权产业发展过程中不能放弃规制职能。政府的宏观管理可以保障版权产业发展过程中社会效益的实现。在版权产业发展过程中要依托我国优秀的传统文化，促进我国文化的复兴和发展，最终实现版权产业经济效益和社会效益双丰收。优秀的传统文化是中华民族的根和魂。在中华民族的复兴过程中"大国复兴"与"文化复兴"相辅相成，不断以体现中华文化精髓的精品版权产品赢得国内外市场的认可。习近平在2016年文代会、作代会上曾对文艺工作者殷切嘱托"中国不乏史诗般的实践，关键要有创作史诗的雄心"。要以创新驱动的理念，不断挖掘中华文化的精髓，大力促进科技与文化的结合，推动版权产业的发展。

二、双线并进、内外结合的总体路径

正如前文所述，版权强国在满足国内需求的同时都非常重视出口，以为本国版权产业的发展提供持续的发展动力，这点我们在版权产业发展战略选择时可以借鉴。我国版权产业应选择外向型发展战略，采取"双线并进、内外结合"的总体发展路径。版权产业的发展首先需要立足国内，在不断发展壮大的同时，逐步扩大自己的影响力，将优质的版权产品推向全世界，也就是采取"做大做强本国市场"和"不断拓展海外市场"双线并进，国内发展壮大和版权产业走出去并举的内外结合的总体路径。首先，政府应加强知识产权保护，深入打击版权市场的侵权行为，营造健康向上的产业发展氛围。版权产业应修好内功，鼓励版权企业以市场为导向，创作具有自主知识产权和自主品牌的文化精品。其次，以版权产业实施"走出去"战略，促进本国产业结构的转型和升级，提升本国文化的影响力、辐射力，增强本国的国际竞争力。

三、以供给侧结构性改革为抓手推动版权产业发展

版权产业的发展不仅要在拉动需求上下功夫，也要从供给侧发力，以供给侧结构性改革为抓手，继续深化国有企业改革，建立以市场为导向、企业为主体、产学研深度融合的技术创新体系，并以此为基础培育一批具有国际竞争力的世界一流的大型公司。通过供给侧结构性改革，实现企业的提质升级，消除不利于企业提高生产效率和创新能力的一切障碍，完善企业内部管理机制，激发企业活力，促发企业发展动力。在企业供给侧结构性改革过程中，政府出台改革举措并提供政策支持，企业制定具体改革措施并组织实施。政府和企业互相配合完成供给侧结构性改革并最终推动版权产业的发展。

第二节 我国版权产业高质量发展的具体对策建议

一、构建更高效的版权产业管理体系

（一）提高政府规制的有效性

为了执行文化强国战略，我国政府十分重视版权产业的发展。一直以来，我国政府积极摸索和尝试合理的版权产业管理模式。这些改革取得了一定成绩，对促进产业发展效果明显。未来我国政府对版权产业的管理还应做到以下两点：

1. 完善版权产业的制度建设，包括健全相关的法律和政策

政府应完善版权产业发展的各项优惠政策，支持优秀产品创作，吸引优秀人才流入，为版权产业创造良好的政策环境。政府应加强版权创新机制，将支持政策落实到产业政策、地方政策和贸易政策上，努力实现版权创造、运用、保护、

管理的内在统一。① 政府应制定政策督促建立规范的版权交易平台，加强版权市场管理，繁荣版权产业。版权的相关法律政策的制定过程应当更加民主公开，并邀请行业组织、企业和专家学者共同参与，充分考虑行业特点和行业实际，让制定的政策"接地气、易操作"。同时，参考发达国家版权产业的相关政策措施，结合本国国情取其精华弃其糟粕，提高政策制定的效率和科学性。可以在全国范围内成立版权特区或示范区，并在一定区域内对相关政策进行试点，研究实施效果后对政策进行调整，最后向全国推广。另外，目前我国版权产业规制手段单一，多采用行政手段强制进行干预，在未来版权管理制度设计时，应尊重版权产业发展的特殊规律，除了必要的行政手段外，更多地采用税收、出口、信贷等经济手段对版权产业进行管理，提高资源配置效率，激发版权产业的发展活力。

2. 落实版权产业相关政策的执行情况

政府应跟踪了解已发布政策的执行情况，对执行过程中出现的问题及时进行处理，保证政策实施的有效性。首先，要加强政策的宣传工作，重视政策的教育和普及工作。可以组织版权企业负责人、政府相关部门负责人、法务工作者和版权管理者参加产业政策的培训，也可以通过网络手段向企业宣传相关的政策法规，做到懂法守法。② 其次，要关注法律和政策下达执行的情况，提高地方政府的执行力。可以向英国学习，国家层面成立一个统一的、权威的、有力的职能管理部门，提高产业规制的权威性和效率性。为了防止出现地方政府曲解政策本意，或者政令不通等现象，必须加强对地方行政执行能力的培育和考核，保证政策推行顺畅。政策出台后，要充分收集政策执行过程中的反馈意见，根据新的业态形式适时修改完善。特别注意政策的实用性和操作性，对一些法律法规的操作细节要明确，必要时可以出台配套的政策解释性文件。

（二）加强知识产权保护，有效遏制侵权行为

知识产权保护是一个国家版权产业能够生产和发展下去的关键。从国际经验来看，各国都十分重视版权保护问题。知识产权保护做得越好的国家，版权产业的发展越好。这里"做得好"是指版权保护工作能够从本国的国情出发，同本国的版权产业发展阶段相适应，保护的措施有效，能够真正为本国版权产业的发展创造良好的外部环境。针对我国版权产业发展现状，结合我国的国情

---

① 赵双阁，李剑欣. 中美版权产业比较研究 [J]. 河北经贸大学学报，2014，35（1）：107–113.
② 谢玮. "互联网＋"时代的版权产业发展模式与政策研究 [D]. 合肥：中国科学技术大学，2017.

和互联网时代新特征，本书认为在版权保护方面有以下三点值得关注：

1. 历史地和辩证地看待知识产权保护程度和范围

在梳理世界各国（地区）版权产业的历史发展进程后，我们发现知识产权保护程度和范围必须和本国的经济社会发展实际相匹配。版权产业的生存和发展的根本在于知识产权保护，否则该产业不会存在；但是要历史地和辩证地看待一国或地区的版权保护制度和知识产权保护水平。美国曾经长期采取"内外有别"的知识产权保护措施，在国内采取严格的知识产权保护，但是又长期游离于相关的国际公约之外。就中国当前的发展现实而言，中国的版权产业已经初具规模，并具备一定的国际竞争力，而且中国的知识产权立法和参与国际公约的程度也已经超过部分发达国家。从国情出发，在原有的知识产权保护水平的基础上，当下我国更注重的应该是修法和执法，尤其是对于互联网领域的网络版权产业，要给予呵护，以推动其在全球竞争能力的提升。

2. 采取有效措施打击盗版，为版权产业保驾护航

盗版行为抑制了版权经济的发展，打击了从业人员创作的积极性和主动性，解决盗版问题是版权产业生死存亡的关键。应当采取措施增强公众的版权保护意识，鼓励全体民众尊重文化创作人员的劳动成果。政府层面应当进一步构建版权保护法律体系，重视对执法部门的建设，统一执法标准，完善执法程序，设立专项版权保护执法经费，加大版权执法力度。利用现代信息技术提高知识产权执法的信息化水平，以此提高知识产权跨部门跨地区联合执法的能力。要加大地方基层的知识产权保护力度，增加地方版权行政执法部门，增加地方版权执法人员数量，提高地方版权执法经费预算，切实提高地方版权执法能力，构建覆盖全国的版权执法网络体系。针对互联网时代知识产权保面临的新挑战，我国版权局应集合版权法和互联网相关人才成立互联网知识产权保护专门机构，探索建立版权维权的互联网举报平台，增强网民的版权意识，加大力度实现对网络盗版人员的源头追踪、有效取证和属地查出，要将互联网知识产权保护纳入法律法规体系中。另外，积极开展国际合作。将我国版权执法成绩向世界进行沟通展示，努力争取我国在世界版权保护规则制定过程中更多的话语权。

3. 加强知识产权保护的司法体系建设

我国最高人民法院设有知识产权审判庭，但是地方法院很少有设立知识产权审判庭的。本书建议在版权产业发展水平比较高的地区基层及以上法院都设立知识产权审判庭，充分发挥司法监督和司法审查的职能，完善行政执法和司法保护并行的"双轨制"知识产权保护体系，为版权企业的知识产权保护提供强有力

的高效的司法保障。加大对知识产权侵权的惩罚力度，提高犯罪成本，及时有效地做好知识产权司法救济工作。

（三）规范行业组织行为，发挥其社会管理的主导作用

如前文所述，无论是在美国还是英国，行业组织对版权产业的发展都发挥了极大的促进作用。我国已经建立了相关的行业组织，但这些行业组织的作用并没有充分发挥出来。第一，推行"政社分离"，行业组织应当从政府的"影子"中走出来，弱化政府对行业组织的直接管理，增加行业组织的自主性。第二，行业组织在定位上应该弱化"管理"思想，强化"服务"意识。不能简单地把行业组织的职能定位为协助政府"管理"企业，而是更多地从服务企业、促进产业发展的角度去开展工作。借鉴欧美发达国家的经验，行业组织的工作内容应该主要包括：建立会员企业沟通合作平台；规范市场竞争秩序；建立国内外市场调研体制并进行信息共享；组织相关人才的职业培训；组织产业发展情况的数据调查和相关的理论研究并共享研究成果；监控可能影响版权产业的立法、行政、社会和科技活动并及时进行信息共享；联合企业和政府部门积极推进版权保护工作开展。第三，可以向美国等发达国家学习，允许同行业有多个行业组织，打破个别行业协会的垄断地位，引入竞争机制，谁能为版权企业提供良好的服务谁就能在市场竞争中取胜，激发行业组织的活力。第四，完善行业组织的管理体制，提高其服务企业的水平。行业组织应吸收具有关联学科背景的专业人才，提高行业组织从业人员的业务素质。为了提高工作人员的服务积极性和创新性，要健全规章制度，在行业组织内部实施绩效管理制度。未来该协会应当引进先进技术，使用信息手段进行作品查询、作品跟踪、作品付费，使用数据统计服务系统，提高作品版税的收取率，降低管理成本。建立会员版税自助查询系统，让版税的收取和分配公开透明，增强会员对协会的信任度从而吸引更多会员加入，使协会的运作进入良性循环的轨道①。

二、推进版权产业供给侧结构性改革

（一）建立版权企业现代企业管理制度

首先，我国很多版权企业是由原来的事业单位转制而来。我国政府希望通过

---

① 张丰艳. 中国音乐版权集体管理组织发展滞后的原因与对策探析 [J]. 现代出版，2015（6）：40－42.

事业单位转制解决版权企业产权不清的问题，确立版权企业市场主体地位。这项工作已经在稳步推进，但在细节上仍有待完善。在转制过程中应将工作做实做细，有效实现政企分开、政事分开、事企分离。虽然美国的产业规制模式不适合我国，但是美国尊重版权市场规律的做法，以及美国版权巨头的企业经营管理经验可以为我所用。我国在完成转制成立版权企业后应建立现代企业管理制度，积极投身市场环境参与市场竞争。深化企业股份制改革，建立国有资本授信经营体系，明确出资人和企业经营者各自的职责，确立企业市场主体地位。推进公司企业法人制度建设，推进企业领导人员分层分类管理制度建立，完善企业分配制度，建立符合市场规律的薪酬制度，制定和执行先进的内部管理制度，充分调动工作人员的工作积极性。

其次，从我国文化产业的发展进程来看，除了由文化事业单位转制而建立的国有企业，随着版权产业发展热度的增加及互联网技术的进步，涌入了大量多种形式的经营主体，大多是中小私营企业。这些私营企业中不乏如百度、阿里巴巴、腾讯这些行业巨头，但大多数私营企业存在规模小、竞争力差、抗风险能力弱等问题。中小版权企业的发展水平决定了我国版权产业发展的持续性。很多创作人才自己成立公司但不擅长管理，导致自己的版权产品无法带来经济效益，也不利于创作的持续进行。因此，中小版权企业要建立健全的现代企业管理制度，制定切实可行的规章制度，明确出资人、管理人和创作人三者的职能分工，妥善处理好所有权和经营权之间的关系。鼓励企业负责人和企业员工学习深造，不断提高自身的专业素质。加强薪酬制度改革，建立合理的收入分配制度和股权激励机制，调动工作人员的积极性，特别是创意人才的创作积极性。

(二) 提高行业整体创新能力

核心版权是和创新创意联系最为紧密的版权产业。优化版权产业产品结构，促进核心版权产业的发展，关键是激励创新创意行为。通过政策引导，鼓励企业精研全球市场的消费需求，鼓励版权产业与传统产业融合发展，开发适销对路的优秀版权产品和服务。在创意过程中，要充分发挥我国传统文化优势，特别注重深挖我国传统文化的精髓，与时俱进，以创新的眼光看中华优秀传统文化的传承和发展。鼓励和引导文化企业加大内容创新力度，多创作开发体现中华优秀文化、展示当代中国形象、面向国际市场的文化产品和服务，并在创作、译制、配音和海外流通等方面给予政策支持。以此为推手提高我国版权产业在国内外市场的社会影响力，打造一批拥有自主知识产权、海量版权资源和专业开发能力的国内外知名版权品牌①。完善现有版权产品研发的审查管理体系，管理部门用法律法规引导版权产业的创新发展，文化管理机构对于版权产业的发展，尤其是版权作品的审查，应当多做宏观指导，少做微观介入，通过法律规范来约束创作边界。加大原创性创新的支持、鼓励教育改革，注重基础研究。

（三）完善版权产业生态系统

运用产业生态理论分析可知，版权文化产业是典型的具有生态化特征的产业系统。文化产业生态系统是文化产品和服务的供给企业与相关组织及其内外部环境之间，进行价值交换并协同发展而形成的相互作用、相互依赖的一种动态平衡系统。文化产业内部生态系统由系统环境、要素资源和系统成员构成。系统环境包括经济、政治、科技、社会、法律、环境等因素。系统成员包括政府、企业、金融机构、社会组织、个体从业者和消费者。要素包括文化、信息、技术、资金等。版权产业边界模糊，它与其他产业不断融合，在交界处催生了许多新兴业态，这就是版权产业的外部融合生态系统（张振鹏、刘小旭，2017）②。

版权产业的发展离不开与其相适宜的配套"生态系统"的支持，其内涵包括了配套支持体系、产业价值链以及产业集群的完善。要统筹做好版权产业"生态系统"构建规划，根据版权产业不同细分行业的需求，不断完善产业发展所需的配套支撑体系。首先，做好硬件层面的支撑，进一步落实好通信行业"降费提速"工作，各地做好版权产业园的规划和建设工作，培养版权产业集群的"生态系统"构成条件。其次，进一步出台各项创新技术和科研成果实行产业转化的详细方案，注重可行性，鼓励各类创新人才和科研人员将创新成果实现商业性转化，并给予充分的知识产权保护。再次，要提高全民教育水平，落实带薪休假制度，进一步增加全国居民的休闲娱乐时间，提升顾客的文化消费体验，引导人民群众扩大对版权文化创意商品的消费意愿。要做好产品从上游研发到下游营销和广告推广等各个环节之间的利益分配和分工问题的沟通协调，共同促进版权产业链的良性发展。最后，注重版权产业周边产品的开发和推广，增加附加值，实现版权产业上中下游"全产业链"配套融合。对版权产业外部融合产生的新兴业态系统，应继续采取包容审慎的态度。通过适宜"生态系统"的培养，促进版权企业能够生存、发展和壮大。

---

① 谢玮．"互联网＋"时代的版权产业发展模式与政策研究［D］．合肥：中国科学技术大学，2017.
② 张振鹏，刘小旭．中国文化产业生态系统论纲［J］．济南大学学报（社会科学版），2017，27（2）：115－123＋159.

三、加快版权产业人才队伍建设

版权产业中人是核心生产力，是提高产业竞争力的根本。当前我国面临着版权产业的急剧扩张和优秀人才的严重不足之间的矛盾。我国应尽快制定版权产业人才的培养机制，通过内培加外引来弥补人才缺口以满足版权产业发展之需。

（一）提高版权产业人才培养质量

创新是引领发展的第一动力，而创新的源头在于人才的培养。在人才培养方面，为破解高端创新人才不足的制约，应深化教育教学改革以形成更有利于创新人才成长的教育机制。引导高校开立版权产业相关专业，大力培养版权产业急需的经营管理、技术运用和文化创意人才。倡导深入开展素质教育改革，重视早期阶段的文化和美学教育，通过教育教学改革减少"填鸭式"的教学内容，多开展启发式的教学，加强受教育者批判性思维的培养和训练。企业应鼓励在职人员继续系统性培养和在职教育，鼓励员工通过网络平台在线课程提高专业知识水平。充分发挥行业组织的作用，加强与世界各国（地区）的交流，借鉴各国（地区）的人才培养经验，打造一支专业化、高水平的人才队伍。

（二）加大人才扶持力度，吸引国内外优秀人才

借鉴版权产业大国的经验，对于我国版权产业一流人才要加强扶持的力度。政府可以设立专项资金，用于人才的选拔、引进和培养。把版权产业人才的建设纳入各省市地区的人才培育计划中，建立版权人才资源库。给予优秀版权人才在住房、税收、薪酬及家属安置方面政策倾斜，吸引国内外的版权人才流入。鼓励网络版权产业的中小微企业全方位创新发展，在企业注册、税收、人才引进等政策方面按照战略性新兴产业政策给予优惠和鼓励[1]。要注重留学归国人才的选用和激励，通过各类人才引进计划面向全球招揽各类高端创新人才，带动并激发国内各类创新人才的奋斗和拼搏之心。版权企业也应注意人力资源建设，创新人才激励机制来留住创新创意人才。可以允许版权人才通过技术、作品或品牌入股企业享受企业分红，也可以通过制定年薪制、协议工资制和项目工资制吸引高端版权人才[2]。

---

[1]　张晓欢. 数字文化产业发展的趋势、问题与对策建议 ［J］. 重庆理工大学学报（社会科学版），2021，35（2）：1 - 7.

[2]　赵双阁，李剑欣. 中美版权产业比较研究 ［J］. 河北经贸大学学报，2014，35（1）：107 - 113.

（三）大力培养具备较高数字素养的内容创作和版权经营人才

数字经济时代版权产业高质量发展更需要的是有互联网思维的内容创作和版权经营人才，既要熟悉主流的互联网信息技术，又要有较高文艺素养和经营能力，即"互联网＋文化创作"和"互联网＋版权经营"的复合型专业人才。承担人才培养重任的高等院校要对数字经济时代版权产业急需专业人才进行实地调研，着重培养数字出版所必需的互联网创新思维能力。高等院校在版权人才培养的专业设置、培养目标设定、实践技能培养以及校企对接协作等方面要与时俱进，重视数字信息技术、文艺创作能力、版权综合经营能力等的培养和训练，呼应数字经济时代的现实需求。高等院校要搭建跨学科师资结构，助推数字版权人才的培养，与网络版权产业联系密切的学科应有意识地引进相关学科背景的师资，让来自不同学科背景的教师就数字经济时代媒体融合和业态创新问题共同进行探索、攻关，通过复合学科背景的师资队伍打造为数字版权人才培养提供最坚实的保障①。鼓励数字版权企业与属地高等院校紧密联系，加大校企合作力度，共商人才培养方案，共建数字版权人才实训基地。通过以上一系列举措，全社会共同发力，建设网络版权产业创新和高素质专业人才队伍，培养一批兼具文艺创作功底、数字技术水准、开拓创新精神和版权经营能力的网络版权产业复合型人才。

四、多渠道拓宽版权企业融资渠道

（一）支持版权企业多渠道获取资金支持及抵押贷款

文化企业创新活动的外部性和不确定性很高，要加大版权产业发展专项资金的支持力度，在创业支持、财政和税收等方面增加对版权企业的奖助扶持政策，对产品创作、推广和创新人才培养等方面给予充分支持。拓宽产业资金渠道，支持和鼓励企业获取国内外各类风险投资，鼓励各金融机构按照风险可控、商业可持续原则开发适合版权产业发展特点的信贷产品，探索扩大版权企业收益权质押贷款的适用范围。同时，为支持版权企业的发展壮大，除继续加强现有的信贷支持、证券市场融资和政府资金扶持之外，可以参照与出口信用保险类似的做法来解决版权产业融资难问题，在国家层面建立与中国出口信用保险公司相似的版权

---

① 易龙，潘星宇.5G时代融媒体人才新需求及培养策略［J］.中国编辑，2021，133（1）：82－85.

产业融资信用保险公司。金融机构在对版权企业提供信贷支持的同时，可以采取风险货币化的方法，将到期无法收回信贷资金的风险转嫁给融资信用保险公司。

（二）通过有公信力的第三方独立评估机构为融资机构提供信息支持

对于多数版权企业来说，版权本身即为其最主要的资产。版权企业融资能否成功，在很大程度上取决于版权产品自身的市场前景。尤其是对于直接使用版权进行权利质押，或者将版权设计成信托产品从而获得信托融资，乃至通过版权证券化的方式获得投资者的青睐，都必须以其版权产品的市场前景为投资主体看好为前提。然而，对于最迫切需要利用版权进行融资的初创期版权企业来说，其版权产品往往还处于刚刚开发完成，甚至尚处于开发过程之中，正是为了相关版权产品的开发或者在市场上正式运营提供必要的资金支持，这些企业才将其所拥有的版权用来融资。然而，这样的版权产品由于没有经受过市场竞争的实际考验，未来能否顺利成长的市场前景未知①，其版权的价值评估、融资额度、项目盈利前景及回报周期对于融资机构而言也是不确定的。为解决处于初创期的版权创意项目普遍存在的项目估值不明确、执行过程信息不透明等信息不对称问题，可以逐步引导成立有公信力的第三方独立评估机构，对项目开展项目评估，为融资银行、投资基金以及融资担保机构提供信息支持。还可以考虑对正处于成长期的版权企业给予一定的税收减免，确定一个适当的减免水平，引导资金流向该类项目，调动国内市场融资活跃性，使版权产业能得到足够的融资支持。

五、全方位提升版权产业国际竞争力

我国版权产业在近十多年来获得了蓬勃发展，但是与其他版权产业比较发达的国家相比，我国的版权产业（尤其是在版权服务领域）仍然有很大的发展空间。提升版权产业的国际竞争将成为今后中国经济持续发展和提升中国文化软实力的重要着力点。

（一）政府应为版权贸易保驾护航

首先，我国现行版权贸易相关的法律法规存在着体系不完善、缺乏可操作性、立法前瞻性科学性不足、部分条文与国际条约难以对接等问题。我国立法机

---

① 梁振杰. 信用治理：手游企业版权融资的制度面向 [J]. 社会科学家，2020（11）：94-98.

构及行业管理部门应完善版权贸易相关法律法规，落实法律法规的可操作性，必要时可以配套操作指南。其次，探索建立海外知识产权维权援助中心，加大对企业海外维权的扶持力度，使中国企业的知识产权在海外能够得到有效保护。

（二）企业应执行和实施切实可行的出口战略

首先，版权企业在出口产品设计时，应认真调研进口国的文化背景、社会制度、风俗习惯、消费需求偏好等情况，深入学习海外版权贸易的运行规则，在此基础上打造版权产品，满足目标国消费者的需要。其次，为克服不同国家文化差异所带来的文化折扣问题，尤其是中西文化差异问题，版权文化产品的全球推广应参照文化折扣程度的不同，采用梯次推进的做法。也就是按照"先易后难"的做法，先做好向"一带一路"沿线东亚和东南亚"华人文化圈"各国（地区）受众的推广工作，这些国家（地区）华人众多或者历史上受中华文化的影响，更易于接受中国版权文化创意产品，可以达到尽量减少文化折扣所带来的负面影响。在此基础上，再结合海外华人的影响力，联合发力，进一步向所在国非"华人文化圈"受众群体推荐我国的文化创意产品，循序渐进，比较容易实现打开海外版权市场的目的。要面向"一带一路"沿线国家，将中国版权产业知名品牌塑造与优秀传统文化名片的海外宣传推广相结合，以文化交融促进民心相通，切实做到"讲好中国故事"、提升中华文化软实力和提高版权产业国际竞争力齐头并进。

（三）构建顺畅的贸易渠道

目前，我国版权贸易的贸易渠道主要是依靠版权代理机构，我国版权代理机构在国际上的覆盖面还比较窄，运作也不成熟，严重制约了我国版权产业的出口规模。除了通过版权代理机构，各类国际展览也是我国版权企业进行版权贸易的渠道之一，但是该方式的主要缺点是缺乏持续性。为了促进我国版权贸易的发展，未来我国应构建更加专业化、规范化和常态化的版权代理体系。在全球广泛设立版权代理机构，开展我国版权输出代理业务，帮助我国版权企业开拓更多的国际市场。在互联网时代，相对于传统的版权贸易渠道，更应充分重视版权交易市场的信息化和标准化，开发和建设基于互联网线上版权交易平台，同时兼顾多种交易形式的智能化版权交易中心。在国际上要携手"一带一路"沿线国家，共同推动更为公平合理的全球知识产权保护体系的形成，其主旨不是为了维护发达国家部分利益集团的利益，而是在公平合理的版权交易中共同推动全球经济增长、提升全球整体创新能力，造福世界各国（地区），共同构建人类命运共同体。

Chapter Nine

第九章 研究结论

第一节　本书的主要研究结论及主要创新

一、本书的主要研究结论

本书从产业经济学和法律经济学视角，探讨版权产业发展的理论演进脉络，构建版权产业驱动机制，基于纵向分析的方法总结版权产业发展的历史演变规律，再结合对各国（地区）版权产业发展水平及制度安排的横向对比，采用理论与实证相结合的方法，验证驱动机制各个要素对版权产业发展的影响，最后从分析中国版权产业发展的现实问题入手，并基于此结合版权产业驱动机制提出我国版权产业守正创新实现高质量发展的策略选择。

从纵向比较的角度，本书在梳理世界各国（地区）版权产业的历史发展进程后，发现知识产权保护和技术进步对一国版权产业的发展至关重要。通过历史梳理总结的规律让我们可以预见，未来随着互联网技术以及其他先进技术的发展，我国版权产业必将迎来新的发展机遇。抓住这一机遇，必须重视知识产权的保护，但同时知识产权保护程度和范围必须和本国的经济社会发展实际相匹配。就中国当前的发展现实而言，中国的版权产业已经初具规模，具备一定的国际竞争力。中国的知识产权立法和参与国际公约的程度已经超过部分发达国家，在原有的知识产权保护水平的基础上，当下我国更注重的应该是修法和执法，尤其是对于互联网领域的网络版权产业，要给予呵护，促进其在全球竞争能力的提升。

从横向比较角度，本书从版权产业发展水平和版权制度安排两个方面对中外版权产业进行比较。通过比较发现，我国版权产业经过近十年的发展已经颇有成就。从经济贡献角度看，无论是版权产业增加值占 GDP 的比重，还是版权产业解决的就业岗位占全国就业的比重，我国版权产业都处于世界平均水平以上，超过许多发展中国家。但同时，也必须看到，我国版权产业的经济贡献水平和发达国家相比还有一定的差距，特别是劳动生产率远低于发达国家，同时核心版权产业占比也与发达国家有差距，说明我国版权产业的产品结构不完全合理。从国际竞争力角度看，通过国际比较，我们发现我国版权产业的国际市场占有率和 TC

指数均处于世界领先水平，这说明我国版权产业贸易具有竞争优势。但是，这种优势在很大程度上来源于依托货物贸易的版权产品出口上，我国版权产业服务从口竞争力很弱，严重制约了版权产业未来发展的持续动力。经过对中外版权产业制度安排的对比得出结论，版权产业的特殊性和我国的国情决定了我国必须实行国家和民间均衡型产业规制模式，采用以政府规制为主、行业协会规制为辅的规制手段。在版权产业保护政策上，明确了知识产权保护对一国版权产业发展的重要性，未来我国应立足本国国情，关注版权相关法律的完善和版权保护执法能力的提升。在版权产业促进政策上，我国政府对版权产业的保护力度和保护措施与发达国家大体相当，未来应在人才扶持和拓宽扶持资金渠道方面向发达国家取经。

根据版权产业相关理论，本书构建了涵盖多种因素的产业驱动机制，这个机制里包含了资金、人力资源、创新、知识产权保护、现代企业管理制度、上下游配套产业、互联网基础设施、政府管理和国内外市场需求等因素。通过纵向和横向的国际比较，总结版权强国的发展经验和版权产业的发展规律验证了版权驱动机制的合理性。由于知识产权对版权产业的发展至关重要，将影响其他因素发挥作用的程度，所以本书将知识产权保护作为核心因素。本书以柯布—道格拉斯生产函数构建了一个扩展的知识生产函数模型，在理论推理的基础上，联合其他因素用实证方法分析了影响版权产业发展的因素及其作用力。实证结果表明知识产权保护、互联网发展水平、国内外市场需求和创新驱动等因素都会提升版权产业的发展水平。

为了更好地为我国版权产业的发展提供决策参考，本书在总结了版权产业的一般性发展规律后，将研究视野回归到国内，用版权产业驱动机制指导对我国版权产业发展问题的分析，主要分析了我国版权产业发展面临的机遇和存在的问题，结合当前我国版权产业的发展新态势，力图寻找出最适合本国版权产业发展壮大的实现路径。本书提出了版权产业发展的总体战略选择，即坚持"守正创新、双效合一的发展原则"，探索"双线并进、内外结合的总体路径""以供给侧结构性改革为抓手推动版权产业的发展"。在总体策略的指导下，针对我国版权产业存在的问题，结合互联网新时代的特点，本书认为未来我国版权产业应构建更高效的版权产业管理体系，推进版权产业供给侧结构性改革，加快版权产业人才队伍建设，拓宽版权企业融资渠道，全方位提升版权产业的国际竞争力。

二、本书的主要创新

第一，探索版权产业发展的演变规律及相关制度安排对版权产业发展的影响机理。本书从两个维度（历史的纵向梳理、现实的国际比较）讨论版权产业发展的影响机理。首先，从历史的视角入手，考察版权产业发端和成长的历程，通过纵向梳理研究版权产业从无到有，再到不断壮大所蕴含的时代背景和制度变量，总结其历史变迁的发展规律。其次，结合当下中国与英美等发达国家版权产业发展水平的中外对比和发展经验（包括激励措施和制度安排等）借鉴，总结版权保护、创新驱动、人才驱动、政府管理等相关制度安排对版权产业发展的影响机理。

第二，本书根据马克思主义经济理论以及西方经济学中的经济增长和经济发展相关理论，创新性构建起当前版权产业发展的驱动机制，认为其应该由推动机制、支撑机制和引导机制共同构成，将推动力、支撑力和引导力三种力形成合力，驱动版权产业实现健康持续发展。具体展开来看，主要包括：资金、人才和创新提供推动力，构成推动机制；知识产权保护支撑、现代化企业管理制度保障、上下游配套产业支持，互联网基础设施建设提供支撑力，构成支撑机制；政府管理引导、国内外市场需求引导构成引导机制。本书通过国际比较的经验总结和实证分析两个途径对这个驱动机制进行检验并证明了其合理性。

第三，在梳理世界各国（地区）版权产业的历史发展进程后，得出知识产权保护程度和范围，必须和本国的经济社会发展实际相匹配的观点。版权产业的生存和发展根本在于知识产权保护，否则该产业不会存在，但是要历史地和辩证地看待一国或地区的版权保护制度和知识产权保护水平。美国曾经长期采取"内外有别"的知识产权保护措施，在国内采取严格的知识产权保护，但是又长期游离于相关的国际公约之外。日本在"二战"后为促进技术的引进和吸收，也阶段性地采取了知识产权弱保护的策略。就中国当前的发展现实而言，中国的版权产业已经初具规模，具备一定的国际竞争力，而且中国的知识产权立法和参与国际公约的程度也已经超过部分发达国家。从国情出发，在原有的知识产权保护水平的基础上，当下我国更注重的应该是修法和执法，尤其是对于互联网领域的网络版权产业，要给予呵护，以推动其在全球竞争能力的提升。

第二节　本书尚待进一步深入研究的问题及研究展望

一、本书尚待进一步深入研究的问题

版权产业发展问题相关研究的外文文献相对而言比较缺乏，现有的研究更多地指向创意产业或者文化产业的相关研究，虽然有很多可以借鉴之处，但是版权产业的发展还是有其独特的特点。在分析版权产业发展的问题时，造成较大困难的一个问题就是版权产业国际比较及实证检验的数据比较难以获取。虽然WIPO公布了全球40多个国家（地区）版权产业经济贡献的研究报告，但还是存在数据更新不够及时以及获取困难的问题，本书在开展研究时已经尽可能获取最新的版权产业相关数据，但是依然存在一些时滞，尤其是在国外版权产业相关数据的获取方面表现得尤为明显，这对于版权产业定量研究的开展造成了一定的阻碍。

进行版权产业发展的比较研究应该有一个客观的可供比较的统一统计口径，虽然世界知识产权组织（WIPO）已经对版权产业的概念界定和经济贡献的统计方法做了明确的规定，但是各国（地区）基于其各自发展的实际需要采用不同的称呼，出现了版权产业、文化产业、创意产业和内容产业等不同的叫法，而且中国同时采用了文化产业（国家统计局统计口径）和版权产业（国家版权局统计口径）两个产业名称，虽然不同的产业名称的主要内容是大致相同的，但是在统计分析和国际比较研究时，能够获取到在WIPO帮助下开展版权产业统计的国家（地区）只有40多个，其他比较只能采用各自国家（地区）对创意产业或者文化产业的统计数据进行分析和讨论。在这方面建议政府层面今后加强对版权产业统计的协调和支持力度，或者由国家统计部门从不同的统计需要出发，同时开展文化产业和版权产业的统计。

进入互联网时代，随着技术与文化的不断融合，版权产业的新业态层出不穷，互联网与传统版权产业的融合发展衍生出若干新业态，网络文学、网络影视、网络音乐及网络直播等新业态层出不穷，而对于全球版权产业新业态的研究需要大量的微观具体数据来支撑，在这方面的研究还比较匮乏，尤其是从经济学的视角研究版权产业的业态创新和产业融合等问题还需要下很大的功夫，本书在研究版权产业时对网络版权产业的研究是一个有益的尝试，但是也深知在这方面想要做深入的研究任重而道远。

二、研究展望

首先，由于版权产业的范围涵盖较广，虽然世界知识产权组织（WIPO）已经对版权产业的概念和范围做了明确的界定，也先后于 2003 年和 2015 年两次发布了版权产业调查指南，但是学术界对于版权产业的调查和研究均不够充分。世界知识产权组织已经公布的版权产业经济贡献调查的报告并不是每年都会给出，在已经发布版权产业经济贡献调查报告的 40 多个国家中，部分国家的调查报告未能及时更新，这给本书的开展带了数据获取的困难。今后在数据支持更为充分的条件下，可以开展更为细致翔实的国际比较研究，也可以据此开展更为具体的跨国面板数据模型分析。

其次，由于版权产业的发展水平在全世界范围内有巨大的差异性，美国一直处于全球领先的地位，而很多发展中国家此类产业基本处于空白或者微不足道的产业地位。所以，本书在研究国际比较的时候，将更多的笔墨用于开展中国与发达国家版权产业发展水平以及制度安排上的对比。今后在研究方向上，可以利用WIPO 更新的、最新产业报告开展中外版权产业的国家与国家直接的经济效应比较，可以考虑将研究视角从发达国家逐渐过渡到一些版权产业发展状况良好的发展中国家，这类国家与中国有更多的共性，比如研究印度的宝莱坞现象等。

最后，进入互联网时代后与网络有关的版权产业日益发展壮大，但是对该问题的研究尚处于起步阶段，网络版权产业的统计、分析和研究将是一个值得挖掘的宝藏，现有研究对该领域的关注将会与日俱增。

附　录

附录 1
党的十八大以来我国版权相关产业
政策汇总

一、版权产业相关综合政策

1. 国务院办公厅发布《关于印发文化体制改革中经营性文化事业单位转制为企业和进一步支持文化企业发展两个规定的通知》（国办发〔2014〕15号）

2. 文化部 财政部《关于推动特色文化产业发展的指导意见》（文产发〔2014〕28号）

3. 文化部 工业和信息化部 财政部《关于大力支持小微文化企业发展的实施意见》（文产发〔2014〕27号）

4. 《中共中央办公厅、国务院办公厅〈关于加快构建现代公共文化服务体系的意见〉的通知》（中办发〔2015〕2号）

5. 国务院办公厅《深入实施国家知识产权战略行动计划（2014—2020年)》（国办发〔2014〕64号）

6. 中共中央办公厅、国务院办公厅《关于推动国有文化企业把社会效益放在首位实现社会效益和经济效益相统一的指导意见》（中办发〔2015〕50号）

7. 《中共中央关于繁荣发展社会主义文艺的意见》（2015年10月3日）

8. 《国务院办公厅关于推进基层综合性文化服务中心建设的指导意见》（国办发〔2015〕74号）

9. 文化部印发《2015年扶持成长型小微文化企业工作方案》

10. 《知识产权局 工业和信息化部印发〈关于全面组织实施中小企业知识产权战略推进工程的指导意见〉的通知》（国知发管字〔2016〕101号）

11. 《文化部 财政部关于开展引导城乡居民扩大文化消费试点工作的通知》（文产发〔2016〕6号）

12. 《关于印发〈版权工作"十三五"规划〉的通知》（国版函〔2017〕5号）

13.《中共中央 国务院关于完善促进消费体制机制 进一步激发居民消费潜力的若干意见》

14.《国务院办公厅关于印发文化体制改革中经营性文化事业单位转制为企业和进一步支持文化企业发展两个规定的通知》（国办发〔2018〕124号）

15.《国务院关于全面推进北京市服务业扩大开放综合试点工作方案的批复》（国函〔2019〕16号）

16. 财政部《关于推进政府和社会资本合作规范发展的实施意见》（财金〔2019〕10号）

17.《中共中央办公厅 国务院办公厅印发〈关于强化知识产权保护的意见〉的通知》（中办发〔2019〕56号）

18. 中共中央 国务院印发《知识产权强国建设纲要（2021－2035年)》

19.《国家版权局关于印发〈版权工作"十四五"规划〉的通知》（国版发〔2021〕2号）

20.《国家广电总局办公厅关于发布视音频内容分发数字版权管理标准体系的通知》（广电办发〔2021〕45号）

二、产业发展指导政策

（一）文化金融

21. 中央宣传部 中国人民银行 财政部 文化部 广电总局 新闻出版总署 银监会 证监会 保监会《关于金融支持文化产业振兴和发展繁荣的指导意见》（银发〔2010〕94号）

22. 文化部 中国人民银行 财政部《关于深入推进文化金融合作的意见》（文产发〔2014〕14号）

23. 财政部办公厅 文化部办公厅《关于推动2014年度文化金融合作有关事项的通知》（财办文资〔2014〕6号）

24. 商务部 文化部 广电总局 新闻出版总署 进出口银行《关于金融支持文化出口的指导意见》（商服贸发〔2009〕191号）

25.《文化部关于鼓励和引导民间资本进入文化领域的实施意见》（文产发〔2012〕17号）

26.《中国资产评估协会关于印发〈文化企业无形资产评估指导意见〉的通知》（中评协〔2016〕14号）

27. 《银保监会 知识产权局 版权局关于进一步加强知识产权质押融资工作的通知》（银保监发〔2019〕34 号）

28. 《国务院办公厅关于印发加强信用信息共享应用促进中小微企业融资实施方案的通知》（国办发〔2021〕52 号）

（二）文化贸易

29. 《国务院关于加快发展对外文化贸易的意见》（国发〔2014〕13 号）

30. 《国务院关于加快发展服务贸易的若干意见》（国发〔2015〕8 号）

31. 《文化和旅游部关于印发〈文化和旅游部贯彻落实国务院在自由贸易试验区开展"证照分离"改革全覆盖试点实施方案〉的通知》（文旅政法发〔2020〕4 号）

32. 《国务院办公厅关于加快发展外贸新业态新模式的意见》（国办发〔2021〕24 号）

（三）文化科技

33. 《国务院关于印发进一步鼓励软件产业和集成电路产业发展若干政策的通知》（国发〔2011〕4 号）

34. 《科技部 中宣部 财政部 文化部 广电总局 新闻出版总署关于印发〈国家文化科技创新工程纲要〉的通知》（国科发高〔2012〕759 号）

35. 《国务院关于促进云计算创新发展培育信息产业新业态的意见》（国发〔2015〕5 号）

36. 《国务院关于印发"十三五"国家战略性新兴产业发展规划的通知》（国发〔2016〕67 号）

37. 《关于推动新闻出版业数字化转型升级的指导意见》（新广出发〔2014〕52 号）

38. 《科技部 中宣部 中央网信办 文化和旅游部 广播电视总局关于印发〈国家文化和科技融合示范基地定管理办法（试行)〉的通知》（国科发高〔2018〕72 号）

39. 《关于印发〈工业互联网创新发展行动计划（2021-2023 年)〉的通知》（工信部信管〔2020〕197 号）

40. 《关于印发〈关于加强互联网信息服务算法综合治理的指导意见〉的通知》（国信办发文〔2021〕7 号）

三、相关产业融合发展政策

41.《文化部 国家旅游局关于促进文化与旅游结合发展的指导意见》（文市发〔2009〕34 号）

42.《国务院关于推进文化创意和设计服务与相关产业融合发展的若干意见》（国发〔2014〕10 号）

43.《文化部关于贯彻落实〈国务院关于推进文化创意和设计服务与相关产业融合发展的若干意见〉的实施意见》（文产发〔2014〕15 号）

44.《关于〈关于推动网络文学健康发展的指导意见〉的通知》（新广出发〔2014〕133 号）

45.《国务院关于进一步促进展览业改革发展的若干意见》（国发〔2015〕15 号）

46.《国务院办公厅关于印发三网融合推广方案的通知》（国办发〔2015〕65 号）

47.《关于印发〈关于支持实体书店发展的指导意见〉的通知》（新广出发〔2016〕46 号）

48.《国务院办公厅转发文化部等部门关于推动文化文物单位文化创意产品开发若干意见的通知》（国办发〔2016〕36 号）

49.《国家文物局、国家发展和改革委员会、科学技术部、工业和信息化部、财政部关于印发〈"互联网＋中华文明"三年行动计划〉的通知》（文物博函〔2016〕1944 号）

50.《新闻出版广电总局关于进一步完善网络剧、微电影等网络视听节目管理的补充通知》（新广电发〔2014〕2 号）

51.《关于移动游戏出版服务管理的通知》（新广出办发〔2016〕44 号）

52.《财政部 国家发展改革委 国土资源部 住房和城乡建设部 中国人民银行 国家税务总局 新闻出版广电总局《关于支持电影发展若干经济政策的通知》（财教〔2014〕56 号）

53.《新闻出版广电总局 财政部关于推动传统出版和新兴出版融合发展的指导意见》（新广发〔2015〕32 号）

54.《知识产权局、发展改革委、科技部、工业和信息化部、农业部、文化部、海关总署、工商总局、版权局印发〈关于支持东北老工业基地全面振兴 深入实施

东北地区知识产权战略的若干意见〉的通知》（国知发协字〔2017〕20号）

55.《文化和旅游部办公厅关于印发〈公共数字文化工程融合创新发展实施方案〉的通知》（办公共发〔2019〕63号）

56.《广电总局印发〈关于加快推进广播电视媒体深度融合发展的意见〉的通知》（广电发〔2020〕79号）

57.《中共中央办公厅 国务院办公厅印发〈关于进一步加强非物质文化遗产保护工作的意见〉》（2021年）

58.《中共中央办公厅 国务院办公厅印发〈关于在城乡建设中加强历史文化保护传承的意见〉》（2021年）

59.《国务院关于印发"十四五"数字经济发展规划的通知》（国发〔2021〕29号）

四、产业资金扶持政策

60.《财政部关于重新修订印发〈文化产业发展专项资金管理暂行办法〉的通知》（财文资〔2012〕4号）

61.《国家艺术基金项目资助管理办法(试行)》

62. 国家新闻出版广电总局 财政部《关于印发〈国家出版基金资助项目管理办法〉的通知》（新广发〔2016〕51号）

63.《关于2018年继续利用服务业发展专项资金开展知识产权运营服务体系建设工作的通知》（财办建〔2018〕96号）

五、税收优惠政策

64.《财政部 国家税务总局关于印发〈文化事业建设费征收管理暂行办法〉的通知》（财税字〔1997〕95号）

65.《财政部 国家税务总局关于对部分营业税纳税人免征文化事业建设费的通知》（财综〔2013〕102号）

66.《财政部 国家税务总局关于扶持动漫产业发展有关税收政策问题的通知》（财税〔2009〕65号）——第一条、第三条失效

67. 财政部 海关总署 国家税务总局《关于印发〈动漫企业进口动漫开发生产用品免征进口税收的暂行规定〉的通知》（财关税〔2011〕27号）

68. 财政部 国家税务总局《关于延续宣传文化增值税和营业税优惠政策的通知》（财税〔2013〕87 号）

69. 财政部 国家税务总局《关于动漫产业增值税和营业税政策的通知》（财税〔2013〕98 号）

70. 财政部 国家税务总局《关于将铁路运输和邮政业纳入营业税改征增值税试点的通知》（财税〔2013〕106 号）

71. 财政部 国家税务总局《关于软件产品增值税政策的通知》（财税〔2011〕100 号）

72.《财政部 国家税务总局关于进一步鼓励软件产业和集成电路产业发展企业所得税政策的通知》（财税〔2012〕27 号）

73. 财政部 国家税务总局《关于出口货物劳务增值税和消费税政策的通知》（财税〔2012〕39 号）

74.《关于继续实施文化体制改革中经营性文化事业单位转制为企业若干税收政策的通知》（财税〔2014〕84 号）

75.《财政部 海关总署 国家税务总局关于继续实施支持文化企业发展若干税收政策的通知》（财税〔2014〕85 号）

76.《税务总局关于重新发布〈营业税改征增值税跨境应税服务增值税免税管理办法（试行）〉的公告》（国家税务总局公告 2014 年第 49 号）

77.《财政部 国家税务总局关于支持文化服务出口等营业税政策的通知》（财税〔2014〕118 号）

78.《财政部 国家税务总局关于暂免征收部分小微企业增值税和营业税的通知》（财税〔2013〕52 号）

79.《财政部 国家税务总局关于小型微利企业所得税优惠政策有关问题的通知》（财税〔2014〕34 号）

80. 财政部 国家税务总局《关于进一步支持小微企业增值税和营业税政策的通知》（财税〔2014〕71 号）

六、文化产业园区（集聚区）认定关系相关政策

81.《文化部办公厅关于修订印发〈国家文化产业示范基地管理办法〉的通知》（办产发〔2014〕13 号）

82.《文化部办公厅关于印发〈国家级文化产业示范园区管理办法（试行）〉

的通知》（办产发〔2010〕19号）

83.《文化部关于加强文化产业园区基地管理、促进文化产业健康发展的通知》（文产函〔2010〕1169号）

84.《工业和信息化部关于印发〈国家级工业设计中心认定管理办法（试行)〉的通知》（工信部产业〔2012〕422号）

七、行业发展与管理相关政策

85.《国务院办公厅转发财政部等部门关于推动我国动漫产业发展若干意见的通知》（国办发〔2006〕32号）

86.《文化部 财政部 国家税务总局关于印发〈动漫企业认定管理办法（试行)〉的通知》（文市发〔2008〕51号）

87.《文化部 财政部 国家税务总局关于实施〈动漫企业认定管理办法（试行)〉有关问题的通知》（文产发〔2009〕18号）

88.《国家新闻出版广电总局关于印发〈新闻出版广播影视"十三五"发展规划〉的通知》

89.《最高人民法院关于全面加强知识产权司法保护的意见》（法发〔2020〕11号）

90.《国务院关于印发"十四五"国家知识产权保护和运用规划的通知》（国发〔2021〕20号）

91.《中共中央办公厅 国务院办公厅印发〈关于深化国有文艺院团改革的意见〉》（2021年第18号）

92.《国家电影局关于印发〈"十四五"中国电影发展规划〉的通知》（国影发〔2021〕3号）

资料来源：综合中华人民共和国中央人民政府政策文件库、新华网、搜狐网、中国经济网中国文化产业政策库以及合肥宣传部网站汇编资料。

附录2
各国（地区）版权产业对经济增长的贡献（分产业）

国家（地区）	报告年份	版权产业增加值在GDP中的比重（%）				
		全部版权产业	核心版权产业	相互依存的版权产业	部分版权产业	非专用支持产业
阿根廷	2013	4.70	3.30	0.60	0.20	0.60
澳大利亚	2011	6.60	4.80	1.00	0.30	0.50
不丹	2011	5.46	1.90	0.60	2.20	0.70
文莱	2011	1.58	0.70	0.10	0.70	0.08
保加利亚	2011	4.54	2.74	1.08	0.29	0.44
加拿大	2004	5.38	3.99	0.90	0.11	0.38
中国	2009	6.37	3.06	1.92	0.48	0.92
哥伦比亚	2008	3.30	1.90	0.80	0.30	0.40
克罗地亚	2007	4.27	2.99	0.88	0.32	0.07
多米尼加	2012	3.40	1.25	0.30	0.68	1.38
格林纳达	2012	4.83	3.70	0.47	0.20	0.46
芬兰	2010	4.60	2.12	0.30	0.96	1.22
匈牙利	2010	7.42	4.21	1.79	0.41	1.02
印度尼西亚	2013	4.11	1.05	0.65	2.06	0.36
牙买加	2007	4.81	1.70	0.74	0.47	1.90
约旦	2012	2.43	1.53	0.12	0.21	0.57
肯尼亚	2009	5.32	2.30	2.17	0.41	0.43
韩国	2012	9.89	3.51	4.75	0.66	0.97

续表

国家（地区）	报告年份	版权产业增加值在 GDP 中的比重（%）				
		全部版权产业	核心版权产业	相互依存的版权产业	部分版权产业	非专用支持产业
拉脱维亚	2004	5.05	2.90	1.10	0.28	0.77
黎巴嫩	2007	4.75	2.53	0.71	0.62	0.89
立陶宛	2012	5.40	2.79	1.27	0.26	1.07
马拉维	2013	3.46	0.50	2.63	0.07	0.25
马来西亚	2008	5.70	2.90	2.10	0.60	0.10
墨西哥	2006	4.77	1.55	1.69	0.85	0.68
荷兰	2009	5.90	4.00	0.40	0.90	0.60
巴基斯坦	2010	4.45	1.37	0.11	0.98	1.99
巴拿马	2009	6.35	5.40	0.06	0.05	0.84
秘鲁	2009	2.67	1.23	0.28	0.02	1.14
菲律宾	2006	4.82	3.53	0.96	0.04	0.29
罗马尼亚	2008	5.55	3.55	1.08	0.53	0.39
俄罗斯	2007	6.06	2.39	0.76	0.27	2.64
新加坡	2007	6.19	3.46	1.56	0.09	1.08
斯洛文尼亚	2010	5.10	3.30	0.60	0.50	0.60
南非	2011	4.11	2.05	0.56	0.21	1.29
圣克里斯多福及尼维斯	2012	6.60	4.29	0.56	0.93	0.82
圣卢西亚	2012	8.00	4.38	0.26	2.13	1.23
圣文森特	2012	5.60	2.73	0.13	1.09	1.66
坦桑尼亚	2012	4.56	3.22	1.24	0.00	0.10
泰国	2012	4.48	2.21	1.02	0.71	0.54
特立尼达和多巴哥	2011	4.80	1.41	0.13	0.97	2.28
乌克兰	2008	2.85	1.54	0.68	0.10	0.54
美国	2013	11.25	6.48	2.24	0.24	2.29

资料来源：世界知识产权组织所公布的各国（地区）版权产业调查报告。

附录3
各国（地区）版权产业对促进就业的贡献（分产业）

国家（地区）	报告年份	版权产业就业人数占一国总就业人数的比重（%）				
		全部版权产业	核心版权产业	相互依存的版权产业	部分版权产业	非专用支持产业
阿根廷	2013	3.00	2.00	0.30	0.50	0.20
澳大利亚	2011	8.00	4.97	1.81	0.57	0.65
不丹	2011	10.09	1.03	0.29	7.16	1.61
文莱	2011	3.20	1.50	0.40	1.10	0.20
保加利亚	2011	4.92	2.78	1.34	0.31	0.49
加拿大	2004	5.55	4.00	0.91	0.16	0.33
中国	2009	6.52	3.14	1.90	0.85	0.63
哥伦比亚	2008	5.80	1.70	0.70	1.90	1.50
克罗地亚	2007	4.65	3.22	0.93	0.41	0.08
多米尼加	2012	4.80	1.97	0.06	0.28	2.50
格林纳达	2012	5.12	4.06	0.43	0.25	0.38
芬兰	2010	3.60	1.34	0.38	0.82	1.05
匈牙利	2010	7.28	4.20	1.37	0.58	1.13
印度尼西亚	2013	3.75	1.10	0.27	2.05	0.33
牙买加	2007	3.03	1.79	0.31	0.23	0.68
约旦	2012	2.88	1.80	0.08	0.20	0.80
肯尼亚	2009	3.26	1.20	0.75	1.04	0.27
韩国	2012	6.24	2.85	1.59	0.67	1.12

续表

国家（地区）	报告年份	版权产业就业人数占一国总就业人数的比重（%）				
		全部版权产业	核心版权产业	相互依存的版权产业	部分版权产业	非专用支持产业
拉脱维亚	2004	5.59	3.70	0.70	0.44	0.75
黎巴嫩	2007	4.49	2.11	0.73	0.70	0.95
立陶宛	2012	4.92	3.03	0.80	0.26	0.82
马拉维	2013	3.35	0.65	2.43	0.11	0.17
马来西亚	2008	7.50	4.70	1.60	0.90	0.20
墨西哥	2006	11.01	3.41	3.65	2.53	1.41
荷兰	2009	8.80	6.20	0.60	1.10	1.00
巴基斯坦	2010	3.71	0.70	0.04	1.37	1.60
巴拿马	2009	3.17	1.52	1.20	0.31	0.13
秘鲁	2009	4.50	2.09	0.14	0.07	2.20
菲律宾	2006	11.10	8.81	1.40	0.20	0.60
罗马尼亚	2008	4.19	2.36	0.58	0.82	0.43
俄罗斯	2007	7.30	4.29	0.75	0.56	1.69
新加坡	2007	6.21	4.04	1.15	0.20	0.82
斯洛文尼亚	2010	6.80	4.60	0.80	0.70	0.70
南非	2011	4.08	2.31	0.51	0.23	1.03
圣克里斯多福及尼维斯	2012	3.10	1.44	0.45	0.81	0.41
圣卢西亚	2012	4.40	1.85	0.33	1.09	1.14
圣文森特	2012	4.90	1.81	0.17	1.01	1.81
坦桑尼亚	2012	5.63	2.56	2.14	0.29	0.64
泰国	2012	2.85	1.50	0.29	0.68	0.39
特立尼达和多巴哥	2011	5.00	2.67	1.73	0.20	0.41
乌克兰	2008	1.90	1.16	0.46	0.08	0.20
美国	2013	8.35	4.04	2.17	0.26	2.03

资料来源：世界知识产权组织所公布的各国（地区）版权产业调查报告。

附录 4　WIPO 协调下的版权相关法规及国际公约

☞《视听表演北京条约》

☞《伯尔尼公约》

☞《布鲁塞尔公约》

☞《（产地标记）马德里协定》

☞《马拉喀什视障者条约》

☞《内罗毕条约》

☞《巴黎公约》

☞《专利法条约》

☞《录音制品公约》

☞《罗马公约》

☞《商标法新加坡条约》

☞《商标法条约》

☞《华盛顿条约》

☞《世界知识产权组织版权条约》（WCT）

☞《世界知识产权组织表演和录音制品条约》（WPPT）

资料来源：世界知识产权组织 WIPO 管理有关知识产权保护的条约。

附录5　中国网络版权产业的分类及测算方法

一、中国网络版权产业的分类与子类范畴

国家版权局网络版权产业研究基地将中国网络版权产业分为十个子类：

网络文学：指作家以互联网为发表平台和传播媒介，采用纯文字为表现手段的，在网络上创作发表供网民付费/免费阅读的文学作品，类文学文本；网络文学与电子书、数字杂志、互动类图书APP、有声阅读等数字出版内容加总时，合计为数字阅读。

网络长视频：特指以流媒体为播放格式，可以实现在线点播的长视频服务。包括通过PC端页面、PC客户端视频、OTT客户端和移动端应用视频点播以及缓存下载，重点关注除动画作品以外的网播电影、电视剧、综艺、纪录片和其他视频内容发展状况。

网络动漫：指以互联网为发行渠道，以漫画、动画为内容载体，展现超现实内容的图片和视听类作品，包括网络漫画平台发行的数字格式漫画作品、网络视频平台放映的动画剧集和动画电影等，同时含低幼向和非低幼向作品。

网络游戏：范畴包括互联网PC客户端游戏、PC浏览器端游戏、移动平台游戏以及家用主机游戏，但不包括游戏主机、配套硬件和线下大型游艺设备，衍生出的电子竞技和移动电竞所产生的内容作品（如直播、节目、视频剪辑等）则计入网络直播或网络视频。

网络音乐：指互联网PC端页面、客户端以及移动应用等在线音乐平台为用户提供的收听、下载、观看、互动等音乐服务，包括网络K歌以及音乐平台用户对音乐演艺直播的互动打赏（不重复计入网络直播），不包括电信增值业务（彩铃等）。

网络新闻：指以互联网为传播渠道，采用纯文字或富媒体为表现手段，通过PC端网页和移动应用推送的供网民付费/免费阅读的新闻资讯类内容和自媒体内容，包括聚合类新闻应用、独立或垂直领域新闻应用、自媒体平台内容和部分知

识付费类应用。

网络直播：包括以流媒体为输出格式，为用户提供实时收听、观看、互动在内的在线实时直播类视听类网络服务，包括 PC 端和移动端应用视频直播，重点包含游戏直播、秀场直播等泛娱乐类直播业态；若网络直播与其他业态交叉融合则根据平台差异进行分类。

网络短视频：指播放时长在 5 分钟以下，基于 PC 端和移动端传播的视频内容形式，具有鲜明的碎片化特征。因短视频业态迅速发展，暂只统计短视频平台的内容，而短视频与其他业态交叉融合则根据平台差异进行分类划归。

VR 和 AR 内容：主要聚焦依托增强现实技术和虚拟现实平台创作的消费级视听和游戏内容，平台涵盖各类 VR 头显和 AR 头显如无屏/手机头显（Screenless Viewer）、一体机/独立头显（Stand alone HMD）、主机/系留头显（Tethered HMD），不包括硬件。

二、中国网络版权产业的数据来源与测算方法

本报告依照中国网络版权产业当前的发展阶段与特色，聚焦各细分产业用户规模数据、市场规模数据、流量时长数据等核心基本面数据。

网络文学：数据来源于 CNNIC、中国音像与数字出版协会、艾瑞咨询、群邑智库、骨朵传媒，并经腾讯研究院根据各上市企业财报，以及腾讯相关业务和相关生态企业运营状况，对各来源数据进行交叉验证和调整择优，得出综合测算结果。

网络长视频：数据来源于 CNNIC、中国网络视听节目服务协会、奥维云网、艾瑞咨询、艺恩智库、骨朵传媒，并经腾讯研究院根据各上市企业财报，以及腾讯相关业务和相关生态企业运营状况，对各来源数据进行交叉验证和调整择优，得出综合测算结果。

网络动漫：数据来源于 CNNIC、艾瑞咨询、易观，QuestMobile、艺恩智库、群邑智库，并经腾讯研究院根据各上市企业财报、企业投融资报道，以及腾讯相关业务和相关生态企业运营状况，对各来源数据进行交叉验证和调整择优，得出综合测算结果。

网络游戏：数据来源于 CNNIC、中国音像与数字出版协会游戏工委、伽马数据、艾瑞咨询、QuestMobile，并经腾讯研究院根据各上市企业财报，以及腾讯相关业务和相关生态企业运营状况，对各来源数据进行交叉验证和调整择优，得出

综合测算结果。

网络音乐：数据来源于CNNIC、中国音像与数字出版协会音乐产业促进工作委员会、艾瑞咨询，并经腾讯研究院根据各上市企业财报，以及腾讯相关业务和相关生态企业运营状况，对各来源数据进行交叉验证和调整择优，得出综合测算结果。

网络新闻：数据来源于CNNIC、艾瑞咨询、新榜，并经腾讯研究院根据各上市企业财报、企业投融资报道，以及腾讯相关业务和相关生态企业运营状况，对各来源数据进行交叉验证和调整择优，得出综合测算结果。

网络直播：数据来源于CNNIC、中国网络视听节目服务协会、艾瑞咨询、易观、QuestMobile，并经腾讯研究院根据各上市企业财报，以及腾讯相关业务和相关生态企业运营状况，对各来源数据进行交叉验证和调整择优，得出综合测算结果。

网络短视频：数据来源于CNNIC、中国网络视听节目服务协会、艾瑞咨询、QuestMobile、新榜，并经腾讯研究院根据企业投融资报道，以及腾讯相关业务和相关生态企业运营状况，对各来源数据进行交叉验证和调整择优，得出综合测算结果。

VR和AR内容：数据来源于IDC、信通院、艾瑞咨询、赛迪顾问、中国产业信息网、中国音数协游戏工委、伽马数据，并经腾讯研究院根据企业投融资报道，以及腾讯相关业务和相关生态企业运营状况，对各来源数据进行交叉验证和调整择优，得出综合测算结果。

资料来源：国家版权局网络版权产业研究基地发布的《中国网络版权产业发展报告（2020）》。

附录6
知识产权强国建设纲要（2021—2035 年）

为统筹推进知识产权强国建设，全面提升知识产权创造、运用、保护、管理和服务水平，充分发挥知识产权制度在社会主义现代化建设中的重要作用，制定本纲要。

一、战略背景

党的十八大以来，在以习近平同志为核心的党中央坚强领导下，我国知识产权事业发展取得显著成效，知识产权法规制度体系逐步完善，核心专利、知名品牌、精品版权、优良植物新品种、优质地理标志、高水平集成电路布图设计等高价值知识产权拥有量大幅增加，商业秘密保护不断加强，遗传资源、传统知识和民间文艺的利用水平稳步提升，知识产权保护效果、运用效益和国际影响力显著提升，全社会知识产权意识大幅提高，涌现出一批知识产权竞争力较强的市场主体，走出了一条中国特色知识产权发展之路，有力保障创新型国家建设和全面建成小康社会目标的实现。

进入新发展阶段，推动高质量发展是保持经济持续健康发展的必然要求，创新是引领发展的第一动力，知识产权作为国家发展战略性资源和国际竞争力核心要素的作用更加凸显。实施知识产权强国战略，回应新技术、新经济、新形势对知识产权制度变革提出的挑战，加快推进知识产权改革发展，协调好政府与市场、国内与国际，以及知识产权数量与质量、需求与供给的联动关系，全面提升我国知识产权综合实力，大力激发全社会创新活力，建设中国特色、世界水平的知识产权强国，对于提升国家核心竞争力，扩大高水平对外开放，实现更高质量、更有效率、更加公平、更可持续、更为安全的发展，满足人民日益增长的美好生活需要，具有重要意义。

二、总体要求

（一）指导思想。坚持以习近平新时代中国特色社会主义思想为指导，全面贯彻党的十九大和十九届二中、三中、四中、五中全会精神，紧紧围绕统筹推进"五位一体"总体布局和协调推进"四个全面"战略布局，坚持稳中求进工作总基调，以推动高质量发展为主题，以深化供给侧结构性改革为主线，以改革创新为根本动力，以满足人民日益增长的美好生活需要为根本目的，立足新发展阶段，贯彻新发展理念，构建新发展格局，牢牢把握加强知识产权保护是完善产权保护制度最重要的内容和提高国家经济竞争力最大的激励，打通知识产权创造、运用、保护、管理和服务全链条，更大力度加强知识产权保护国际合作，建设制度完善、保护严格、运行高效、服务便捷、文化自觉、开放共赢的知识产权强国，为建设创新型国家和社会主义现代化强国提供坚实保障。

（二）工作原则。

——法治保障，严格保护。落实全面依法治国基本方略，严格依法保护知识产权，切实维护社会公平正义和权利人合法权益。

——改革驱动，质量引领。深化知识产权领域改革，构建更加完善的要素市场化配置体制机制，更好发挥知识产权制度激励创新的基本保障作用，为高质量发展提供源源不断的动力。

——聚焦重点，统筹协调。坚持战略引领、统筹规划，突出重点领域和重大需求，推动知识产权与经济、科技、文化、社会等各方面深度融合发展。

——科学治理，合作共赢。坚持人类命运共同体理念，以国际视野谋划和推动知识产权改革发展，推动构建开放包容、平衡普惠的知识产权国际规则，让创新创造更多惠及各国人民。

（三）发展目标。到 2025 年，知识产权强国建设取得明显成效，知识产权保护更加严格，社会满意度达到并保持较高水平，知识产权市场价值进一步凸显，品牌竞争力大幅提升，专利密集型产业增加值占 GDP 比重达到 13%，版权产业增加值占 GDP 比重达到 7.5%，知识产权使用费年进出口总额达到 3500 亿元，每万人口高价值发明专利拥有量达到 12 件（上述指标均为预期性指标）。

到 2035 年，我国知识产权综合竞争力跻身世界前列，知识产权制度系统完备，知识产权促进创新创业蓬勃发展，全社会知识产权文化自觉基本形成，全方位、多层次参与知识产权全球治理的国际合作格局基本形成，中国特色、世界水平的知识产权强国基本建成。

三、建设面向社会主义现代化的知识产权制度

（四）构建门类齐全、结构严密、内外协调的法律体系。开展知识产权基础性法律研究，做好专门法律法规之间的衔接，增强法律法规的适用性和统一性。根据实际及时修改专利法、商标法、著作权法和植物新品种保护条例，探索制定地理标志、外观设计等专门法律法规，健全专门保护与商标保护相互协调的统一地理标志保护制度，完善集成电路布图设计法规。制定修改强化商业秘密保护方面的法律法规，完善规制知识产权滥用行为的法律制度以及与知识产权相关的反垄断、反不正当竞争等领域立法。修改科学技术进步法。结合有关诉讼法的修改及贯彻落实，研究建立健全符合知识产权审判规律的特别程序法律制度。加快大数据、人工智能、基因技术等新领域新业态知识产权立法。适应科技进步和经济社会发展形势需要，依法及时推动知识产权法律法规立改废释，适时扩大保护客体范围，提高保护标准，全面建立并实施侵权惩罚性赔偿制度，加大损害赔偿力度。

（五）构建职责统一、科学规范、服务优良的管理体制。持续优化管理体制机制，加强中央在知识产权保护的宏观管理、区域协调和涉外事宜统筹等方面事权，不断加强机构建设，提高管理效能。围绕国家区域协调发展战略，制定实施区域知识产权战略，深化知识产权强省强市建设，促进区域知识产权协调发展。实施一流专利商标审查机构建设工程，建立专利商标审查官制度，优化专利商标审查协作机制，提高审查质量和效率。构建政府监管、社会监督、行业自律、机构自治的知识产权服务业监管体系。

（六）构建公正合理、评估科学的政策体系。坚持严格保护的政策导向，完善知识产权权益分配机制，健全以增加知识价值为导向的分配制度，促进知识产权价值实现。完善以强化保护为导向的专利商标审查政策。健全著作权登记制度、网络保护和交易规则。完善知识产权审查注册登记政策调整机制，建立审查动态管理机制。建立健全知识产权政策合法性和公平竞争审查制度。建立知识产权公共政策评估机制。

（七）构建响应及时、保护合理的新兴领域和特定领域知识产权规则体系。建立健全新技术、新产业、新业态、新模式知识产权保护规则。探索完善互联网领域知识产权保护制度。研究构建数据知识产权保护规则。完善开源知识产权和

法律体系。研究完善算法、商业方法、人工智能产出物知识产权保护规则。加强遗传资源、传统知识、民间文艺等获取和惠益分享制度建设，加强非物质文化遗产的搜集整理和转化利用。推动中医药传统知识保护与现代知识产权制度有效衔接，进一步完善中医药知识产权综合保护体系，建立中医药专利特别审查和保护机制，促进中医药传承创新发展。

四、建设支撑国际一流营商环境的知识产权保护体系

（八）健全公正高效、管辖科学、权界清晰、系统完备的司法保护体制。实施高水平知识产权审判机构建设工程，加强审判基础、体制机制和智慧法院建设。健全知识产权审判组织，优化审判机构布局，完善上诉审理机制，深入推进知识产权民事、刑事、行政案件"三合一"审判机制改革，构建案件审理专门化、管辖集中化和程序集约化的审判体系。加强知识产权法官的专业化培养和职业化选拔，加强技术调查官队伍建设，确保案件审判质效。积极推进跨区域知识产权远程诉讼平台建设。统一知识产权司法裁判标准和法律适用，完善裁判规则。加大刑事打击力度，完善知识产权犯罪侦查工作制度。修改完善知识产权相关司法解释，配套制定侵犯知识产权犯罪案件立案追诉标准。加强知识产权案件检察监督机制建设，加强量刑建议指导和抗诉指导。

（九）健全便捷高效、严格公正、公开透明的行政保护体系。依法科学配置和行使有关行政部门的调查权、处罚权和强制权。建立统一协调的执法标准、证据规则和案例指导制度。大力提升行政执法人员专业化、职业化水平，探索建立行政保护技术调查官制度。建设知识产权行政执法监管平台，提升执法监管现代化、智能化水平。建立完善知识产权侵权纠纷检验鉴定工作体系。发挥专利侵权纠纷行政裁决制度作用，加大行政裁决执行力度。探索依当事人申请的知识产权纠纷行政调解协议司法确认制度。完善跨区域、跨部门执法保护协作机制。建立对外贸易知识产权保护调查机制和自由贸易试验区知识产权保护专门机制。强化知识产权海关保护，推进国际知识产权执法合作。

（十）健全统一领导、衔接顺畅、快速高效的协同保护格局。坚持党中央集中统一领导，实现政府履职尽责、执法部门严格监管、司法机关公正司法、市场主体规范管理、行业组织自律自治、社会公众诚信守法的知识产权协同保护。实施知识产权保护体系建设工程。明晰行政机关与司法机关的职责权限和管辖范围，健全知识产权行政保护与司法保护衔接机制，形成保护合力。建立完善知识

产权仲裁、调解、公证、鉴定和维权援助体系，加强相关制度建设。健全知识产权信用监管体系，加强知识产权信用监管机制和平台建设，依法依规对知识产权领域严重失信行为实施惩戒。完善著作权集体管理制度，加强对著作权集体管理组织的支持和监管。实施地理标志保护工程。建设知识产权保护中心网络和海外知识产权纠纷应对指导中心网络。建立健全海外知识产权预警和维权援助信息平台。

五、建设激励创新发展的知识产权市场运行机制

（十一）完善以企业为主体、市场为导向的高质量创造机制。以质量和价值为标准，改革完善知识产权考核评价机制。引导市场主体发挥专利、商标、版权等多种类型知识产权组合效应，培育一批知识产权竞争力强的世界一流企业。深化实施中小企业知识产权战略推进工程。优化国家科技计划项目的知识产权管理。围绕生物育种前沿技术和重点领域，加快培育一批具有知识产权的优良植物新品种，提高授权品种质量。

（十二）健全运行高效顺畅、价值充分实现的运用机制。加强专利密集型产业培育，建立专利密集型产业调查机制。积极发挥专利导航在区域发展、政府投资的重大经济科技项目中的作用，大力推动专利导航在传统优势产业、战略性新兴产业、未来产业发展中的应用。改革国有知识产权归属和权益分配机制，扩大科研机构和高校知识产权处置自主权。建立完善财政资助科研项目形成知识产权的声明制度。建立知识产权交易价格统计发布机制。推进商标品牌建设，加强驰名商标保护，发展传承好传统品牌和老字号，大力培育具有国际影响力的知名商标品牌。发挥集体商标、证明商标制度作用，打造特色鲜明、竞争力强、市场信誉好的产业集群品牌和区域品牌。推动地理标志与特色产业发展、生态文明建设、历史文化传承以及乡村振兴有机融合，提升地理标志品牌影响力和产品附加值。实施地理标志农产品保护工程。深入开展知识产权试点示范工作，推动企业、高校、科研机构健全知识产权管理体系，鼓励高校、科研机构建立专业化知识产权转移转化机构。

（十三）建立规范有序、充满活力的市场化运营机制。提高知识产权代理、法律、信息、咨询等服务水平，支持开展知识产权资产评估、交易、转化、托管、投融资等增值服务。实施知识产权运营体系建设工程，打造综合性知识产权运营服务枢纽平台，建设若干聚焦产业、带动区域的运营平台，培育国际化、市

场化、专业化知识产权服务机构，开展知识产权服务业分级分类评价。完善无形资产评估制度，形成激励与监管相协调的管理机制。积极稳妥发展知识产权金融，健全知识产权质押信息平台，鼓励开展各类知识产权混合质押和保险，规范探索知识产权融资模式创新。健全版权交易和服务平台，加强作品资产评估、登记认证、质押融资等服务。开展国家版权创新发展建设试点工作。打造全国版权展会授权交易体系。

六、建设便民利民的知识产权公共服务体系

（十四）加强覆盖全面、服务规范、智能高效的公共服务供给。实施知识产权公共服务智能化建设工程，完善国家知识产权大数据中心和公共服务平台，拓展各类知识产权基础信息开放深度、广度，实现与经济、科技、金融、法律等信息的共享融合。深入推进"互联网＋"政务服务，充分利用新技术建设智能化专利商标审查和管理系统，优化审查流程，实现知识产权政务服务"一网通办"和"一站式"服务。完善主干服务网络，扩大技术与创新支持中心等服务网点，构建政府引导、多元参与、互联共享的知识产权公共服务体系。加强专业便捷的知识产权公共咨询服务，健全中小企业和初创企业知识产权公共服务机制。完善国际展会知识产权服务机制。

（十五）加强公共服务标准化、规范化、网络化建设。明晰知识产权公共服务事项和范围，制定公共服务事项清单和服务标准。统筹推进分级分类的知识产权公共服务机构建设，大力发展高水平的专门化服务机构。有效利用信息技术、综合运用线上线下手段，提高知识产权公共服务效率。畅通沟通渠道，提高知识产权公共服务社会满意度。

（十六）建立数据标准、资源整合、利用高效的信息服务模式。加强知识产权数据标准制定和数据资源供给，建立市场化、社会化的信息加工和服务机制。规范知识产权数据交易市场，推动知识产权信息开放共享，处理好数据开放与数据隐私保护的关系，提高传播利用效率，充分实现知识产权数据资源的市场价值。推动知识产权信息公共服务和市场化服务协调发展。加强国际知识产权数据交换，提升运用全球知识产权信息的能力和水平。

七、建设促进知识产权高质量发展的人文社会环境

（十七）塑造尊重知识、崇尚创新、诚信守法、公平竞争的知识产权文化理念。加强教育引导、实践养成和制度保障，培养公民自觉尊重和保护知识产权的行为习惯，自觉抵制侵权假冒行为。倡导创新文化，弘扬诚信理念和契约精神，大力宣传锐意创新和诚信经营的典型企业，引导企业自觉履行尊重和保护知识产权的社会责任。厚植公平竞争的文化氛围，培养新时代知识产权文化自觉和文化自信，推动知识产权文化与法治文化、创新文化和公民道德修养融合共生、相互促进。

（十八）构建内容新颖、形式多样、融合发展的知识产权文化传播矩阵。打造传统媒体和新兴媒体融合发展的知识产权文化传播平台，拓展社交媒体、短视频、客户端等新媒体渠道。创新内容、形式和手段，加强涉外知识产权宣传，形成覆盖国内外的全媒体传播格局，打造知识产权宣传品牌。大力发展国家知识产权高端智库和特色智库，深化理论和政策研究，加强国际学术交流。

（十九）营造更加开放、更加积极、更有活力的知识产权人才发展环境。完善知识产权人才培养、评价激励、流动配置机制。支持学位授权自主审核高校自主设立知识产权一级学科。推进论证设置知识产权专业学位。实施知识产权专项人才培养计划。依托相关高校布局一批国家知识产权人才培养基地，加强相关高校二级知识产权学院建设。加强知识产权管理部门公职律师队伍建设，做好涉外知识产权律师培养和培训工作，加强知识产权国际化人才培养。开发一批知识产权精品课程。开展干部知识产权学习教育。进一步推进中小学知识产权教育，持续增强青少年的知识产权意识。

八、深度参与全球知识产权治理

（二十）积极参与知识产权全球治理体系改革和建设。扩大知识产权领域对外开放，完善国际对话交流机制，推动完善知识产权及相关国际贸易、国际投资等国际规则和标准。积极推进与经贸相关的多双边知识产权对外谈判。建设知识产权涉外风险防控体系。加强与各国知识产权审查机构合作，推动审查信息共享。打造国际知识产权诉讼优选地。提升知识产权仲裁国际化水平。鼓励高水平外国机构来华开展知识产权服务。

（二十一）构建多边和双边协调联动的国际合作网络。积极维护和发展知识产权多边合作体系，加强在联合国、世界贸易组织等国际框架和多边机制中的合作。深化与共建"一带一路"国家和地区知识产权务实合作，打造高层次合作平台，推进信息、数据资源项目合作，向共建"一带一路"国家和地区提供专利检索、审查、培训等多样化服务。加强知识产权对外工作力量。积极发挥非政府组织在知识产权国际交流合作中的作用。拓展海外专利布局渠道。推动专利与国际标准制定有效结合。塑造中国商标品牌良好形象，推动地理标志互认互保，加强中国商标品牌和地理标志产品全球推介。

九、组织保障

（二十二）加强组织领导。全面加强党对知识产权强国建设工作的领导，充分发挥国务院知识产权战略实施工作部际联席会议作用，建立统一领导、部门协同、上下联动的工作体系，制订实施落实本纲要的年度推进计划。各地区各部门要高度重视，加强组织领导，明确任务分工，建立健全本纲要实施与国民经济和社会发展规划、重点专项规划及相关政策相协调的工作机制，结合实际统筹部署相关任务措施，逐项抓好落实。

（二十三）加强条件保障。完善中央和地方财政投入保障制度，加大对本纲要实施工作的支持。综合运用财税、投融资等相关政策，形成多元化、多渠道的资金投入体系，突出重点，优化结构，保障任务落实。按照国家有关规定，对在知识产权强国建设工作中做出突出贡献的集体和个人给予表彰。

（二十四）加强考核评估。国家知识产权局会同有关部门建立本纲要实施动态调整机制，开展年度监测和定期评估总结，对工作任务落实情况开展督促检查，纳入相关工作评价，重要情况及时按程序向党中央、国务院请示报告。在对党政领导干部和国有企业领导班子考核中，注重考核知识产权相关工作成效。地方各级政府要加大督查考核工作力度，将知识产权强国建设工作纳入督查考核范围。

资料来源：中国政府网（http://www.gov.cn）中央有关文件：《中共中央国务院印发〈知识产权强国建设纲要（2021－2035 年）〉》，网址：http://www.gov.cn/zhengce/2021－09/22/content_5638714.htm。

参考文献

［1］安宇，田广增，沈山．国外文化产业：概念界定与产业政策［J］．世界经济与政治论坛，2004（6）：6-9．

［2］包韫慧，陈丹，梁靖．数字环境下的版权利益平衡与版权产业发展［J］．北京印刷学院学报，2010（1）：16-19．

［3］鲍枫．中国文化创意产业集群发展研究［D］．长春：吉林大学，2013．

［4］本书编委会．中国版权产业的经济贡献2013～2014年［M］．北京：中国书籍出版社，2017．

［5］毕秋灵．网络版权产业的技术驱动与内容生态嬗变［J］．传播与版权，2019（5）：92-94．

［6］卞新森，罗锋．产业价值链视阈下的电视节目版权贸易［J］．武汉科技大学学报（社会科学版），2008（1）：55-60．

［7］蔡灵芝．国外文化产业金融支持模式及启示［J］．合作经济与科技，2016（24）：64-66．

［8］蔡青．传统媒体新闻内容版权保护及价值提升策略研究［D］．广州：暨南大学，2018．

［9］蔡尚伟，钟勤．论文化产业发展中的版权评估问题［J］．西南民族大学学报（人文社会科学版），2012（1）：139-143．

［10］蔡翔，王巧林．版权与文化产业国际竞争力研究［M］．北京：中国传媒大学出版社，2013．

［11］蔡兴．人口老龄化倒逼了中国出口结构的优化升级吗［J］．当代经济研究，2016（8）：81-91．

［12］蔡中华，陈鸿，马欢．"弱保护"下的外国在华专利申请驱动因素研

究：理论与实证 [J]. 科学学与科学技术管理, 2019, 40 (9)：35 - 47.

[13] 曹永盛. 以版权保护为切入, 以产业整合为目标：运营商发展手机阅读业务的策略 [J]. 互联网天地, 2010 (4)：62 - 63.

[14] 陈传夫, 符玉霜. 国际图书馆版权政策及我国新一轮版权法修改建议 [J]. 图书与情报, 2009, 153 (5)：11 - 18.

[15] 陈青. 论中国版权贸易与版权产业的发展 [D]. 北京：北京印刷学院, 2004.

[16] 陈一孚. 知识产权助推产业发展的国际比较与中国选择 [J]. 管理世界, 2018, 34 (3)：178 - 179.

[17] 陈震, 武东兴. 版权资产运营与管理 [M]. 北京：知识产权出版社, 2021.

[18] 陈征.《资本论》解说 (第 4 版第 1 卷) [M]. 福州：福建人民出版社, 2017.

[19] 陈征.《资本论》解说 (第 4 版第 2 卷) [M]. 福州：福建人民出版社, 2017.

[20] 陈征.《资本论》解说 (第 4 版第 3 卷) [M]. 福州：福建人民出版社, 2017.

[21] 陈征.《资本论》选读 [M]. 北京：高等教育出版社, 2008.

[22] 陈征. 发展劳动价值论的关键所在——四论现代科学劳动 [J]. 当代经济研究, 2002 (11)：33 - 37 + 62 - 10.

[23] 陈征. 论现代服务劳动 [J]. 当代经济研究, 2003 (10)：3 - 8 + 73.

[24] 陈征. 论现代管理劳动 [J]. 东南学术, 2003 (5)：89 - 96.

[25] 陈征. 论现代精神劳动 [J]. 当代经济研究, 2004 (7)：3 - 8 + 73.

[26] 陈征. 论现代科技劳动 [J]. 福建论坛 (人文社会科学版), 2004 (6)：4 - 9.

[27] 陈征. 论现代科学劳动　马克思劳动价值论的新发展 [M]. 福州：福建人民出版社, 2017.

[28] 陈征. 深化对劳动和劳动价值理论的认识 [J]. 高校理论战线, 2001 (10)：51 - 56.

[29] 陈征. 现代科学劳动探索 [J]. 经济学家, 2004 (2)：4 - 11.

[30] 陈征. 重视现代科学劳动在社会主义经济中的重要作用是深化认识劳动价值论的关键 [J]. 福建论坛 (人文社会科学版), 2002 (1)：22 - 24.

[31] 陈征等. 资本论与当代中国经济 [M]. 北京：社会科学文献出版社，2008.

[32] 陈峥嵘. 绿色知识产权体系构建与优先发展研究 [D]. 合肥：中国科学技术大学，2017.

[33] 程新晓. 网络盗版侵权新动向及其应对思路 [J]. 新闻爱好者，2019 （10）：56 – 59.

[34] 崔波. "双循环"新格局下中国数字版权贸易若干问题研究 [J]. 出版广角，2021 （23）：25 – 30.

[35] 崔旭，张晓文，邵力军. 美国版权制度与版权产业：发展、特征、关系 [J]. 新世纪图书馆，2004 （1）：74 – 77.

[36] 崔政. 当代科学与技术知识所有权问题 [D]. 杭州：浙江大学，2013.

[37] 戴翔. 创意产品贸易决定因素及对双边总贸易的影响 [J]. 世界经济研究，2010 （6）：46 – 50 + 56 + 88.

[38] 邓明，钱争鸣. 我国省际知识存量，知识生产与知识的空间溢出 [J]. 数量经济技术经济研究，2009 （5）：42 – 53.

[39] 邓小平. 邓小平文选（第 2 ~ 3 卷）[M]. 北京：人民出版社，1994.

[40] 邓志龙. 我国核心版权产业发展与文化软实力提升研究 [D]. 北京：北京印刷学院，2009.

[41] 董为民. 国外文化产业现状、发展措施与经验 [J]. 经济研究参考，2004 （10）：18 – 34.

[42] 董宇. 中国文化产业发展的新机遇 [J]. 人民论坛，2017 （31）：228 – 229.

[43] 度冉. 大数据时代网络文学的版权保护 [D]. 开封：河南大学，2018.

[44] 段维. 文化资源与产业文库 网络版权保护论纲 [M]. 武汉：华中师范大学出版社，2012.

[45] 范广达. 文化产品国际贸易知识产权保护问题研究 [D]. 长春：吉林大学，2017.

[46] 范军，邹开元. "十三五"时期我国出版走出去发展报告 [J]. 中国出版，2020 （24）：3 – 10.

[47] 范军. 文化产业、创意产业与版权产业 [J]. 出版参考，2013 （21）：3.

[48] 范玉刚. 新时代数字文化产业的发展趋势、问题与未来瞩望 [J]. 中原文化研究，2019，7 （1）：69 – 76.

[49] 范周,杨甮.改革开放四十年中国文化产业发展历程与成就 [J].山东大学学报(哲学社会科学版),2018(4):30-43.

[50] 范周.数字经济变革中的文化产业创新与发展 [J].深圳大学学报(人文社会科学版),2020,37(1):50-56.

[51] 方义松.网络版权制度与信息的有效传播及公平使用:网络版权权利扩张与限制的成本—效益分析 [D].武汉:华中师范大学,2001.

[52] 费正清,刘广京.剑桥中国晚清史1800-1911年(上卷)[M].北京:中国社会科学出版社,1985:649.

[53] 冯冰.基于创新价值链视角下的高技术产业技术创新效率的影响研究 [D].合肥:中国科学技术大学,2017.

[54] 冯光华.从版权贸易视角看出版产业体制及贸易政策创新 [J].上海大学学报(社会科学版),2004(1):63-68.

[55] 冯晓青.网络游戏直播画面的作品属性及其相关著作权问题研究[J].知识产权,2017(1):3-13.

[56] 傅琳雅.文化创意产业链的构建及发展战略 [J].沈阳工业大学学报(社会科学版),2014,7(2):108-111.

[57] 富耀影.新媒体视角下我国网络直播的法律问题研究 [D].沈阳:沈阳工业大学,2019.

[58] 高海涛,段京池.中国出版企业的网络直播营销:现状、问题与对策:基于淘宝直播的实证分析 [J].中国编辑,2021(5):54-57+61.

[59] 谷征.媒体融合理论与实践探索 [M].北京:知识产权出版社,2021.

[60] 顾夏铭,陈勇民,潘士远.经济政策不确定性与创新:基于我国上市公司的实证分析 [J].经济研究,2018,53(2):109-123.

[61] 郭朝先,王嘉琪,刘浩荣."新基建"赋能中国经济高质量发展的路径研究 [J].北京工业大学学报(社会科学版),2020,20(6):13-21.

[62] 郭欢.澳大利亚版权产业和版权立法研究 [D].上海:华东师范大学,2014.

[63] 郭群.中国文化产品贸易竞争力与影响因素分析 [D].北京:首都经济贸易大学,2018.

[64] 韩洁,谭予涵,谭霞,等.美国版权战略对我国文化产业发展的启示 [J].重庆工商大学学报(社会科学版),2009(1):104-108.

[65] 韩平,平安.中外文化产业政府规制比较研究 [J].产业经济评论,

2014（5）：110－116.

［66］郝丽美. 版权产业经济贡献调研中的版权因子研究［J］. 出版参考，2020（11）：36－39.

［67］郝丽美. 中外版权产业经济贡献的比较研究［J］. 出版参考，2021（4）：36－39＋49.

［68］贺团涛. 企业 R&D 国际化的知识产权保护战略研究［D］. 长沙：湖南大学，2014.

［69］衡慧. 谈脱离语言的外壳对口译的影响［D］. 重庆：西南财经大学，2016.

［70］胡锦涛. 坚定不移沿着中国特色社会主义道路前进　为全面建成小康社会而奋斗：在中国共产党第十八次全国代表大会上的报告［J］. 求是，2012（22）：3－25.

［71］胡锦涛. 坚定不移走中国特色社会主义文化发展道路　努力建设社会主义文化强国［J］. 求是，2012（1）：3－7.

［72］胡善成，靳来群，刘慧宏. 基础知识及其转化对经济增长的影响研究［J］. 科学学研究，2019，37（10）：1805－1815.

［73］胡云红. 中日著作权法比较［M］. 北京：人民法院出版社，2017：28－29.

［74］胡知武. 版权经济实务［M］. 北京：中国经济出版社，2002.

［75］皇甫晓涛. 版权经济论：泛版权经济的文化创新与文化金融市场体系建构［M］. 北京：光明日报出版社，2016.

［76］黄斌. 数字中国建设中的文化发展新路径：数字创意产业、公共文化服务和文创生态系统的可持续发展［J］. 文化月刊，2018（4）：105－108.

［77］黄茂兴，冯潮华. 技术选择与产业结构升级：基于海峡西岸经济区的实证研究［M］. 北京：社会科学文献出版社，2007.

［78］黄茂兴，林寿富. 污染损害、环境管理与经济可持续增长：基于五部门内生经济增长模型的分析［J］. 经济研究，2013，48（12）：30－41.

［79］霍步刚. 国外文化产业发展比较研究［D］. 大连：东北财经大学，2009.

［80］江向东.《数字千年版权法》立法实践及其对图书情报工作的影响［J］. 福建师范大学学报（哲学社会科学版），2002（2）：137－143.

［81］江泽民. 江泽民文选（第 1～3 卷）［M］. 北京：人民出版社，2006.

［82］解学芳，臧志彭. 国外文化产业财税扶持政策法规体系研究：最新进

展、模式与启示 [J]. 国外社会科学, 2015 (4): 85 – 102.

[83] 金元浦. 中国文化产业十家论集·金元浦集 [M]. 昆明: 云南大学出版社, 2015.

[84] 靳巧花. 知识产权保护与我国技术创新能力提升问题研究 [D]. 重庆: 重庆大学, 2017.

[85] 康建辉, 郭雅明. 我国版权产业发展中的版权保护问题研究 [J]. 科技管理研究, 2012 (4): 123 – 126.

[86] 康建辉, 赵萌. 我国数字出版产业发展中的版权保护问题研究 [J]. 情报理论与实践, 2012 (1): 30 – 33.

[87] 孔祥俊. 中国知识产权保护的新态势——40 年来我国知识产权保护的回顾与展望 [J]. 中国市场监管研究, 2018 (12): 11 – 15.

[88] 孔正毅. 中国古近代新闻出版史论 [M]. 北京: 中国传媒大学出版社, 2020.

[89] 来小鹏. 我国版权产业存在的问题与完善 [J]. 中国出版, 2009 (7): 69 – 72.

[90] 来小鹏. 版权交易制度研究 [M]. 北京: 中国政法大学出版社, 2009.

[91] 赖名芳. 2017 年中国版权产业增加值突破 6 万亿 [J]. 青年记者, 2019 (1): 42.

[92] 兰青. 文化创意产业发展进程中版权制度的支持路径 [D]. 厦门: 厦门大学, 2014.

[93] 郎瑛. 七修类稿 (卷四十五) [M]. 北京: 中华书局, 1959: 665.

[94] 李红菲. 基于互联网下的音乐产业版权探究 [D]. 北京: 中央民族大学, 2016.

[95] 李嘉珊. 首都文化贸易发展报告 2021 [M]. 北京: 社会科学文献出版社, 2021.

[96] 李建平, 黄瑾. 论中国特色社会主义政治经济学的当代新特征 [J]. 福建师范大学学报 (哲学社会科学版), 2017 (2): 8 – 15.

[97] 李建平, 黄茂兴, 黄瑾. 《资本论》与中国特色社会主义政治经济学 [M]. 福州: 福建人民出版社, 2017.

[98] 李建平, 黄茂兴, 黄瑾. 对《资本论》若干理论问题争论的看法 (第 3 版) [M]. 福州: 福建人民出版社, 2017.

[99] 李建平, 张华荣, 黄瑾等. 《资本论》方法之我见 [J]. 东南学术,

1998（6）：11-15.

［100］李建平，张华荣，黄茂兴．马克思主义经济学方法论的理论演进与变革趋向［J］．当代经济研究，2007（5）：1-6+73.

［101］李建平．《资本论》第一卷辩证法探索（第3版）［M］．福州：福建人民出版社，2017.

［102］李建平．关于扩大消费需求的几点认识［J］．当代经济研究，1999（6）：10-14.

［103］李建平．科学发展观的几个问题［J］．东南学术，2006（1）：4-5.

［104］李建平．论劳动价值理论的两种形态［J］．学术月刊，2002（9）：50-55.

［105］李建平．认识和掌握社会主义市场经济三个层次的规律［J］．经济研究，2016，51（3）：30-32.

［106］李建平．试析社会主义市场经济条件下更好发挥政府作用的理论依据［J］．东南学术，2015（3）：4-9+245.

［107］李晶晶．数字环境下中美版权法律制度比较研究［D］．武汉：武汉大学，2014.

［108］李静．国内政治与国家对外缔约行为［D］．广州：暨南大学，2007.

［109］李康．版权产业融资中的版权价值评估问题探析［J］．编辑之友，2011（9）：91-93.

［110］李梅，余天骄．研发国际化是否促进了企业创新：基于中国信息技术企业的经验研究［J］．管理世界，2016（11）：125-140.

［111］李明德．版权产业与知识经济［J］．知识产权，2000（1）：17-20.

［112］李明山，常青．中国当代版权史［M］．北京：知识产权出版社，2007.

［113］李明山．中国古代版权史［M］．北京：社会科学文献出版社，2012.

［114］李明山．中国近代版权史［M］．开封：河南大学出版社，2003.

［115］李平，崔喜君，刘建．中国自主创新中研发资本投入产出绩效分析：兼论人力资本和知识产权保护的影响［J］．中国社会科学，2007（2）：32-42+204-205.

［116］李舒，张志强．文化、版权、创意与信息等四产业概念辨析［J］．淮阴师范学院学报（哲学社会科学版），2011（2）：264-271+280.

［117］李婉红，毕克新．我国软件产业创新能力与版权保护的关联度研究［J］．中国科技论坛，2010（6）：67-72.

［118］李小牧．首都文化贸易发展报告［M］．北京：社会科学文献出版社，2020．

［119］李渔．闲情偶寄・窥词管见［M］．北京：中国社会科学出版社，2009：160．

［120］李雨峰．版权：一种历史视野［J］．科技与法律，2005（2）：60－63．

［121］李雨峰．枪口下的法律：中国版权史研究［M］．北京：知识产权出版社，2006．

［122］李正生．中国版权制度与版权经济发展关系研究［D］．武汉：华中科技大学，2010．

［123］梁振杰．信用治理：手游企业版权融资的制度面向［J］．社会科学家，2020（11）：94－98．

［124］林华．著作权转移规则研究［D］．北京：中国社会科学院研究生院，2012．

［125］林姿蓉．科技论文网络版权保护研究［D］．武汉：武汉大学，2012．

［126］刘非非．电影产业版权制度比较研究［D］．武汉：武汉大学，2010．

［127］刘华，周洪涛．论我国知识产权制度的困境与出路：基于知识产权文化视角的分析［J］．华中师范大学学报（人文社会科学版），2007（1）：29－34．

［128］刘浏，闻凯．论网络版权产业发展的挑战及其法律应对：基于河北省网络版权产业情况调研［J］．河北法学，2021，39（8）：186－200．

［129］刘茂林．知识产权法的经济分析［M］．北京：法律出版社，1996：157－165．

［130］刘美超．中国动漫产业版权保护研究［D］．保定：河北大学，2014．

［131］刘晓西，来小鹏．论文化创意产业版权评估中存在的法律问题［J］．江西财经大学学报，2010（6）：118－120＋125．

［132］刘艳红，黄雪涛，石博涵．中国“新基建”：概念、现状与问题［J］．北京工业大学学报（社会科学版），2020，20（6）：1－12．

［133］刘燕．网络视频产业的版权困局与对策分析［J］．中国出版，2011（10）：48－51．

［134］刘永红．版权产业：助推美国经济30年［J］．出版参考，2010（28）：37－38．

［135］柳斌杰．中国版权相关产业的经济贡献2007－2008年［M］．北京：中国书籍出版社，2012．

［136］柳斌杰．中国版权相关产业的经济贡献［M］．北京：中国书籍出版社，2010.

［137］楼荣敏．版权产业的发展战略研究［M］．上海：上海科学技术文献出版社，2009.

［138］吕炳斌．网络时代版权制度的变革与创新［M］．北京：中国民主法制出版社，2012.

［139］马海群．版权与图书外贸［M］．哈尔滨：黑龙江人民出版社，2009.

［140］马健．产业融合理论研究评述［J］．经济学动态，2002（5）：78 – 81.

［141］马健．文化产业生态圈：一种新的区域文化产业发展观与布局观［J］．商业经济研究，2019（2）：174 – 176.

［142］马克·罗斯．版权的起源［M］．杨明，译．北京：商务印书馆，2018.

［143］马克思，恩格斯．德意志意识形态（节选本）［M］．北京：人民出版社，2003.

［144］马克思，恩格斯．马克思恩格斯全集（第26卷）［M］．北京：人民出版社，1974.

［145］马克思，恩格斯．马克思恩格斯全集（第6卷）［M］．北京：人民出版社，1972.

［146］马克思．1844年经济学哲学手稿［M］．北京：人民出版社，2002.

［147］马克思．资本论：第二卷（第2版）［M］．北京：人民出版社，2004.

［148］马克思．资本论：第三卷（第2版）［M］．北京：人民出版社，2004.

［149］马克思．资本论：第一卷（第2版）［M］．北京：人民出版社，2004.

［150］马双，曾刚．我国装备制造业的创新、知识溢出和产学研合作：基于一个扩展的知识生产函数方法［J］．人文地理，2016，31（1）：116 – 123.

［151］马晓莉．近代中国著作权立法的困境与抉择［M］．武汉：华中科技大学出版社，2011：6 – 9.

［152］马一德．创新驱动发展与知识产权战略实施［J］．中国法学，2013（4）：27 – 38.

［153］毛泽东．毛泽东选集［M］．北京：人民出版社，1991.

［154］孟轶，李景玉．基于创新视角的高质量出版人才能力体系建设：以数字经济和数字素养为视角［J］．出版广角，2022（2）：11 – 16.

［155］欧阳友权．中国网络文学年鉴2020［M］．北京：新华出版社，2021.

［156］潘文娣，张凤杰．关于中国版权史溯源的几点思考［J］．出版发行研

究，2010（12）：60 - 63.

［157］彭辉，姚颉靖．版权保护与文化产业：理论与实证研究：基于价值链分析为视角［J］．科学学研究，2012（3）：359 - 365.

［158］彭辉．版权保护制度理论与实证研究［M］．北京：上海社会科学院出版社，2012.

［159］朴哲弘．韩国政府如何推动文化产业版权出口［J］．出版参考，2007（13）：30.

［160］戚德祥．中国出版"走出去"创新研究［M］．北京：中国社会科学出版社，2020.

［161］秦丽娟．自媒体时代网络直播现状分析与展望［J］．无线互联科技，2021，18（24）：27 - 28.

［162］秦宗财，方影．美国版权产业人才培养及启示［J］．出版发行研究，2016（6）：77 - 80.

［163］秦宗财．澳大利亚国民版权意识形成及启示［J］．中国出版，2016（18）：71 - 74.

［164］清博研究院．中国互联网科技企业全球化报告2021［M］．北京：社会科学文献出版社，2021.

［165］裘安曼．美国版权法合众国法典第17编［M］．北京：商务印书馆，2020.

［166］屈广清，陈小云．英国知识产权法律适用研究［J］．知识产权，2006（1）：69 - 73.

［167］沙文兵，李桂香．FDI知识溢出、自主R&D投入与内资高技术企业创新能力：基于中国高技术产业分行业动态面板数据模型的检验［J］．世界经济研究，2011（1）：51 - 56.

［168］尚永．美国的版权产业和版权贸易［J］．知识产权，2002（6）：43 - 46.

［169］沈鑫．美国对外贸易中的知识产权保护政策研究［D］．广州：暨南大学，2012.

［170］石丽静．知识产权保护、创新与企业国际化研究［D］．北京：对外经济贸易大学，2018.

［171］宋慧献．"版权产业"实证研究的基础框架：WIPO《版权产业的经济贡献调查指南》解读［J］．中国版权，2006（3）：34 - 38.

［172］宋慧献．版权保护与表达自由［M］．北京：知识产权出版社，2011.

[173] 宋木文. 当代中国版权制度建设的历程：《中国当代版权史·序》[J]. 韶关学院学报（社会科学），2006（7）：1-3.

[174] 宋培义. 数字媒体资产管理及版权开发研究 [M]. 北京：中国广播影视出版社，2021.

[175] 宋伟，阮雪松. 版权强国背景下版权保护对我国版权产业发展的影响研究 [J]. 科技管理研究，2019，39（8）：128-133.

[176] 宋原放，李白坚. 中国出版史 [M]. 北京：中国书籍出版社，1991：237.

[177] 苏轼. 答陈传道五首·苏轼文集 [M]. 北京：中华书局，1986：1574.

[178] 孙宇. "十三五"数字出版产业发展状况及趋势 [J]. 新闻战线，2019（3）：90-93.

[179] 锁福涛，张岚霄. 论"洗稿"行为的著作权侵权判定与治理路径 [J]. 中国出版，2021（15）：56-60.

[180] 汤荣光. 马克思精神生产理论导源 [J]. 毛泽东邓小平理论研究，2013（5）：53-58+92.

[181] 田常清. 出版产业国际竞争力评价理论与实证研究 [D]. 武汉：武汉大学，2014.

[182] 田辰. 我国著作权登记制度存在问题及对策探析 [J]. 新西部，2018（36）：97-98.

[183] 田小军，张钦坤. 我国网络版权产业发展态势与挑战应对 [J]. 出版发行研究，2017（11）：31-33.

[184] 王斌. 网络环境下版权侵权归责制度研究 [D]. 武汉：武汉大学，2015.

[185] 王光文. 论我国视频网站版权侵权案件频发的原因与应对 [D]. 上海：华东师范大学，2012.

[186] 王海成，吕铁. 知识产权司法保护与企业创新：基于广东省知识产权案件"三审合一"的准自然试验 [J]. 管理世界，2016（10）：118-133.

[187] 王海英. 文化创意产业版权保护的困境及其法律选择 [J]. 中共福建省委党校学报，2009（11）：87-93.

[188] 王洪友. 版权制度异化研究 [D]. 重庆：西南政法大学，2015.

[189] 王华. 更严厉的知识产权保护制度有利于技术创新吗？[J]. 经济研究，2011，46（S2）：124-135.

［190］王静，肖尤丹. 基于国际比较的版权产业划分标准研究［J］. 中国出版，2018（24）：63－66.

［191］王亮. 数字版权管理导论［M］. 北京：经济管理出版社，2011.

［192］王世威. 美国版权法立法策略的历史变迁对我国的启示［J］. 法制与社会，2011（13）：11－12.

［193］王书华，李曼宁. 研发资本及其空间溢出效应对知识创新的影响研究［J］. 软科学，2021，35（5）：85－92.

［194］王晓红. 国外版权产业发展概况及借鉴［J］. 经济体制改革，2008（5）：158－162.

［195］王孝. 文化创意产业中的版权问题研究［D］. 北京：中国政法大学，2010.

［196］王雪野. 国际图书与版权贸易［M］. 北京：中国传媒大学出版社，2009.

［197］王影航. 我国知识产权税收激励制度的优化设计［D］. 广州：华南理工大学，2017.

［198］王宇红，刘盼盼，倪玉莎. 我国数字出版产业版权保护体系的构建与完善［J］. 科技管理研究，2012（8）：184－188.

［199］王跃然. 马克思主义创新理论与实践研究［D］. 哈尔滨：哈尔滨师范大学，2017.

［200］魏琳，张翔. 后疫情时代网络直播带货营销的现状、问题与反思［J］. 传媒，2021（22）：85－87.

［201］魏玉山. 中国版权产业的经济贡献（2009年－2010年）［M］. 北京：中国书籍出版社，2015.

［202］巫景飞，芮明杰. 版权集体管理组织：美国音乐产业的考察：交易费用经济学的视角［J］. 中国工业经济，2007（2）：119－126.

［203］吴超鹏，唐菂. 知识产权保护执法力度、技术创新与企业绩效：来自中国上市公司的证据［J］. 经济研究，2016，51（11）：125－139.

［204］吴丹. 受众视阈下我国网络文学产业链分析［J］. 新媒体研究，2021，7（19）：49－52＋92.

［205］吴汉东. 网络时代的版权产业和版权保护问题［J］. 法人杂志，2009（1）：54－57＋96.

［206］吴汉东. 国际变革大势与中国发展大局中的知识产权制度［J］. 法学

研究, 2009, 31 (2): 3-18.

[207] 吴汉东. 中国知识产权法律变迁的基本面向 [J]. 中国社会科学, 2018 (8): 108-125+206-207.

[208] 吴小坤, 吴信训. 美国新媒体产业 [M]. 北京: 中国国际广播出版社, 2012.

[209] 吴薛, 吴俊敏. 产业生态圈视角下大数据产业集群培育的研究: 以苏州为例 [J]. 常州大学学报 (社会科学版), 2015, 16 (1): 56-62.

[210] 吴延兵. R&D 存量、知识函数与生产效率 [J]. 经济学 (季刊), 2006, 5 (4): 1129-1156.

[211] 吴延兵. 知识生产及其影响因素: 基于中国地区工业的实证研究 [J]. 世界经济文汇, 2009 (2): 57-73.

[212] 吴友瀚. 福州市版权产业现状与发展思路研究 [D]. 福州: 福建师范大学, 2009.

[213] 习近平. 关于《中共中央关于制定国民经济和社会发展第十四个五年规划和二〇三五年远景目标的建议》的说明 [N]. 人民日报, 2020-11-04 (002).

[214] 习近平. 紧紧围绕坚持和发展中国特色社会主义学习宣传贯彻党的十八大精神 [M]. 北京: 人民出版社, 2012.

[215] 习近平. 决胜全面建成小康社会 夺取新时代中国特色社会主义伟大胜利 在中国共产党第十九次全国代表大会上的报告 [M]. 北京: 人民出版社, 2017.

[216] 习近平. 习近平谈治国理政第一卷 [M]. 北京: 外文出版社, 2016.

[217] 习近平. 习近平谈治国理政第二卷 [M]. 北京: 外文出版社, 2018.

[218] 习近平. 习近平谈治国理政第三卷 [M]. 北京: 外文出版社, 2020.

[219] 习近平. 在第十二届全国人民代表大会第一次会议上的讲话 [M]. 北京: 人民出版社, 2013.

[220] 习近平. 在文艺工作座谈会上的讲话 [M]. 北京: 人民出版社, 2015.

[221] 习近平. 在哲学社会科学工作座谈会上的讲话 [M]. 北京: 人民出版社, 2016.

[222] 习近平. 在中国科学院第十七次院士大会、中国工程院第十二次院士大会上的讲话 [M]. 北京: 人民出版社, 2014.

[223] 习近平. 之江新语 [M]. 杭州: 浙江人民出版社, 2013.

［224］项久雨．新发展理念与文化自信［J］．中国社会科学，2018（6）：4-25+204.

［225］肖虹．2014年中国版权产业经济贡献报告发布［J］．中国版权，2016（3）：71.

［226］谢琼，陈婉玉．德国版权产业人才培养模式研究［J］．出版广角，2018（17）：27-30.

［227］谢玮．"互联网+"时代的版权产业发展模式与政策研究［D］．合肥：中国科学技术大学，2017.

［228］辛广伟．版权贸易与华文出版［M］．济南：山东人民出版社，2003.

［229］辛阳．中美文化产业投融资比较研究［D］．长春：吉林大学，2013.

［230］熊琦．网络版权保护十年：产业与制度的相生相克［J］．电子知识产权，2016（10）：10-15.

［231］熊琦．中国著作权立法中的制度创新［J］．中国社会科学，2018（7）：118-138+207.

［232］徐浩然，许箫迪，王子龙．产业生态圈构建中的政府角色诊断［J］．中国行政管理，2009（8）：83-87.

［233］徐立萍．版权保护强度与图书出版产业效益的宏观关系研究［J］．中国出版，2018（21）：28-32.

［234］徐丽娜．一带一路建设中的文化产业创新路径［N］．中国社会科学报，2018-11-14.

［235］徐强平．数字环境下版权保护的利益平衡［J］．大学出版，2005（1）：50-52.

［236］徐舒蕊．网络直播现状与发展趋势概述［J］．经济研究导刊，2021（34）：118-120.

［237］杨健．国际版权贸易中的文化冲突与协调：以文化强国建设为背景［J］．北方法学，2021，15（5）：116-127.

［238］杨伟龙．从产业链到平台生态圈：手机游戏产业模式变革研究［D］．广州：暨南大学，2015.

［239］杨小辉．知识产权保护对出口和对外投资的影响［D］．天津：天津大学，2017.

［240］杨晓东，崔莉．疫情防控形势下加快激发数字文化产业新动能［J］．社会科学家，2020（1）：132-136.

[241] 杨秀云，李敏，李扬子．数字文化产业生态系统优化研究 [J]．西安交通大学学报（社会科学版），2021，41（5）：127－135.

[242] 杨延超．版权战争 [M]．北京：知识产权出版社，2017.

[243] 姚颉靖，彭辉．版权保护与文化产业创新能力的灰色关联分析 [J]．首都经济贸易大学学报，2011（2）：31－37.

[244] 叶德辉．书林清话 [M]．北京：北京燕山出版社，2008：43.

[245] 易龙，潘星宇．5G 时代融媒体人才新需求及培养策略 [J]．中国编辑，2021，133（1）：82－85.

[246] 余利红．中美知识产权保护摩擦的政治经济学分析 [D]．武汉：华中科技大学，2011.

[247] 汪小虎．明代颁历制度研究 [D]．上海：上海交通大学，2011.

[248] 俞锋，谷凯月．网络版权保护体系变革：来自区块链技术的支持与想象 [J]．中国出版，2021（2）：66－69.

[249] 虞长娟．论"部分版权产业"客体的版权保护 [D]．北京：中国政法大学，2009.

[250] 袁真富，武幼章，游闽键．上海版权产业的经济贡献与发展现状：对2004－2007 年上海版权产业的统计分析 [J]．重庆理工大学学报（社会科学版），2010（9）：22－28.

[251] 袁政．产业生态圈理论论纲 [J]．学术探索，2004（3）：36－37.

[252] 约翰·冈茨，杰克·罗切斯特．数字时代，盗版无罪 [M]．周晓琪，译．法律出版社，2008：26－27.

[253] 曾方霖．新媒体环境下网络新闻传播走向及影响力提升路径 [J]．新闻文化建设，2021（15）：147－148.

[254] 曾绚琦，汪曙华．论版权制度对版权产业发展的经济影响 [J]．编辑之友，2012（5）：103－105.

[255] 翟立新，韩伯棠，李晓轩．基于知识生产函数的公共科研机构绩效评价模型研究 [J]．中国软科学，2005（8）：76－80.

[256] 詹映．我国知识产权保护水平的实证研究：国际比较与适度性评判 [J]．科学学研究，2013，31（9）：1347－1354.

[257] 张宝生，王晓敏．文化创意产业生态系统结构模型及其竞争力评价指标体系研究 [J]．科技与经济，2018，31（6）：61－65.

[258] 张昌兵．美国版权产业保护政策的历史演变与启示 [J]．中外企业

家，2010（14）：15－16.

[259] 张丰艳. 中国音乐版权集体管理组织发展滞后的原因与对策探析 [J]. 现代出版，2015（6）：40－42.

[260] 张光，宋歌. 数字经济下的全球规则博弈与中国路径选择：基于跨境数据流动规制视角 [J]. 学术交流，2022（1）：96－113＋192.

[261] 张洪波. 从谷歌"版权门"事件看我国数字出版产业的版权保护问题 [J]. 编辑之友，2011（1）：102－104.

[262] 张华荣. 论精神劳动、精神产品生产与经济增长方式的转变 [J]. 当代经济研究，2002（8）：12－16＋73.

[263] 张华荣. 精神劳动与精神生产论 [M]. 北京：经济科学出版社，2002.

[264] 张慧娟. 美国文化产业政策及其对中国文化建设的启示 [D]. 北京：中共中央党校，2012.

[265] 张佳倩. 基于区块链的数字版权产业生态系统构建与应用研究 [D]. 北京：北京印刷学院，2021.

[266] 张杰，郑文平. 全球价值链下中国本土企业的创新效应 [J]. 经济研究，2017，52（3）：151－165.

[267] 张静. 网络版权的国际保护及其对于我国的借鉴 [J]. 中国出版，2009（16）：51－54.

[268] 张立，吴素平，周丹. 国内外数字内容产业概念追踪与辨析 [J]. 出版发行研究，2021（4）：43－47.

[269] 张梅. 版权产业与版权保护 [J]. 知识产权，2006（3）：12－17.

[270] 张美娟. 中外版权贸易比较研究 [M]. 北京：北京图书馆出版社，2004.

[271] 张乃和. 论近代英国版权制度的形成 [J]. 世界历史，2004（4）：23－29＋144.

[272] 张培刚，张建华. 发展经济学 [M]. 北京：北京大学出版社，2009：33－41.

[273] 张钦坤. 网络版权产业缘何高速增长 [N]. 中国新闻出版广电报，2018－05－03（007）.

[274] 张勤. 版权产业与版权贸易的发展：从美国经验看中国 [D]. 北京：对外经济贸易大学，2003.

[275] 张勤. 美国版权产业及其对外贸易透视 [J]. 海淀走读大学学报，

2005（1）：59 - 62.

［276］张树森，金永成．国际化浪潮下网络游戏"出海"现状与策略研究：以腾讯游戏为例［J］.新媒体研究，2021，7（16）：101 - 106.

［277］张晓欢．数字文化产业发展的趋势、问题与对策建议［J］.重庆理工大学学报（社会科学版），2021，35（2）：1 - 7.

［278］张颖，毛昊．中国版权产业数字化转型：机遇、挑战与对策［J］.中国软科学，2022（1）：20 - 30.

［279］张颖露．价值共创下动漫产业知识产权激励机制研究［D］.武汉：华中师范大学，2016.

［280］张玉敏，李雨峰．中国版权史纲［J］.科技与法律，2004（1）：42 - 47.

［281］张振鹏，刘小旭．中国文化产业生态系统论纲［J］.济南大学学报（社会科学版），2017，27（2）：115 - 123 + 159.

［282］张志林，张养志，陈丹．版权贸易与版权产业研究特点走势的梳理与评价［J］.北京印刷学院学报，2009（3）：4 - 11.

［283］张志林，张养志．北京版权贸易与版权产业发展研究［M］.北京：印刷工业出版社，2009.

［284］张宗和，彭昌奇．区域技术创新能力影响因素的实证分析：基于全国30个省市区的面板数据［J］.中国工业经济，2009（11）：35 - 44.

［285］赵冰，杨昆，郝丽美.2012年中国版权产业经济贡献调研报告［J］.中国版权，2015（1）：64 - 69.

［286］赵冰．我国版权产业对国民经济的贡献［J］.中国版权，2013（4）：16 - 20.

［287］赵双阁，李剑欣．中美版权产业比较研究［J］.河北经贸大学学报，2014，35（1）：107 - 113.

［288］赵为学，尤杰，郑涵．数字传媒时代欧美版权体系重构［M］.上海：上海交通大学出版社，2016.

［289］赵晓兰．从古代萌芽到近代初熟：我国版权保护制度的历史演变［J］.中国出版，2012（11）：55 - 58.

［290］赵玉宏．我国网络直播打赏的现状、问题及治理对策［J］.文化月刊，2021（8）：176 - 177.

［291］赵玥．网络环境下著作权保护的法经济学分析［D］.长春：吉林大

学，2017.

［292］郑成思．谈谈英国版权法［J］．法学研究，1982（1）：61－64.

［293］郑明高．产业融合发展研究［D］．北京：北京交通大学，2010.

［294］中华人民共和国国民经济和社会发展第十三个五年规划纲要［M］．北京：人民出版社，2016.

［295］中国版权产业经济贡献调研课题组，赵冰，杨昆．2011年中国版权产业的经济贡献［J］．出版发行研究，2014（7）：14－18.

［296］中国新闻出版研究院．2016年中国版权产业的经济贡献［J］．中国出版，2018（9）：21－24.

［297］中国信息通信研究院．2017年中国网络版权保护年度报告（摘要版）［J］．中国出版，2018（9）：14－18.

［298］周林，李明山．中国版权史研究文献［M］．北京：中国方正出版社，1999.

［299］周荣国．韩国、日本、澳大利亚发展文化产业的战略举措［J］．当代世界，2009（5）：10－12.

［300］周宇楠．晚清时期版权制度的形成探析［D］．北京：北京印刷学院，2018.

［301］朱鸿军．从"漠视"到"重视"：媒体融合中媒体保护版权的历史演进［J］．国际新闻界，2020，42（12）：113－132.

［302］朱熹．答吴斗南·朱熹集［M］．成都：四川教育出版社，1996.

［303］朱喆琳．数字时代日本版权产业发展规范机制的构建与启示［J］．出版发行研究，2016（3）：84－88.

［304］朱喆琳．英国版权产业发展模式探析及启示［J］．科技与出版，2017（7）：58－62.

［305］祝晓卉，冯根尧．文化产品贸易比较优势及其影响因素的理论综述［J］．社会科学前沿，2017，6（4）：497－502.

［306］庄子银．知识产权、市场结构、模仿和创新［J］．经济研究，2009，44（11）：95－104.

［307］邹举．版权：电视产业发展的新引擎［J］．江苏社会科学，2010（6）：161－166.

［308］邹举．让朝阳产业走出灰色地带：论视频网站版权问题的综合治理［J］．电视研究，2010（4）：15－18.

［309］邹举. 电视内容产业的版权战略［M］. 北京: 社会科学文献出版社, 2015.

［310］Acs Z J, Anselin L, Varga A. Patents and Innovation Counts as Measures of Regional Production of New Knowledge［J］. Research Policy, 2002, 31 (7): 1069 – 1085.

［311］Andersen B, Konzelmann S. In Search of a Useful Theory of the Productive Potential of Intellectual Property Rights［J］. Research Policy, 2008, 37 (1): 12 – 28.

［312］Antonelli C. Knowledge as an Economic Good: Exhaustibility Versus Appropriability?［J］. The Journal of Technology Transfer, 2019, 44 (3): 647 – 658.

［313］Autant – Bernard C, LeSage J P. A Heterogeneous Coefficient Approach to the Knowledge Production Function［J］. Spatial Economic Analysis, 2019, 14 (2): 196 – 218.

［314］Barry W. Tyerman. The Economic Rationale for Copyright Protection for Published Books: A Reply to Professor Breyer［J］. UCLA Law Review, 1971 (18): 1100 – 1125.

［315］Baum C F, Lööf H, Nabavi P. Innovation Strategies, External Knowledge and Productivity Growth［J］. Industry and Innovation, 2019, 26 (3): 348 – 367.

［316］Boldrin M, Levine D. The Case Against Intellectual Property［J］. American Economic Review, 2002, 92 (2): 209 – 212.

［317］Breyer S. The Uneasy Case for Copyright: A Study of Copyright in Books, Photocopies, and Computer Programs［J］. Harvard Law Review, 1970, 84 (2): 281 – 351.

［318］Chen Y M, Puttitanun T. Intellectual Property Rights and Innovation in Developing Countries［J］. Journal of Development Economics, 2004, 78 (2): 474 – 493.

［319］Colin Hoskins, R Mirus. Reasons for the US Dominance of the International Trade in Television Programmes［J］. Media Culture and Society, 1988, 10 (4): 499 – 515.

［320］Cramb Robert. Tax Incentives for the Creative Industries［J］. Cultural Trends, 2018, 27 (2): 1 – 4.

［321］Davis D R, Dingel J I. A Spatial Knowledge Economy［J］. American

Economic Review, 2019, 109 (1): 153 - 170.

[322] Deazley Ronan. The Statute of Anne and the Great Abridgement Swindle [J]. Hous. L. Rev. , 2010 (47): 793.

[323] Deene Joris. The Influence of the Statute of Anne on Belgian Copyright Law [M]. Cheltenbam (UK): Edward Elgar, 2010.

[324] Dewi, Janita I. A Study on the Economic Contribution of Copyright and Related Right Industries in Indonesia [J]. Procedia Social and Behavioral Sciences, 2014 (115): 207 - 220.

[325] Dutfield G, Suthersanen U. Harmonisation or Differentiation in Intellectual Property Protection? The Lessons of History [J]. Prometheus, 2005, 23 (2): 131 - 147.

[326] Dutfield G. Intellectual Property Rights and the Life Science Industries: A Twentieth Century History [M]. UK: Routledge, 2017.

[327] Fischer M M, Varga A. Spatial Knowledge Spillovers and University Research: Evidence from Austria [J]. The Annals of Regional Science, 2003, 37 (2): 303 - 322.

[328] Galasso A, Schankerman M. Patents and Cumulative Innovation: Causal Evidence from the Courts [J]. The Quarterly Journal of Economics, 2014, 130 (1): 317 - 369.

[329] Garnham N. From Cultural to Creative Industries: An Analysis of the Implications of the "Creative Industries" Approach to Arts and Media Policy Making in the United Kingdom [J]. International Journal of Cultural Policy, 2005, 11 (1): 15 - 29.

[330] Geiger Christophe. The Influence (Past and Present) of the Statute of Anne in France [M]. Cheltenham (UK): Edward Elgar, 2010: 122 - 135.

[331] Greunz L. Intra and Inter-regional Knowledge Spillovers: Evidence from European Regions [J]. European Planning Studies, 2005, 13 (3): 449 - 473.

[332] Griliches Z. Issues in Assessing the Contribution of Research and Development to Productivity Growth [J]. Bell Journal of Economics, 1979, 10 (1): 92 - 116.

[333] Hazan V. The Origins of Copyright Law in Ancient Jewish Law [J]. European Romantic Review, 1990, 8 (2): 117 - 138.

[334] Hemels S. Tax Incentives for the Creative Industries with a Focus on Copyright Industries [J]. Creative Economy, 2018: 1 - 4.

［335］ Humphreys S, Fitzgerald B, Banks J, et al. Fan – based Production for Computer Games: User-led Innovation, the "Drift of Value" and Intellectual Property Rights ［J］. Media International Australia Incorporating Culture and Policy, 2005, 114 (1): 16 – 29.

［336］ Jaffe A B. Real Effects of Academic Research ［J］. American Economic Review, 1989, 79 (5): 957 – 970.

［337］ Janjua P Z, Samad G. Intellectual Property Rights and Economic Growth: The Case of Middle Income Developing Countries ［J］. Pakistan Development Review, 2007, 46 (4): 711 – 722.

［338］ John Feather. Publishing, Piracy and Politics ［M］. London: Mansell Publishing Limited, 1994: 12.

［339］ Landes W M, Posner R A. The Economic Structure of Intellectual Property Law ［M］. Cambridge, MA: Belknap Press, 2003.

［340］ Landes W M, Posner R A. An Economic Analysis of Copyright Law ［J］. Journal of Legal Studies, 1989, 18 (2): 325 – 363.

［341］ Lerner J. The Empirical Impact of Intellectual Property Rights on Innovation: Puzzles and Clues ［J］. American Economic Review, 2009, 99 (2): 343 – 348.

［342］ Manfredi S, Nappo F, Ricci F, et al. Exploring the Economic Contribution of Copyright – intensive Industries in Italy ［J］. Technology Innovation & Education, 2016, 2 (1): 1.

［343］ Marvin C. Review of the Printing Press as an Agent of Change: Communications and Cultural Transformations in Early Modern Europe by Elizabeth Eisenstein ［J］. Technology and Culture, 1979, 20 (4): 793 – 797.

［344］ Matsuyama K. Engel's Law in the Global Economy: Demand-Induced Patterns of Structural Change, Innovation, and Trade ［J］. Econometrica, 2019, 87 (2): 497 – 528.

［345］ Novos I E, Waldman M. The Effects of Increased Copyright Protection: An Analytic Approach ［J］. Journal of Political Economy, 1984, 92 (2): 236 – 246.

［346］ Pang L. Creativity and Its Discontents: China's Creative Industries and Intellectual Property Rights Offenses ［M］. Durham NC: Duke University Press, 2012.

［347］ Pricewaterhouse Coopers. The Economic Contribution of Australia's Copyright

Industries：2002 - 2016［EB/OL］.［2019 - 02 - 21］. http：//www. pwc. com. au/.

［348］Romer P M. Increasing Returns and Long-run Growth［J］. Journal of Political Economy, 1986, 94（5）：1002 - 1037.

［349］Romer P. When Should We Use Intellectual Property Rights?［J］. American Economic Review, 2002, 92（2）：213 - 216.

［350］Rooksby J H, Hayter C S. Copyrights in Higher Education：Motivating a Research Agenda［J］. The Journal of Technology Transfer, 2019, 44（1）：250 - 263.

［351］Rushton M. Sigrid Hemels and Kazuko Goto（eds.）：Tax Incentives for the Creative Industries［J］. Journal of Cultural Economics, 2017, 41（4）：1 - 3.

［352］Ryder R D, Sreenivasulu N S. The Economics of Intellectual Property and Economic Entrepreneurship of Copyrights［M］. Springer：Singapore, 2017：45 - 60.

［353］Sampat B, Williams H L. How do Patents Affect Follow-on Innovation? Evidence from the Human Genome［J］. American Economic Review, 2019, 109（1）：203 - 236.

［354］Siwek S E. Copyright Industries in the US Economy（The 2003 - 2007 Report）［EB/OL］. http：//www. iipa. org.

［355］Stephen E Siwek. Copyright Industries in the U. S. Economy：The 2016 Report（Released in December 2018）［EB/OL］. http：//www. iipa. org.

［356］Stephen E. Siwek. Copyright Industries in the U. S. Economy：The 2018 Report［EB/OL］. http：//www. iipa. org.

［357］Robert Stoner and Jéssica Dutra. Copyright Industries in the U. S. Economy：The 2020 Report.［EB/OL］. http：//www. iipa. org.

［358］Townley B, Beech N, McKinlay A. Managing in the Creative Industries：Managing the Motley Crew［J］. Human Relations, 2009, 62（7）：939 - 962.

［359］Towse Ruth. Creativity, Copyright and the Creative Industries Paradigm［J］. Kyklos, 2010, 63（3）：461 - 478.

［360］Ruth Towse. Copyright in the Cultural Industries［M］. Northampton, MA：Edward Elgar Publishing, 2002.

［361］Unni V K. Software Protection Under Copyright Law［M］. Springer：Singapore, 2017：185 - 203.

［362］Uricchio W. Beyond the Great Divide：Collaborative Networks and the Challenge to Dominant Conceptions of Creative Industries［J］. International Journal of Cultural Studies, 2004, 7 (1): 79 – 90.

[363] Vallance P. Higher Education and the Creative Economy: Beyond the Campus [J]. Regional Studies the Journal of the Regional Studies Association, 2017, 51 (3): 1 – 2.